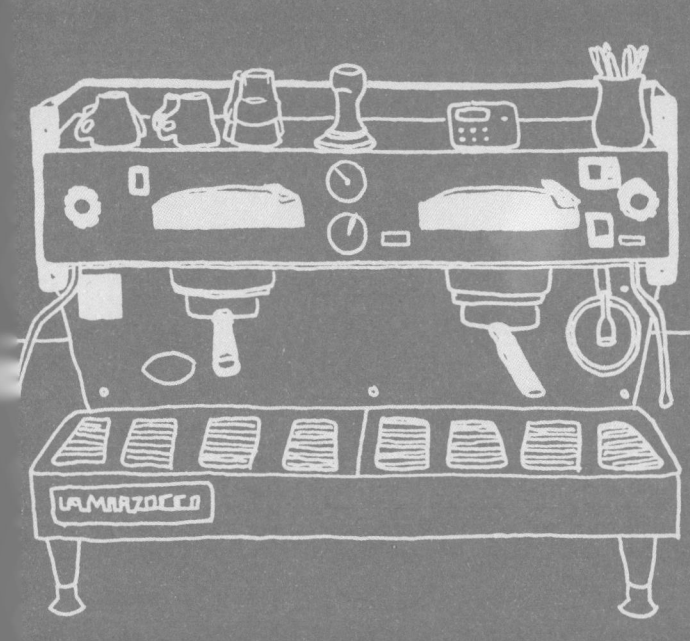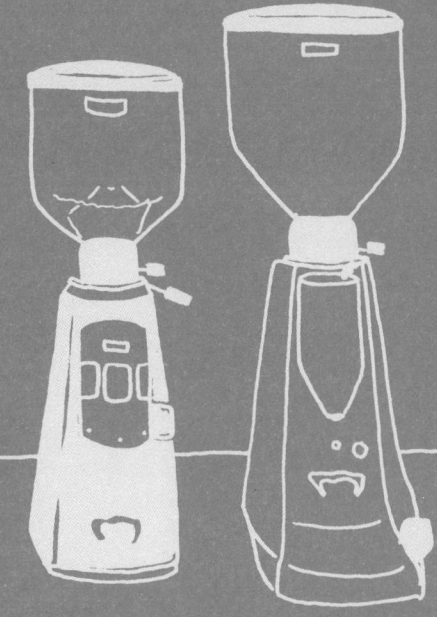

The Blue Bottle Craft of Coffee

THE
Blue Bottle Craft of Coffee

블루 보틀 크래프트 오브 커피 재배, 로스팅, 추출 그리고 레시피까지

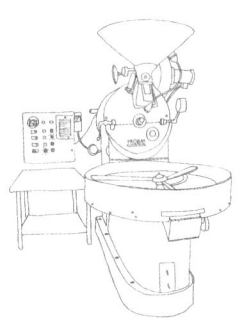

제임스 프리먼, 케이틀린 프리먼, 타라 더간 지음

유연숙 옮김

한스미디어

CONTENTS

커피의 세계에 발을 들이다 / 1

커피를 재배하다
13

재배 / 14
정제 / 16
내가 좋아하는 세 군데의 커피 생산지 / 22
하와이 농장주, 로리 오브라 / 27
엘살바도르 농장주, 아이다 바틀레 / 35

커피를 로스팅하다
41

로스팅하는 날 / 46
홈 로스팅 방법 / 56
커핑하고 향미 표현하기 / 60
홈 커핑 방법 / 63

커피를 마시다
69

브루잉 커피 추출 기술 / 70
푸어오버 커피 / 79
프렌치프레스 커피 / 83
융드립 커피 / 88
사이펀 커피 / 95
터키식 커피 / 99
에스프레소 / 101
에스프레소 추출하기 / 115

커피에 곁들여 먹다
131

모닝커피와 함께 / 136
커피에 콕 찍어서 / 156
오후의 커피타임 / 186
친구들의 레시피 / 206

감사의 글 / 222
색인 / 225

커피의 세계에 발을 들이다

INTRODUCTION

기억 속 가장 어린 시절부터 나에게는 이미 커피에 대한 주관이 있었다. 그 싹이 돋아난 것은 네다섯 살 무렵 부모님이 캔 오프너를 건네주시며 초록색 엠제이비MJB 커피 캔을 열어보라고 하셨을 때였다. 위험한 기구와 커피 캔을 맡겨주시다니, 내가 진짜 어른이 된 듯한 기분이었다! 나는 오프너로 커피 통에 구멍을 낼 때 진공 처리된 캔에서 공기가 빠져나오며 '쉬익' 소리를 내는 순간이 좋았다. 공기가 빠져나오는 소리와 함께 캔 안에서 흘러나오는 커피 향은 정말 끝내줬다. 나는 부모님께 한 모금만 마셔보게 해달라고 졸랐지만, 부모님은 좀처럼 허락하지 않으셨다.

　우리 부모님이 커피를 만드시던 과정을 되짚어보면 그렇게 못하시도록 단호하게 막았어야 할 정도로, 정말 심하게 잘못 알고 계신 것이었다. 우리 가족은 캘리포니아 주 북부의 시골 마을인 훔볼트 카운티에 살았다. 아버지는 조세형평국BOE에 다니셨고, 어머니는 집에서 살림을 하셨다. 집에는 코닝웨어Corningware 브랜드를 대표하는 담청색 수레국화 무늬가 그려진 퍼컬레이터percolator[1]라는 커피 추출기가 있었다. 부모님은 전날 밤 이 추출기에 커피가루를 넣은 다음, 아버지가 철물점에서 사온 타이머를 연결해 예약 시간을 맞춰놓고 잠자리에 드셨다. 그 덕분에 우리 가족은 아침마다 커피 물이 콜콜 솟아나는 소리를 들으며 잠에서 깨어나곤 했다. 어느 정도 나이를 먹고 나서야 나는 그 콜콜 끓는 소리가 커피의 향미가 날아가는 소리라는 사실을 깨달았다. 부모님은 그 커피에 굉장히 진한 우유를 타서 드셨다.

---

[1] 끓는 물이 중앙의 관을 통해 여러 차례 커피가루를 통과하며 커피를 추출하는 기계

나는 오랜 기간 줄기차게 떼를 쓴 끝에, 마침내 커피를 한 모금 마셔보라는 허락을 받았다. 그리고 처음 마셔본 커피 맛에 진저리를 쳤다. 나는 그렇게 향긋하던 커피가 어떻게 이런 끔찍한 맛을 내는지 이해할 수가 없었다. 캔에서 쉬익 소리와 함께 커피 향이 새어나오는 순간이 그 커피가 주는 최고의 순간이었다니. 생각해보면, 엄청 싼 값에 제조 기술도 부족한 데다 미리 분쇄해서 파는 커피가 맛있을 리가 없었다. 처음 맛본 그 맛의 잔상은 커피가 맛있을 거라고 기대했던 시간보다 훨씬 더 오래 기억 속에 남아, 그 후로 수년 간 근사한 향과 끔찍한 맛 사이에서 느낀 당혹감이 나를 괴롭혔다. 그러면서도 어딘가에 내가 마신 커피보다 더 맛있는 커피가 분명히 있을 거라는 느낌을 떨쳐버릴 수가 없었다.

첫 커피의 기억을 치유하기까지는 여러 해가 걸렸고, 시간이 지나도 그때 받은 좌절감이 완전히 없어지지는 않았다. 하지만 결혼해 산타크루즈 카운티로 이사 간 큰누나 집에 가끔 놀러가면서 커피에 대해 좋지 않던 기억이 점점 희미해졌다. 매형이 이탈리아 출신이라 그런지 누나 부부는 부모님이 커피를 내리는 방법에 반기라도 드는 것처럼 미스터커피Mr. Coffee 브랜드에서 나온 커피머신에 이탈리아의 인스턴트커피인 메달리아도로Medaglia d'Oro 커피를 내려서 마셨다. 물론 우리 엄마는 결코 그 방법에 찬성하지 않으셨지만.

누나 부부는 부모님과 세대 차이가 확연히 느껴질 만큼 젊고 멋있어 보였다. 그들은 도로 상태나 판매세, 문법적 오류 같은 것들에 대한 이야기 대신 알렉산드르 솔제니친Aleksandr Solzhenitsyn[2]이나 제롬 데이비드 샐린저Jerome David Salinger[3], 제리 브라운Jerry Brown[4]을 소재로 대화를 나누면서, 커피에 하프앤하프 크림[5]과 설탕을 넣어 마셨다. 사실 이렇게 마시면 커피 고유의 맛을 느끼기는 힘들다. 누나네 집에서 커피는 문화 교류를 도와주는 매개체였다. 나는 열두 살 즈음부터 커피를 마시기 시작했고, 누나네 집에서 커피와 함께 시류에 대한 이야기를 나누는 자리에 참여하니 어른이 된 기분이 들었다.

그런데 누나와 커피를 마신다고 해서 내가 멋있는 사람이 된 건 아니었다. 오히려 그 반대였다. 나는 점점 클라리넷 연주에 깊이 빠져 연습에 많은 시간을 쏟았다. 9학년 때는 연습에 더 많은 시간을 투자하려고 그 재밌는 던전앤드래곤Dungeons & Dragons 게임을 포기했을 정도였다. 고등학교 시절, 하루는 한 무리의 아이들이 나를 사물함 쪽으로 밀치며 "어이, 플루트쟁이?"라고 비아냥거렸다. 그때 나는 내가 연주하는 악기를 잘못 아는 것을 바로잡고 싶은 마음에 하마터면 "저기, 사실 난 플루트가 아니라……"라고 대꾸할 뻔했다.

어느덧 대학에 갈 시기가 되었고, 나는 유명한 클라리넷 연주자인 로사리오 마체오 선생님의 개인 지도가 받고 싶어서 산타크루즈 카운티에 있는 캘리포니아 대학에 등록했다. 로사리오 선생님은 캘리포니아 대학에서 한 시간 거리에 있는 카멜이라는 도시에 살고 계셨다. 나는 카멜에 가서 하루에 네다섯 시간씩 로사리오 선생님의 지도를 받는 동시에 철학 학위를 받기 위해 학점을 꽉 채워 듣고 쏟아지는 과제들을 열심히 해내가며 노력했다. 이때부터 나는 커피를 엄청나게 마시기 시작했다. 그것도 엄청 맛없는 커피를.

리포트를 작성할 때는 한 페이지를 쓸 때마다 한 잔씩 들이키는 수준으로 커피를 마셨다. 커피를 마시는 즐거움

---

2 노벨 문학상을 받은 구소련의 작가
3 『호밀밭의 파수꾼』을 쓴 미국 소설가
4 미국 캘리포니아 주 주지사를 역임한 정치인
5 우유와 크림을 반씩 혼합한 것

때문이라기보다는 커피로 얻을 수 있는 약학적 효능을 늘리기 위해서였다. 커피를 약으로 마시는 횟수는 연주자 일을 시작하면서 더욱 늘어났다. 누구든 저녁 8시부터 4시간 동안 공연하는 오페라 무대에 선다면 커피를 들이켜야 버텨낼 수 있을 것이다.

당시 산타크루즈 지역에는 드립 커피를 전문으로 파는 카페가 몇 군데 있었지만 나는 집에서 플라스틱 드리퍼로 직접 내려서 마셨다. 그리고 주머니 사정이 넉넉지는 않았지만 이따금씩 케멕스Chemex나 프렌치프레스French press 포트, 다양한 산지의 원두 등을 파는 상점에 들르곤 했다. 그 상점에서 파는 용품이나 원두는 이국적이고 구하기 힘든 물건처럼 보였다. 공연으로 돈이 조금씩 생기면 그 가게에 가서 원두나 용품을 샀다. 그때 나는 처음으로 특정 지역에서 생산한 커피를 접해볼 수 있었다. 음……. 이게 케냐에서 온 커피야? 신기하군.

대학을 졸업한 뒤에는 뉴욕으로 넘어가 칼멘 오퍼만이라는 유명한 클라리넷 교수님께 지도를 받았다. 그 뒤, 8년간 클라리넷 연주자로 일하면서 샌프란시스코 음악원San Francisco Conservatory of Music에서 대학원 과정을 이수했다. 나는 샌프란시스코와 그 인근에 거주하는 음악가 150명 정도로 구성된 프리웨이 필하모닉이라는 교향악단에 들어갔다. 우리는 샌프란시스코 인근의 몬테레이나 나파, 모데스토 같은 소도시에서 공연을 했는데, 지역 연주회는 보통 5주에서 6주 안에 끝나기 때문에 먹고살려면 다른 오케스트라에서도 연주를 해야 했다.

나의 연주 경력과 커피에 대한 관심은 계속 함께 자라났다. 그 무렵 나는 집에서 타공팬[6]에 생두를 깔고 오븐에 돌려 직접 로스팅하는 수준에 이르렀다. 간혹 캘리포니아가 아닌 다른 지역 연주회에서 연주할 때면 비행기를 타고 이동하기도 했다. 당시만 해도 애리조나 주 피닉스로 가면서 도착해서 맛있는 커피를 마시고 싶다면, 직접 커피용품들을 챙겨가야 했다(아마 지금도 그럴 것이다). 나는 원두와 자센하우스Zassenhaus[7] 핸드밀을 준비해 갔고, 심지어 소형 프렌치프레스까지 챙겨 비행기에 오른 다음 승무원에게 뜨거운 물을 부탁해 커피를 우려 마시기도 했다.

나는 커피에 관한 일들은 잘 풀리는데 연주자로서는 잘 풀리지 않는다는 느낌을 지울 수가 없었다. 클라리넷 연주자로서의 나는 원하지 않는 자리는 합격하면서 정말 들어가고 싶은 오디션에서는 매번 고배를 마셨다. 클라리넷 연주로 먹고살 수는 있었지만, 그것이 내가 가장 좋아하는 일은 아니었다. 나는 낡은 중고차를 끌고 연간 주행거리를 108,000km씩 끊으며 연주회를 다녔다.

연주하는 일이 나와 맞지 않는다는 생각이 확고해진 것은 1999년도 초였다. 프리랜서로 맡은 연주 일정이 꼬이면서, 6개월 동안 세 군데 오케스트라에서 구스타프 홀스트의 〈행성〉이라는 곡을 세 번 공연하게 되었다. 아마 다들 그 곡을 들어봤을 것이다. 존 윌리엄스가 작곡한 영화 〈스타워즈〉의 배경음악도 처음부터 끝까지 이 곡을 참조해서 만들었고, 지난 20년간 내용도 없이 과장스러워 짜증만 유발했던 모든 액션 영화에서도 어김없이 이 곡을 차용한 영화음악이 등장했다. 게다가 지긋지긋한 프리기아 선법 애호가들이 20세기 초 영국 클래식 음악의 음정을 죄다 4도씩 올려놨다(고든 제이콥, 에드워드 엘가. 당신들을 말하고 있는 거요!). 〈행성〉은 독일 작곡가 칼 오르프의 〈카르미나 부라나Carmina burana〉와 함께 내가 연주 생활을 하면 할수록 점점 마음에 들지 않았던 곡이다. 일 년 사이에 오케스트라 세 군데에서 〈행성〉을 공연했더니 모데스토 연주회에서는 이 곡을 한 번만 더 연주하다가는 미친

---

[6] 바닥에 작은 구멍이 뚫려 있어서, 제품을 구워낸 후 식힐 때 사용하는 팬
[7] 140년의 역사를 자랑하는 독일 최고의 핸드밀 브랜드

듯이 날뛰며 클라리넷으로 사람을 칠 것 같다는 생각이 들었다. 대안이 필요했는데, 내 머릿속에 떠오르는 것은 커피뿐이었다.

그렇다고 커피 일을 바로 시작한 것은 아니고, 그 사이에 잠깐 다른 일을 했었다. 닷컴 열풍이 사그라지기 직전 몇몇 친구들이 판도라에서 제공하는 개인별 인터넷 라디오 서비스와 비슷한 웹사이트 몽고뮤직에서 함께 일하자는 제의를 해왔다. 몽고뮤직은 '좋아하는 곡과 가수를 알려주시면 당신이 좋아할 만한 음악을 계속 틀어드립니다'라는 발상에서 시작한 회사였다. 큰 벽에 음악 라디오의 주파수를 맞추는 멋진 다이얼과 번쩍이는 조명이 달려있는데, 그 벽 뒤에는 조명을 계속 밝히려고 죽을힘을 다해 러닝머신을 뛰고 있는 다람쥐가 있다고 상상해보라. 우리가 그 다람쥐였다. 음악을 선곡해주는 헤드폰을 쓴 다람쥐. 우리는 30초마다 다른 곡을 내보내며 허둥지둥 음악 취향을 분석했다.

나는 그전까지 평일 아침 9시부터 저녁 6시까지 근무하는 직업을 가져본 적이 없었다. 연주자로 살 때는 하루 종일 연습하고 주말 밤이면 공연을 하는 생활을 해왔지만 몽고뮤직에 다니면서는 2주에 한 번씩 급여를 받았고 모데스토까지 차를 끌고 이동할 일도 없었다. 내가 원하던 근무 조건이었다. 하지만 황갈색 바지에 폴로셔츠를 입은 남자들이 나타나면서 이 생활은 고작 7개월 만에 막을 내렸다. 알고 보니 그 남자들은 마이크로소프트에서 온 사람들이었다. 그들은 우리를 시애틀 본사로 데려갔고, 몽고뮤직은 엠에스엔뮤직MSN music으로 재탄생했다. 곧 그들은 헤드폰을 쓴 다람쥐가 하던 일을 자동화시키는 방법을 알아냈고, 그 직후인 2001년 9월 11일 나는 해고됐다.

몽고뮤직에서 나오면서, 나는 커피 사업을 시작했다. 당시에는 커피 음료를 팔 생각은 없었다. 그때는 생두를 로스팅해서 팔고 싶었다. 나는 집에서 여러 가지 생두로 로스팅 강도를 실험하면서 직접 로스팅을 해보다가, 상업적인 로스팅 전용 공간이 필요하다는 결론을 내렸다.

오클랜드 테메스칼 지역에 있는 텔레그래프 거리에서 '임대 문의' 표지판을 본 나는, 거기 적힌 번호로 전화를 걸었다. 전화를 받은 집주인이 보여준 공간은 상당히 넓었고, 당연히 내 예산에 비해 집세가 너무 비쌌다. 그런데 이 집주인은 내가 하려는 사업에 흥미를 느꼈는지, 도냐 토마스Doña Tomás 레스토랑에 딸린 야외 테라스 바로 앞에 쓸 만한 원예 창고가 있다는 이야기를 꺼냈다. 그리고 17m², 즉 다섯 평이 살짝 넘는 그 공간을 월세 600달러에 제안했다. 임대료를 협상할 수 있다는 것도 몰랐던 나는 바로 그렇게 하기로 했다.

예산이 그리 많지는 않았지만 로스팅 작업 공간을 꾸미기 시작했다. 먼저 아이다호 주에 가서 빨간색 소형 디드릭 로스터기Diedrich roaster를 샀다. 운송용 나무상자를 열고 안에 든 로스터기를 보면서 이제 곧 이 기계로 성공할 거라며 흥분했던 순간이 아직도 생생하게 기억난다. 로스터기를 창고 한쪽 끝에 놓고, 보건후생국에서 요구한 많은 싱크대들 중 하나로 3조 싱크대를 설치했다.

지금도 초기에 겪었던 모든 일들이 눈에 선하다. 나는 로스팅을 할 때 로스터기에 소량의 생두를 넣고 1분 간격, 심지어 정말 짧을 때는 20초 간격으로 로스팅 시간을 달리하며 배출한 뒤 각 원두를 커피로 추출했다. 이 모든 것은 스스로 배우고 터득해가는 놀라운 과정이었다. 나는 기본적으로 내가 맛있다고 느끼는 로스팅 정도를 어떻게 찾아낼지 마음속으로 그려본 후, 그것을 실현시키기 위해 노력했다.

레스토랑 저녁 장사가 시작되는 5시면 로스팅을 멈춰야 했기 때문에, 나는 아침에 일찍 일어나서 작업을 시작했다. 원예 창고 안이 너무 더워서 보통은 작업할 때 문을 항상 열어두고, 소형 스테레오가 쾅쾅 울릴 정도로 오페라

음악을 크게 틀곤 했다. 나는 창고 공간에 로스터기를 설치한 순간부터 2002년 8월 중순에 열릴 파머스 마켓[8]에서 내가 로스팅한 원두를 처음 선보이는 것을 목표로 로스팅 프로파일roasting profile[9]을 작성하고 원두를 블렌딩했다. 나중에 사업이 잘되기 시작했을 때는 일요일과 월요일이면 하루 종일 로스팅 작업을 했는데, 일요일과 월요일에는 레스토랑이 영업을 하지 않기 때문이다. 내가 산 디드릭 로스터기는 생두를 한 번에 3kg까지만 넣을 수 있어서, 원예 창고에서 17분마다 로스팅을 해서 연달아 53번 로스팅한 적도 있다. 에머리빌로 로스팅 시설을 옮기기 전의 이야기로, 이는 지금도 우리 회사 내에서 깨지지 않는 기록이다.

당시에는 로스팅하는 모든 생두를 생두 수입처이자 공급처인 로열커피Royal Coffee에서 받았다. 우리 블루보틀 커피는 지금도 로스팅하는 생두 중 일부를 로열커피에서 구입한다. 나는 한번씩 나의 푸조 스테이션왜건을 몰고 에머리빌에 있는 로열커피 창고에 가서 커피 두세 포대를 실어오곤 했다. 로스팅 일을 하고 있으면서도, 생두를 보면 그렇게 신기할 수가 없었다. "이게 예멘에서 왔어? 놀라운 일이야!" "이건 에티오피아에서 왔다고? 굉장하네!" 나는 커피 포대를 풀 때면 그 안에 든 생두가 앞으로 어떤 원두가 될지 궁금했다. 지금에 와서 생각하면 할수록 그때의 나는 살짝 정상이 아니었다. 어느 날 갑자기 커피 업계에 들어와서는 로스터랍시고 그 작은 원예 창고에 로스팅 설비를 차려놓고 일정을 짜서 정해진 시간 간격에 맞춰 로스팅한 원두를 점검하던 나. 운도 따랐고, 그렇게 고집스럽게 밀어붙인 덕분에 합법적으로 성공한 사업체를 설립할 수 있었던 것 같다.

매달 임대료가 나가고 있는 생활에 첫 아내와의 사이에서 아들 대실Dashiell이 태어나자, 나는 원두를 팔아야만 했다. 내 목표는 토요일에 열리는 샌프란시스코 페리플라자 파머스 마켓에서 가판대를 배정받는 것이었지만, 차근차근 단계를 밟아 올라가야 한다는 충고에 우선 금요일마다 열리는 올드 오클랜드 파머스 마켓에 나갔다.

그리고 시장 반응을 살펴보기 위해 페리플라자 마켓에 가서 내가 아주 좋아하는 노점인 쇼콜라티에 마이클 리큐티Michael Recchiuti와 버클리에서 온 애크미 브레드Acme Bread, 미에트 케이크Miette Cakes에 내가 직접 로스팅한 원두를 돌렸다. 이때만 해도 토요일마다 열리는 시장 규모는 작고 페리플라자 파머스 마켓은 겨우 조짐만 보이는 정도였으며, 지금은 아주 유명한 마이클 리큐티와 미에트가 아직 정규 매장을 내지 못하던 시기였다.

하루는 오클랜드 마켓에 가판을 차려놓고는 종일 너무 한가해서 가만히 앉아 애덤 고프닉Adam Gopnik의 『파리에서 달까지』라는 책을 읽고 있는데, 미에트에서 케이틀린의 동업자 중 한 명에게 전화가 왔다. 그녀는 에스프레소를 내릴 수 있는 카트가 있다며, 내가 로스팅한 원두로 커피를 내려서 팔고 싶다고 했다.

나는 생각했다. '좋았어! 일주일에 원두 1.8kg을 더 팔 수 있겠네. 와우!'

미에트에 커피 추출법을 알려주면서, 나는 에스프레소 커피를 제대로 뽑아내기가 굉장히 어렵다는 사실을 중점적으로 강조했다. 그랬더니 미에트에서는 결국 그 카트를 나에게 넘겼다(나중에 알고 보니 미에트에서 내 원두를 선택한 이유는 원두를 담은 자루가 마음에 들어서였다고 한다). 미에트에서 커피 카트를 운영하는 동안 나는 추출 기술을 알려주기 위해 미에트 매장 주방에 종종 들렀고, 커피 사업에 첫발을 내딛던 그 시기에 케이틀린을 알게 되었다. 당시 우리 둘 다 각각 만나고 있는 다른 사람이 있기도 했고, 일 년 정도 얼굴을 보면서도 남녀 사이의 감정으로 발전

---

[8] 미국의 생산자 직거래 시장
[9] 특정 원두를 항상 균일하게 로스팅할 수 있도록 온도나 시간 등을 정확하게 작성한 표

하지는 않았다. 하지만 나는 속으로 그녀가 묘한 매력을 지닌 여성이라고 생각했다. 그녀는 행동이 재빠르고 싹싹하며 귀여우면서도 강인한 성격을 지녔다. 그녀는 파머스 마켓에서 복고풍 스타일의 원피스 차림으로 케이크를 팔면서 함께 일하는 동료들에게 사이드킥Sidekick이라는 초창기 스마트폰으로 쉴 새 없이 문자를 보냈다. 나는 그녀에게 '복고풍 미래주의 제빵사'라는 별명을 지어줬다. 특히 케이틀린이 그랬지만, 미에트에서 일하는 모든 제빵사들은 정말 매력이 철철 넘쳤다. 나는 이렇게 소박하면서 패기만만하고 자기 일에 헌신적인 젊은 여성들을 한꺼번에 만날 수 있으리라고는 상상도 하지 못했다. 나와 케이틀린은 둘 다 사업에만 치중하다가 결국 각자의 연인들과 헤어지게 되었다. 그 후 우리는 독신남, 독신녀로 자주 만나 우리의 인생과 다시 혼자가 된 생활에 대한 이야기들을 나누곤 했다.

   몇 주 동안 버클리 파머스 마켓에서 케이틀린과 미에트 직원들을 도와준 끝에, 나는 미에트의 에스프레소 커피 카트를 인수했다. 그리고 파머스 마켓에서 일주일에 두 번씩 커피를 팔기 시작했다.

   사람들은 서서히 내 커피에 관심을 갖기 시작했다. 당시만 해도 쇼트 사이즈 컵에 제대로 추출한 에스프레소 샷, 손이 데일 정도로 뜨겁거나 기포가 많이 생기지 않은 우유를 보기가 힘들었다. 게다가 나는 색다른 추출 기법을 시도해 커피를 내렸고 원두의 상태와 블렌딩, 로스팅 프로파일도 차별화하려고 노력했다. 모든 브루잉 커피는 흔들거리는 원목 드립바에서 추출해 아주 정성스럽게 한 번에 한 잔씩만 만들었다. 주문한 커피를 기다리는 데 익숙하지 않은 사람들은 나를 보고 미쳤다고 생각했다. 요즘에는 커피메이커가 아닌 다른 방법으로 커피를 추출하는 경우도 많고, 커피가 만들어지는 세부 과정을 눈여겨보는 사람들도 쉽게 접할 수 있지만 당시만 해도 그런 사람들이 흔치 않았다. 내 커피를 흥미로운 시선으로 바라보는 사람들도 있었지만 어리석다고 생각하는 사람들도 많았다. 사실 어떤 사람들은 지금도 쓸데없는 짓이라고 생각한다.

   페리 빌딩의 리노베이션이 끝난 2003년 말, 페리플라자 파머스 마켓은 인근 광장으로 자리를 옮겼다. 얼마 지나지 않아 드디어 페리플라자 파머스 마켓에 커피 카트 공석이 한 자리 생겼다는 소식이 들려왔다. 나는 그 자리에 지원했고 블라인드 테스트를 받았다. 그런데 같은 시간에 다른 로스터도 테스트를 받으러 오는지는 미처 몰랐다. 상대는 굉장히 세련된 프레젠테이션을 선보이며 손수레에 깔끔한 쇼핑백을 잔뜩 쌓아서 가져왔다. 그놈의 손수레!

왜 나는 그 생각을 못했지? 시장 측은 우리가 제출한 커피를 다른 방에 있는 평가단에게 가져갔다. 그리고 일주일 후, 나는 합격 소식을 통보받았다.

내가 배정받은 자리는 시장 중심부에서 뚝 떨어진 곳으로, 전기구이 통닭을 파는 푸드 트럭 근처의 사각지대였다. 내게는 시장이 열리기 한 시간 전에 출근해서 작업을 도와주는 직원 한 명, 내가 몰고 온 푸조 왜건, 그리고 커피 카트가 전부였다.

그해 12월은 토요일 중에 서너 번이나 비가 부슬부슬 내려서 시장이 정말 한산했다. 그렇게 해가 바뀌고, 날씨가 화창하게 갠 1월의 어느 토요일이었다. 샌프란시스코에서 열리는 동계 팬시 푸드 박람회 Fancy Food Show를 코앞에 둔 날이어서, 수많은 요리사들과 요식업계 관련자들이 시내에 몰려들었다. 그날, 고개를 들어보니 커피 카트 앞에 갑자기 열다섯 명 정도의 손님들이 줄지어 서 있었다.

그날 이후 우리 매장 앞에는 사람들이 항상 그런 식으로 줄을 섰다.

사람들은 커피를 마시기 위해 오랫동안 기다리곤 했다. 두 사람이 커피 한 잔을 만들기 위해 오랜 시간 공들이는 모습은 분명히 특이해 보였을 것이다. 몹시 힘들어 보이면서도 흥미로운 광경이었음이 틀림없다. 결과적으로 고객들은 내 커피에 만족했다. 하지만 나는 혼란스러웠다. 당시 내 상황이 이래저래 힘들어서 그랬던 것 같다. 나는 항상 피곤했다. 커피를 팔지 않을 때는 로스팅을 하러 가야 했고, 이 시기에 아내와 이혼해 아들을 돌보는 일도 내 몫이었다. 나는 처음 겪는 이 모든 상황이 힘에 부쳤고 괴로웠다.

그렇지만 나는 페리플라자 파머스 마켓에서 지금껏 만나보지 못했던 유형의 친구들에게 홀딱 반했다. 클래식 음악계에서도 친구는 있었지만 그쪽 친구들은 냉정하고 딱딱한 경향이 있었다. 음식 만드는 일을 업으로 삼는 친구들은 마음이 굉장히 따뜻하고 다들 내 일에 관심이 많다. 나는 음악계 친구들에게 남의 일에 많은 시간을 할애하고 툭하면 아무 이유 없이 꼭 안아주는, 특이하고 애정이 넘치는 요식업계 친구들에 대해 얘기해주고 싶었다. 게다가 요식업계는 아주 감각적인 세계이다. 음악계에서 요식업계로의 전업은 내 인생에서 기가 막히게 잘한 결정이었다. 나는 육체적으로는 정말 힘들었지만, 자신들과 내 일에 호기심이 넘치는 사람들에게 둘러싸여 있었다.

그렇지만 나는 커피와 관련된 모든 것이 눈에 명백하게 보여서 좋다. 클라리넷을 불 때는 연습하고 연습하고 또 연습한 뒤 리허설하고 리허설하고 또 리허설할 뿐이다. 또 클라리넷 연주를 할 때는 진동을 일으켜 공기 기둥을 만들기 위해 실제로 보이지 않는 근육을 단련시킨다. 하지만 커피는 눈앞에 분명히 보인다. 나는 실제로 고객의 뇌에 화학적 변화를 일으킬 수 있다. 에스프레소를 추출하는 일은 90초 안에 끝나는 공연이며, 공연이 막을 내리면 다음 공연에 들어간다. 찬사를 받을 수도 있고 야유를 들을 수도 있지만 어쨌든 그리고 나서 바로 다음 공연으로 넘어간다.

케이틀린과 '그저 함께 시간을 보내는 친구' 이상의 관계가 되어보려 했던 몇 번의 어설픈 시도가 실패한 뒤, 나는 새로운 원두 대량 구매처에서 커피를 어떻게 서비스하는지 살펴보러 함께 가달라며 그녀를 불렀다. 그 거래처는 아지자Aziza라는 레스토랑으로, 지금은 미슐랭 스타를 받고 샌프란시스코에서 명성을 떨치고 있지만 당시만 해도 아우터 리치몬드 지구에 있는 숨은 맛집에 가까웠다. 셰프이자 레스토랑 주인인 무라드 랄루 씨가 깐깐하게 고른 재료와 현대적인 요리 기술을 강조해 모로코 레스토랑의 전형적인 아라비안나이트풍을 탈피하고자 노력하고 있었다. 그때가 2004년 9월로, 아주 매력적이고 젊은 제빵사가 고집 세고 나이 많은 남자를 만났다며 회의적으로 보는 시선이 꽤 있었지만 케이틀린과 나는 지금까지 계속 함께하고 있다.

커피 카트가 페리플라자 파머스 마켓에서 점차 큰 인기를 얻으면서 카페 매장을 열고 싶은 마음이 커졌지만 내게는 자금이 부족했다. 그런데 샌프란시스코 시빅 센터 근처에 있는 헤이즈밸리 지역에 건물을 갖고 있던 친구가 자신의 건물 창고 자리에 간이 매장 자리를 내주겠노라 제안했다. 나는 곧 영업 허가를 받고 2005년 1월, 블루보틀 간이 매장을 개점했다. 그곳이 매일 영업을 하는, 블루보틀의 첫 매장이었다.

당시에는 이 매장이 성공하리라는 확신이 없었다. 지린내 풍기는 뒷골목 구석에 있었기 때문이다. 나는 커피 사업을 시작하며 은행 예금에 신용카드까지 끌어 썼다. 자금이 조금 더 있었으면, 사업 경험도 조금 더 있었으면 싶었다. 어디 카페에서 한 달이라도 일을 해보고 사업을 시작했으면 좋았을 텐데!

몇 달 후 블루보틀 간이 매장은 많은 관심을 받기 시작했다. 입지 조건만 따지면 불가능한 일이었지만 당시 샌프란시스코 카페에서는 볼 수 없었던 독특한 방식으로 해낼 수 있었다. 우리는 컵 크기를 한 가지로 통일하고 음료에 향을 내는 첨가물을 넣지 않았으며 단 여섯 가지 메뉴만 판매했고, 캘리포니아 지역에서 최초로 온도를 조절할 수 있는 PID시스템을 장착한 라마르조코 La Marzocco 에스프레소 머신을 사용했다. 모든 샷은 추출 시간을 짧게 해서 진하게 뽑고 스팀밀크는 고객의 주문을 받은 뒤 만들었으며 우유가 들어간 모든 음료에는 라테아트를 해줬고, 원두의 신선도를 철저하게 체크하고 커피메이커는 사용하지 않았다! 그리고 모든 드립 커피는 주문을 받은 뒤 원두를 분쇄해 블루보틀에서 직접 디자인한 드립바로 추출했다. 지금은 지린내가 풍기는 그 골목을 제외하면 미국 어디에서든 이런 방식으로 커피를 파는 매장을 어렵지 않게 찾을 수 있지만, 이때만 해도 독특한 방식이었다.

여하튼 블루보틀의 전략은 성공을 거뒀다. 우리는 간이 매장을 낸 날로부터 3년 후, 샌프란시스코 민트플라자에 정식으로 첫 카페를 개점했다. 그리고 일 년 사이에 페리 빌딩과 샌프란시스코 현대미술관에 지점을 내고 오클랜드와 뉴욕 브루클린 지역에도 새로운 로스팅 시설 두 곳과 네 개의 카페를 열었다. 그 후 뉴욕 맨해튼으로 진출해 록펠러 센터, 첼시 지역, 트라이베카 지역에 카페를 내고 하이라인 파크에 옥외 간이 매장을 열었다.

내게 일반 비즈니스나 커피 사업에 대한 배경 지식이 있었다면, 나는 결코 블루보틀을 설립하지 못했을 것이다. '너무 힘들어.' '이런 식으로 해서는 안 돼.' '이렇게 느리게 작업하면 이윤을 낼 수가 없잖아.' 생각했을 것이다. 나는 오히려 커피 사업에 대한 선입견이 없었기 때문에 더 자유롭게 달려들었고, 나 자신이 중요하다고 판단하는 방향으로 끌고 갈 수 있었다.

모르는 게 약일 때가 많다. 영어를 모국어로 사용하지 않는 사람의 말투가 문법적으로 정확하지는 않지만 오히려 매력적으로 들리는 것처럼 말이다. 가령 당신이 커피 장사를 한다면 당신은 아마도 커피 컵을 크기별로 스몰, 미디엄, 라지 또는 톨, 그란데, 벤티 등으로 나눌 것이다. 동의하는가? 하지만 나는 컵 크기를 한 가지로 통일했고 한 번에 많은 양을 추출해 커피메이커에 담아두지 않았다. 커피는 미리 추출해두면 금세 맛과 향이 떨어진다. 게다가 미리 추출한 커피를 따라 주면 고객들에게 커피 만드는 과정을 제대로 보여줄 수가 없다.

그래서 블루보틀에서는 주문을 받으면 원두를 분쇄하고, 분쇄한 원두를 필터에 담고, 그 위에 물을 천천히 부어 커피를 내리기로 결정했다. 우리는 여러분에게 제대로 된 커피를 낼 것이다.

―제임스 프리먼

커피를 재배하다

GROW

 '커피' 하면 캔 용기에 든 짙은 갈색 분말이 떠오르는 사람들에게는 계절을 따라 나무에서 자란 열매를 수확해 커피로 가공했다는 사실이 잘 연상되지 않는다. 로스팅하기 전의 커피콩을 생두라고 하며, 모양이 다양하고 청록색을 띤다. 생두는 로스팅한 원두보다 오랫동안 보관할 수 있는데, 포장 방법이나 운송 및 보관 상태에 따라 다르지만 가급적 수확 후 일 년 내에 소비하는 편이 바람직하다. 일단 특정 품종의 생두 수확량을 모두 소진하면 다음 수확 때까지 기다려야 한다. 일본에는 20년 이상 숙성시킨 특색 있는 커피를 파는 카페가 있고, 오래된 생두로 에스프레소를 뽑는 이탈리아 로스팅 전문가도 있지만 이는 극히 예외적인 경우다.

 다행히 커피는 본래 원산지로 유명한 남미부터 잘 알려지지 않은 대만이나 인도에 이르기까지 전 세계 생산지에서 거의 연중 내내 수확된다. 미국에서 커피를 생산하기에 적절한 기후 지역은 하와이뿐이라, 미국인에게는 커피 재배가 상당히 먼 곳에서 일어나는 신비한 일처럼 느껴진다. 이번 장에서는 커피가 어디서 어떻게 자라는지, 농장주와 가공업자들이 과즙이 풍부한 붉은 열매를 나무에서 수확한 뒤 어떻게 초록색 커피콩으로 탈바꿈시키는지 알아본다. 더불어 내가 좋아하는 커피 생산지들을 자세히 살펴보면서 우리 블루보틀과 긴밀한 사업 관계에 있는 두 명의 농장주, 하와이의 로리 오브라Lorie Obra 씨와 엘살바도르의 아이다 바틀레Aida Batlle 씨도 소개하겠다. 또 온라인 경매 제도인 컵 오브 엑셀런스Cup of Excellence처럼 세계 최고의 커피를 구입할 수 있는 경로나 유기농 인증 제도에 대해서도 함께 살펴보기로 한다.

재배

가장 많이 수확하는 커피 품종은 크게 두 종류로, 코페아 아라비카종에 속하는 아라비카와 한때 코페아 로부스타종라고 불렀던 카네포라종에 속하는 로부스타이다. 아라비카는 로부스타보다 품질이 훨씬 뛰어나며 전 세계 커피 생산량의 70%를 차지한다. 우리가 마시는 스페셜티 커피는 대부분 아라비카 커피라고 생각하면 된다. 블루보틀에서는 특정 에스프레소를 블렌딩할 때만 예외적으로 유기농 인증을 받은 인도나 마다가스카르산 로부스타 원두를 소량 넣어 기름기가 퍼지는 바디감으로 맛에 깊이를 더한다. 그러므로 이 책에서는 아라비카 커피를 집중적으로 소개하겠다.

코페아 아라비카종은 원산지가 에티오피아이며, 상업적으로 재배한 첫 커피 품종이다. 코페아 아라비카종에는 (커피 무역 시장에서 이른바 교배종이라고 부르는) 수천 가지 품종이 있다. 가장 널리 알려진 품종은 티피카Typica와 버본Bourbon이다.

심고 기르기

커피콩은 커피나무 열매 속에 들어있는 씨앗이다. 실제로 보면 관목에 가까운 커피나무는 상당히 높이 자라는데, 보통은 1.8~3m 높이를 유지하도록 가지치기를 해준다. 잎은 길쭉한 타원형이고, 커피체리라고 부르는 열매는 크랜베리 정도 크기로 잘 익으면 외과피[1]가 진홍빛을 띤다. 외과피 속에는 과육, 그리고 커피콩을 둘러싼 끈적끈적한 점액질이 있는데, 당도가 아주 높아서 깨물어보면 단맛이 난다(그뿐 아니라 카페인도 들어있다!). 보통 커피체리 속에는 커피콩 두 쪽이 평평한 면을 맞대고 있다. 자연적으로 발생한 돌연변이인 피베리는 그 안에 한 개의 둥그스름한 커피콩만 들어있다. 일반적인 커피체리든 피베리든 모든 커피콩은 종이처럼 얇은 파치먼트에 둘러싸여 있으며, 이 파치먼트는 정제 과정을 통해 제거해야 한다. 파치먼트를 벗겨내면 더 얇은 막인 실버스킨이 나오는데, 이는 대부분 로스팅 과정에서 날아간다.

아라비카 커피 재배를 위한 이상적인 생장 조건은 적당한 온도가 꾸준히 유지되고, 적도를 중심으로 남·북위 10도 사이에 고도가 915~1,830m 정도인 고지대이다. 커피는 저지대에서 더 잘 자라지만, 고지대에서 키우면 천천히 자라면서 커피콩의 밀도가 높아지고 독특한 풍미를 자아내게 된다. 유명한 와인 생산지에서 포도를 기를 때 일부러 '척박한' 환경을 조성하는 것처럼, 커피나무도 고지대가 주는 시련이 있으면 척박한 환경의 영향을 줄이기 위해 나무가 무성하게 생장하는 대신 그 힘을 씨앗으로 보내는 경향이 있다.

커피는 경작지의 기후나 고도에 따라 커피나무와 그 지역 토종 새들을 보호하는 그늘을 만들어주는 셰이드 트리shade tree 밑에서 재배하기도 한다. 이렇게 경작하는 방식을 그늘 재배shade-grown라고 부른다. 하지만 하와이처럼 자연적으로 비가 자주 내리는 지역이나 브라질 등지에서는 그늘을 만들지 않고 전통적인 방식으로 재배한다.

커피나무는 심은 지 3~4년 정도 지나면 열매를 맺는다. 열매를 맺기 시작할 때 나무에 비료를 주거나 주기적으로 가지치기를 해주면 재배가 쉬워지고 수확량도 늘어난다. 관개시설이 확보된 커피 농장이 드물어서 강수량, 폭

---

[1] 커피체리의 겉껍질

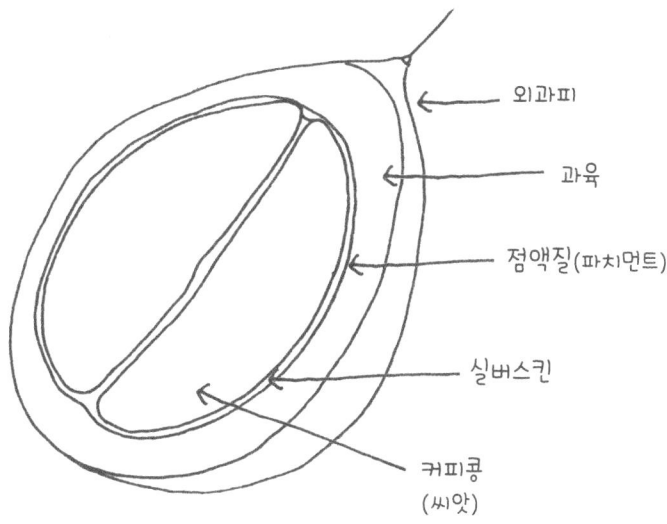

풍우, 가뭄 같은 요소가 전 세계 커피 시장에 큰 영향을 미칠 수 있다.

수확하기

커피나무는 다른 과실나무와 다르게 열매를 맺는 결실기에 계속해서 꽃을 피우고 새로운 체리가 익어간다. 심지어 같은 가지에서도 체리가 반복해서 열리기 때문에 수확할 때 손이 많이 간다. 커피나무 결실기가 2~3개월 안에 끝나는 지역도 있지만 브라질처럼 6개월 정도 지속되는 지역도 있다. 그래서 브라질은 주로 기계 수확을 하는 몇 안 되는 산지에 속한다. 체리 수확 시기와 기간은 경작지의 고도에 따라 달라진다.

결실기가 너무 길어지다 보면 어떤 나무나 가지에는 빨간 체리가 주렁주렁 달린 반면, 어떤 나무나 가지에는 아직 덜 익은 초록색이나 분홍색 체리, 잘 익은 진홍색 체리, 너무 많이 익은 갈색 체리에다 커피나무 꽃까지 뒤섞여 있기도 한다. 잘 익은 커피체리만 선별해서 수확하려면 기술이 필요하고, 이는 높은 가격으로 이어진다. 로스팅 전문가들이 잘 선별된 커피를 구매하기로 결정하면 농장주들은 잘하는 일꾼들에게 높은 상여금으로 보상하게 된다. 결국 꼼꼼한 수확 작업은 농장주와 농장 일꾼들의 삶의 질 향상과 직결된다.

커피나무 한 그루에서 나오는 일 년 평균 생두 수확량은 대략 0.9~1.4kg이며 커피체리 45kg을 가공하면 생두가 9.1kg 정도 나온다.

정제

소규모 농장에서는 대부분 수확한 커피체리를 가공 공장으로 보내 다음 단계인 정제 과정을 진행한다. 커피의 품질을 결정하는 중요한 과정인 이 정제 단계에서는 커피체리의 과육을 벗겨내고 말려서 생두를 수송할 수 있는 상태로 준비한다. 대규모 농장은 자체적으로 가공 처리 시설을 갖추고 있는 경우가 많지만, 보통 소규모 농장은 근처 다른 농장에서 수확한 체리를 모아서 함께 가공한다. 그런데 일부 소규모 농장에서는 싱글오리진 마이크로랏 커피single-origin microlot coffee[2]를 선호하는 수요가 늘어남에 따라 자체적으로 가공 처리를 하거나 자신들의 농장에서 수확한 커피가 다른 농장의 커피와 섞이지 않도록 철저하게 관리한다(이에 대한 더 자세한 설명은 27쪽의 로리 오브라, 35쪽에 나오는 아이다 바틀레의 이야기를 보라).

커피체리 정제 방식을 크게 두 가지로 나누면 습식법이라고 부르는 워시드 가공과 건식법이라고 부르는 내추럴 가공이 있다.[3] 워시드 커피는 물에 씻거나 수조에 담가서 과육을 제거한 뒤 건조시키는 반면, 내추럴 커피는 수확한 체리를 그대로 건조시킨다. 이 두 가지 가공법을 바탕으로 다양한 방식이 있다.

농장주가 선택하는 가공 방식은 해당 지역이 전통적으로 활용해온 방식과 물을 대량으로 끌어 쓸 수 있는지 여부와 관련이 깊다. 예를 들어 에티오피아 하라Harar 지역은 물이 귀하기 때문에 전통적으로 내추럴 정제법을 이용한다. 그런데 내추럴 정제법은 커피를 널어놓고 오랜 시간 말려야 하기 때문에, 비가 많이 오는 지역에서는 제대로 성공할 수 없다. 정제 과정에 심혈을 기울이는 농장주들은 재배하는 품종마다 가장 효과적인 방식을 적용하거나 고객이 원하는 방식을 수용해서 상황에 따라 각기 다른 정제법을 활용하기도 한다.

워시드 커피 WASHED COFFEE

워시드 정제법(습식법)으로 가공하면 원두 품질이 균일해지고 산미가 살아나, 농장주들이 가장 많이 선호하는 방식이다. 기본적인 워시드 정제법은 다음과 같다. 먼저 수확한 커피체리를 과육 제거기에 통과시키면, 외과피는 벗겨지고 끈적끈적한 점액질과 과육은 아직 커피콩에 남아있다. 그러면 이 커피콩을 수조에 넣고 조심스럽게 자주 저어주며 세척한 뒤 그 상태에서 일정 시간, 적으면 몇 시간에서 많으면 하루나 이틀 정도 그대로 두고 발효시킨다. 발효 과정을 거치는 동안 커피콩에 붙어있던 과육과 점액질이 완전히 제거된다(발효 시간이나 건조 시간은 사용하는 설비의 유형이나 현지 기후에 따라 확연히 달라진다는 점에 주의하자).

발효 과정이 끝난 커피콩은 다시 한 번 헹궈서 세척한 뒤 콘크리트나 흙벽돌을 깐 파티오patio라는 건조장 또는 그물을 올린 건조대bed에 널어 햇빛 건조하거나 건조기로 말린다. 해가 드는 시간과 기후에 따라 다르지만 보통 4일에서 8일 정도 말린다.

케냐 커피는 워시드 정제법을 쓰되, 발효를 좀 더 길게 하고 보통 추가적으로 한 번 더 세척하고 수조에 담가

---

[2] 같은 농장 안에서도 특별 관리된 좋은 품질의 단일 품종 커피
[3] 흔히 워시드washed 가공을 수세식, 내추럴natural 가공을 자연 건조식이라고도 하는데, 최근 국내 커피 업계에서 워시드, 내추럴이라는 용어를 그대로 사용하는 추세이며 원두 라벨에도 워시드, 내추럴로 표기하는 경우가 많아 이 책에서는 '워시드', '내추럴'이란 용어 그대로 옮기기로 한다. 참고로 '반 수세식'으로 번역되는 세미내추럴 가공은 뒤에 나오는 펄프드 내추럴 가공과는 다른 가공법이니 혼동하지 말자.

두는 과정을 거치는 까닭에 산미가 강하고 풍미가 부드럽다. 케냐에서는 커피체리의 껍질과 과육을 제거한 후 8~16시간 동안 발효를 시킨다. 그리고 발효가 끝나면 세척한 뒤 깨끗한 물에 보통 6~12시간 정도 담가두며 경우에 따라서는 48시간까지 두는 경우도 있다.

내추럴 커피 NATURAL COFFEE

건식법이라고도 하는 내추럴 정제법은 커피를 가공하는 가장 전통적인 방법으로 커피체리를 건조대나 돗자리, 건조장에 껍질째 그대로 널어놓고 말린다. 브라질에 있는 일부 농장에서는 커피체리를 나무에 달린 상태로 말려 프룬(말린 자두)처럼 쪼그라들면 수확하기도 한다. 이렇게 하면 커피콩이 과육에 싸인 채로 건조되는 만큼 확연히 색다른 맛과 향을 느낄 수 있다. 이것이 잘 알려진 대로 에티오피아산 내추럴 커피가 과일을 머금은 듯한 풍미와 블루베리 향을 내는 이유이다. 내추럴 방식으로 가공한 생두는 신맛이 적고 바디감이 풍부하다.

내추럴 정제법으로 가공하는 데에는 필연적으로 위험이 따른다. 커피콩을 말릴 때 과육이 덜 마른 상태로 오래 놔두면 체리가 자연발효해서 곰팡이가 피거나 시큼한 냄새가 난다. 그러므로 보통 3주 정도 걸리는 건조 기간 동안 고르게 마르도록 자주 뒤섞어줘야 한다. 건조 과정을 거친 커피는 껍질째로 몇 달간 보관하거나, 마른 외과피와 그 안에 있는 파치먼트를 손 혹은 기계를 사용해서 바로 벗겨낸다.

내추럴 커피는 요즘 커피 시장에서 다소 논란을 불러일으키는 주제이다. 일부 커피 전문가들은 내추럴 정제법으로 커피를 가공하면 과육 성분이 커피콩에 흡수돼 특유의 과일 향이 풍부하게 형성되는 만큼 커피콩에서 느낄 수 있는 섬세한 맛이나 미세한 결점을 덮어버릴 수 있어, 잘못된 가공법이라고 주장한다. 나는 놀라울 정도로 잘 정제된 내추럴 커피와 끔찍할 정도로 품질이 떨어지는 내추럴 커피를 모두 접해봤다. 개인적으로 사람의 손길이 제대로 닿지 않아 맛이 떨어지는 커피는 더 이상 만나고 싶지 않다.

펄프드 내추럴 커피 PULPED NATURAL COFFEE

브라질에서 많이 사용하는 펄프드 내추럴 방식은 워시드 정제법과 내추럴 정제법이 섞인 방식이다. 펄프드 내추럴 방식은 흔히 허니 정제법이라고도 하며, 여기서 '허니'는 커피체리의 달콤한 과육을 뜻하는 말이다. 먼저 워시드 정제법과 마찬가지로 커피체리에서 외과피를 벗겨내면 점액질이 달라붙어 있는 커피콩이 나온다. 하지만 이때 수조에 담가놓는 대신 어디든 적당한 장소에 커다란 건조대를 놓고 점액질이 붙어있는 커피콩을 펼쳐놓은 뒤 5일에서 2주 정도 말린다. 이렇게 가공한 커피는 내추럴 커피보다 품질이 균일하면서 내추럴 커피처럼 바디감이 풍부하고 신맛이 적게 난다. 그러나 내추럴 커피에서 생생하게 느낄 수 있는 특유의 과일을 머금은 듯한 달콤한 풍미는 부족하다.

습식 도정법(수마트라식) WET HULLING

습식 도정법⁴은 펄프드 내추럴 방식의 변형이라고 할 수 있으며, 인도 수마트라에서 널리 애용하는 방식이다. 수마트라에서는 이를 길링바사gilling basah라고 부른다. 길링바사 방식으로 가공한 커피는 묵직한 바디감에 산미가 적다. 습식 도정법의 초반 과정은 점액질이 붙어있는 커피콩을 건조하는 기간이 단 하루라는 점만 제외하면 펄프드 내추럴 방식과 비슷하다. 하루 동안 건조시킨 커피콩을 세척한 뒤 다시 불완전하게 건조시킨다. 그리고 수분이 있는 상태로 도정해서 파치먼트를 제거한 뒤 생두 상태로 완전히 건조한다.

마지막 단계

다소 헷갈릴 수 있지만 위에 제시한 정제 방식들을 습식 탈곡wet milling이라고 부르며, 이들 중 한 가지 방식으로 첫 번째 정제 과정을 마친 후 커피콩을 보통 1~3개월 정도 보관해 수분 함량을 적정 수준으로 맞춘다. 그런 다음 건식 탈곡dry milling 과정으로 넘어가 파치먼트를 제거하고 생두를 크기별로 분류한다. 건식 탈곡에는 두 가지 장점이 있다. 첫째는 생두의 크기와 밀도가 균일하면 로스팅 작업이 한층 수월해지기 때문에 로스터들이 좋아한다는 것이고, 둘째로 크기가 큰 생두는 잘 익었을 때 수확한 체리라서 풍미가 더 좋을 가능성이 크다고 여겨져 아주 높은 가격에 팔리는 경우가 많다는 것이다. 분류 작업을 마친 생두의 보관 기간은 상태에 따라 다르다. 하지만 가급적이면 빠른 시간 내에 출하해 커피를 수확한 시점으로부터 일 년 안에는 소비자 손에 도착하는 것이 좋다.

---

4 도정(헐링hulling)은 워시드 커피의 파치먼트를 제거하는 과정, 탈곡(밀링milling)은 생두를 감싸고 있는 파치먼트나 껍질을 제거하는 과정이며 허스킹husking은 내추럴 커피의 껍질을 제거하는 과정을 뜻한다.

블렌딩 커피에 대한 변론

블렌딩은 서로 다른 나라나 지역에서 생산한 커피를 배합한 것을, 싱글오리진은 한 나라, 한 지역, 한 농장 심지어는 한 농장 안에서도 특정 구역에서만 생산한 커피를 의미한다. 일반적으로 블렌딩 커피와 싱글오리진 커피 중 어떤 커피가 더 매력 있는지에 대한 견해는 커피 역사가 시작된 이래 계속 오락가락했다. 현재는 싱글오리진 커피가 더 우세한 분위기이나, 희귀한 싱글오리진 커피에만 관심을 갖는 것은 와인 리스트에 버건디 그랑 크뤼Grand Cru Burgundy만 있는 레스토랑에 가는 것과 다를 바가 없다. 좋은 레스토랑의 와인 리스트에는 부담 없이 마음껏 마실 수 있는 하우스 레드 와인, 접하기 쉬운 화이트 와인을 비롯해 가격대별로 다양한 와인이 적혀 있다. 때때로 사람들은 단순하고 품질이 고르면서도 맛있는 커피를 찾는다. 이때 좋은 블렌딩 커피가 해답이 될 수 있다.

커피를 블렌딩하는 가장 큰 이유는 일정하게 좋은 맛을 내기 위해서이다. 아마 최초의 블렌딩 커피는 모카자바Mocha-Java일 것이다. 모카자바는 와인처럼 향기롭고 산뜻한 예멘 커피에 네덜란드인이 식민지였던 자바 지역에서 공수한 중후하고 묵직한 커피를 블렌딩해서 만들었다. 당시만 해도 예멘에서 재배한 커피는 홍해의 모카항(아랍어로 '알 마카'항이라고 한다)에서만 수출이 허용됐다. 이후 커피 산업에 기업형 커피 로스터들이 등장해 일 년 내내 일정한 맛을 내는 자체 블렌딩 커피 개발에 욕심을 내면서, 커피의 근원인 생두의 질보다는 블렌딩에 시선이 모아졌다. 이렇게 블렌딩 커피가 각광받자 커피 회사들은 '사기꾼'처럼 싸고 품질이 떨어지는 원두를 블렌딩으로 교묘하게 감추는 식으로 수익을 늘리는 행태를 보였다. 대기업들이 점점 더 저렴한 원두로 알루미늄 캔에 든 일반 상업용 커피를 생산하면서, 품질 하락은 곧 현실로 다가왔다. 피츠Peet's 커피가 업계에 첫발을 내딛었던 1960년대 말, 상업용 블렌딩 커피의 품질은 거의 바닥을 치고 있었다. 이때 피츠는 아주 강하게 로스팅해도 산미가 눌리지 않는 고품질의 원두를 신중하게 골라 블렌딩 커피를 선보였다.

에스프레소 머신(111쪽 참고)이 도입된 이후, 이탈리아에서는 너나없이 에스프레소용 블렌딩 커피에 집중했다. 가격 제한의 압박에서 벗어나기 위해서였는지, 아니면 단순하면서도 맛있고 풍미가 부드러운 원두 조합을 찾아내고 싶어서인지는 모르겠지만 이탈리아 커피 회사들은 새로운 블렌딩을 개발하고 에스프레소 블렌딩의 품질을 유지하기 위해 수십 년간 열정을 쏟아왔다. 이탈리아 커피 회사들은 처음 문을 열 때부터 에스프레소 블렌딩을 해왔는데, 여기에는 그럴 만한 이유가 있다. 24쪽에서 언급하겠지만, 에스프레소는 제2차 세계대전이 끝난 뒤 이탈리아에서 고품질 생두의 품귀 현상이 벌어지면서 급격히 인기를 얻었다. 당시 커피 로스터들은 질이 떨어지는 아프리카산 로부스타 원두에 그보다 질이 조금 더 나은 브라질산 원두를 섞어 에스프레소 블렌딩을 했다. 아프리카 로부스타 원두와 브라질산 원두는 둘 다 산미가 약해서 밋밋하고 바디감이 상당히 묵직하며 경우에 따라 불쾌한 풍미가 나는 원두가 많아서, 현대식 푸어오버* 방식으로 추출했다면 꽤 경악스러운 맛이 났을 것이다. 그러나 에스프레소를 추출할 때의 산미와 바디감, 균형 잡힌 품질에 대한 인식은 점차 높아지고 있다. 이렇게 에스프레소 추출이 발전한 이유 중 하나를 꼽아보자면 이탈리아 사람들이 평범한 재료로 맛있는 것을 만들어내는 재주가 뛰어나기 때문이 아닌가 싶다. 평범한 옥수수 가루로 폴렌타polenta를 만들어내고 초콜릿이 없던 시절에 설탕과 코코아 파우더와 헤이즐넛으로 잔두야Gianduja를 선보인 이들이 아닌가.

블루보틀에서는 다양한 풍미를 강조하는 에스프레소용 블렌딩 원두와 브루잉 커피용 블렌딩 원두를 각각 몇 종류씩 판매하고 있는데, 모두 굉장히 좋은 반응을 얻고 있다. 우리는 직접 블렌딩한 커피의 훌륭한 풍미를 일정하게 유지하는 데 신중을 기하고 열정을 쏟는다. 그리고 특정 원두는 구할 수 있는 시기에 맞춰 정기적으로 교체한다. 우리는 엄선해온

---

* 국내 독자들은 이 책에서 이후에도 종종 언급될 '푸어오버'라는 용어보다 '드립 커피'라는 말에 더 익숙할 것이다. 우리나라는 일본의 영향을 받아 드립 커피라고 지칭하지만 엄밀히 비교했을 때 유럽과 미국의 푸어오버 커피와 일본의 드립 커피는 다소 차이가 있다. 일본과 우리나라의 드립 커피는 물줄기의 일관성에 큰 의미를 두고 마치 하나의 예술 행위를 하듯이 물을 붓는 반면, 미국의 푸어오버 커피는 물과 커피의 양만 정확히 맞추면 붓는 과정 자체는 크게 중요하게 여기지 않는다. 드립 커피와 푸어오버 커피의 개념을 구분해 사용하는 전문가들이 늘고 있고 이 책의 저자인 제임스도 일본식 드립 커피 추출방법을 보고 블루보틀의 푸어오버 레시피를 새롭게 정비했다고 언급했기에 이 책에서는 원문에 나온 푸어오버 커피라는 용어를 그대로 사용했다.

개성 만점 싱글오리진 커피들을 쫙 늘어놓고 내릴 때 설레는 기분을 느끼지만, 블루보틀을 찾는 수많은 고객들은 맛있고 안정적으로 일관된 맛을 내며 원두를 정확하게 배합한 블렌딩 커피를 마시기 위해 찾아온다는 사실을 알고 있다.

요즘 커피 업계 종사자들에게 많이 받는 질문은 소비자의 어떤 기호에 맞춰서 커피를 생산하고 싶은지에 관한 것이다. 우리 블루보틀은 더욱이 좋은 생두 선택권과 전례 없이 두터운 고객층을 확보하고 있다. 우리는 매주, 매년 가능한 한결같이 똑같은 맛을 내는 커피를 추구할까? 아니면 끊임없이 새로운 맛을 추구할까? 때로는 지금까지 커피를 제대로 마셔본 적이 없는 고객이 하늘의 도우심인지 우리 매장에 오는 경우가 있다. 그런 고객들은 안심하고 마실 수 있는 메뉴를 찾는 경우가 많다. 그들은 아침에 커피에서 느닷없이 달콤한 파프리카 향이 나길 원하지도 않고, 나중에 졸리랜처**의 수박 맛을 떠올리고 싶어하지도 않는다. 이 고객들은 매장에 가서 마실 때마다 맛있고 자신의 기호에 딱 맞는 커피를 선호한다. 그런데 색다른 점이 흥미를 자극하고 깜짝 놀랄 만한 커피를 원하는 고객도 있다. 이런 고객들은 싱글오리진 커피의 매력에 빠질 가능성이 높다.

블렌딩 커피의 맛을 매년 일정하게 유지하려면 비용이 많이 든다는 점을 감수해야 하며 미리 앞을 내다보는 지혜와 기술을 충분히 갖춰야 한다. 원두는 6~7개월 전에 미리 구매 결정을 내린 후, 어떤 원두로 어떻게 배합할 것인지 고려해서 금액을 지불해야 한다. 여러 가지 커피를 다양한 경로로 알아볼 때는 연금술을 부리는 것처럼 수완이 좋아야 한다. 싱글오리진 커피의 경우 한 원두가 다 떨어지면 다른 원두를 구입해도 되기 때문에 일처리가 훨씬 더 간단하다.

싱글오리진 커피는 상품 가치가 크고 시기에 적합한 원두인지 여부에 초점을 맞춘다. 요즘은 양질의 싱글오리진 커피를 접할 수 있는 기회가 굉장히 많아서, 생산자들이 커피를 소개할 수 있는 자리에 적극적으로 나서야 한다. 어떤 커피는 아주 독특하고 훌륭한데다가 큰 영감까지 안겨준다. 이런 커피는 그 독보적인 우수성을 꼭 선보여서 다른 커피들도 영향을 받고 분발할 수 있도록 해줘야 한다. 싱글오리진 커피 덕분에 농부들은 원두로 더 큰 명성을 얻고 더 나은 보상을 받고자 노력하게 된다. 싱글오리진 커피가 이렇게 인정받고 있지만 블렌딩 커피가 차지하는 영역도 분명히 있다. 블렌딩한 커피는 사람들에게 평균 이상의 맛을 일정하게 유지하는 특정 커피를 언제든 마실 수 있다는 행복을 안겨준다.

** 미국에서 파는 과일 맛 캔디

내가 좋아하는 세 군데의 커피 생산지

나는 커피에 관해서라면 대강 일반화해서 얘기하지 않으려고 노력하지만 이번 장에서는 반대로 그렇게 해보려고 한다. 사람들은 잘 알려진 몇 가지 특성을 따라 특정 산지의 원두를 찾는다. 그러니 전 세계 모든 산지를 소모적으로 살펴보는 대신 내가 좋아하는 커피 생산국 세 군데를 집중적으로 파헤쳐보기로 한다.

에티오피아

에티오피아는 커피의 탄생지이다. 사실 커피콩을 뜻하는 영어 단어 커피빈coffee bean의 '빈'은 에티오피아 말로 커피를 뜻하는 '분'에서, '커피'는 아라비카종 커피나무가 야생에서 자라는 '카파'라는 지역 이름에서 유래했다고 보는 견해가 유력하다. 내가 지금까지 마셔본 커피 중 맛있어서 손에 꼽는 몇 가지 커피는 바로 전 세계 커피 생산국 중 6번째로 생산량이 높은 에티오피아산 커피였다. 에티오피아에서 유명한 커피 중 일부는 예가체프나 하라처럼 커피를 생산한 지명에서 이름을 따왔다. 예가체프 커피는 시다모 지역의 예가체프 마을에서 생산하는데, 품종과 기후 환경 그리고 전통적인 워시드 가공이 어우러져 특유의 꽃향기를 풍긴다. 하라 커피는 내추럴 가공으로 독특하고 산뜻한 과일의 풍미가 많이 나는 편이다.

에티오피아는 커피가 처음 유래한 지역이라 다른 나라보다 커피 자생종이 많다. 다른 나라들이 과거 에티오피아나 에티오피아 인근 국가에서 몰래 들여온 소수의 품종을 재배하는 반면, 에티오피아는 천여 종이 넘는 커피 품종을 생산하고 있다. 시장에서 천여 종류의 토마토를 판다고 상상해보라! 커피 품종 수가 워낙 많다 보니 새롭게 시도해보는, 지금껏 마셔보지 못했던 놀라운 맛의 매력적인 에티오피아 커피가 늘 존재한다.

에티오피아에서는 생산된 커피의 절반가량이 국내에서 소비될 정도로, 커피 내수 시장이 빠르게 성장하고 있다. 이 내수 시장이 커피 산업의 자본 환경을 조성한다. 에티오피아 사람들이 자국산 커피를 많이 마실수록 소비 수요가 늘어나고 커피 품질에 대한 피드백도 바로바로 돌아와 에티오피아 커피 농부들에게 이득이 된다.

한편 현재 에티오피아에서는 다양한 커피 산지에서 굉장히 여러 종류의 커피를 수출하고 있다. 그중에 어떤 커피는 훌륭하고 어떤 것은 그렇지 않아서, 예전에 특정 지역에서만 수출할 때에 비하면 맛을 감별해서 일반화하기가 매우 어려워졌다. 에티오피아의 대형 유기농 커피 조합에서는 아주 다양한 산지의 커피를 취급한다. 그러므로 블루보틀의 기준에 맞는 커피를 찾으려면 출시된 커피를 지속적으로 커핑Cupping하거나 맛을 감정해봐야만 한다

(커핑에 대한 자세한 설명은 63쪽 참고). 블루보틀에서는 예가체프 지역에서 생산하는, 내추럴 또는 워시드 가공한 여러 커피를 수입한다. 나는 예가체프 지역의 생두가 최상의 상태일 때 워시드 가공한 커피를 매우 좋아한다. 좋은 예가체프 커피는 꽃향기를 풍기며 입안에서 부드럽게 감돌고, 바디감과 단맛이 적당히 조화를 이뤄 이탈리아의 스파클링 와인인 모스카토 다스티 Moscato d'Asti와 비슷한 느낌이 든다.

에티오피아에서 매력이 넘치는 커피가 쏟아져 나오고 훌륭한 품종을 가려내기 위한 투자가 늘어나면서, 이제야 사람들이 에티오피아산 커피의 훌륭한 잠재력을 알아보기 시작했다는 생각이 든다. 무엇보다 에티오피아의 유기농 인증 제도와 가공 시설은 세계 커피 생산지 가운데 최고라고 말할 수 있다.

에티오피아 커피의 특성 에티오피아에서는 내추럴 가공한 커피가 많아서 코로 향을 맡아보거나 커핑을 해보면 잘 알려진 대로 전형적인 블루베리 향이 난다. 심지어 워시드 가공한 커피에서도 재스민 향이나 핵과 Stone fruit류[5] 과일 향처럼 부드럽고 달콤한 향미와 함께 톡 쏘는 향신료 향을 느낄 수 있다. 하지만 워시드 가공한 커피는 내추럴 가공한 커피보다 향미가 은은해서 로스팅하면 이 부드럽고 달콤한 향이 날아가기 쉽다.

품종: 에티오피아에서는 커피 품종이 워낙 많아서 다른 커피 생산국들과 마찬가지로 생두 종류를 번호 체계로 분류해 이름보다는 숫자로 표시한다. 그런데 커피 자루에는 특정 번호가 적힌 싱글오리진 커피여도 여러 가지 품종이 담겨있을 수 있다.

---

[5] 매실이나 복숭아처럼 씨가 있는 과실

산미 이야기

'산미'라는 단어는 커피 소비자 중에 커피 전문가를 가려낼 수 있는 단서를 제공한다. 우리는 커피 전문가로서 산미라는 말을 자주 사용한다. 하지만 고객들은 이 단어를 보통 부정적인 의미로 받아들이거나 말하기 때문에, 내부적으로만 쓰려고 노력한다. 고객들은 산미라는 단어를 들으면 '저걸 마시면 배가 아플지도 몰라!'라고 생각한다. 산미라고 하면 톡 쏘는 불쾌한 풍미를 연상하지만 사실 커피는 산성도를 측정하는 pH수치와 직접적인 관련이 없다. 오히려 그런 불쾌한 신맛은 커피를 내리는 시간이 길어져 잘못된 추출이 일어나거나 질이 좋지 않은 생두로 불완전한 로스팅을 했을 때 나타난다.

블루보틀에서는 고객에게 산미에 대한 설명을 할 때 산뜻하다, 경쾌하다, 싱그럽다 같은 말로 표현하려고 애쓴다. 엄밀히 따지면 커피 전문가들이 산미라는 단어를 쓸 때 pH수치를 이야기하는 것은 아니지만 커피에도 레몬이나 베리류, 식초나 여타 싱그러운 음식에 들어있는 특정 산 성분이 존재한다. 일반적으로 커피 전문가들은 대다수 고객들보다 숭배한다 싶을 정도로 산미를 좋아한다. 그러므로 업체에서 원두 구매를 결정할 때 산미가 결정적인 동기가 되지 않도록 주의해야 한다.

브라질

브라질은 세계에서 커피를 가장 많이 생산하는 나라답게 캔 용기로 출시하는 다수의 커피 제품에 원두를 대고 있으며 에스프레소의 발전에 큰 역할을 했다. 전통적으로 브라질산 블렌딩 원두는 질이 낮다고 알려져 있지만, 커피 구매처를 찾아 브라질에 갔을 때 우리는 새로운 세대의 농장주들을 만날 수 있었다. 그들은 주로 2세대 혹은 3세대 농장주로, 미국이나 유럽의 커피 로스팅과 서비스를 공부하며 철저한 커핑을 거쳐 고품질의 커피를 생산한다. 에스프레소 블렌딩에서 베이스로 쓰기 좋은 원두뿐만 아니라 생기가 넘치고 개성 있는 싱글오리진 커피까지 폭넓게 만날 수 있다.

브라질에서는 18세기에 처음 커피가 경작됐고, 1800년대 상파울루 인근에서 상업적으로 재배되기 시작했다. 경작 초기에는 노예들의 노동력에 의존하다가 공식적으로 노예 제도가 폐지된 이후에는 대부분 노예 출신 이민자들이 들어와 일을 했다. 19세기에 커피 산업이 빠르게 성장하면서 엄청난 삼림 파괴와 함께 세계 커피 시장을 거의 지배할 정도의 시장 점유율을 확보했다. 1900년대 초 전 세계 커피 생산량의 80%에 육박했던 브라질산 커피의 점유율은 그 이후 30% 수준으로 내려갔다. 커피는 브라질 산업화에 큰 역할을 했다.

브라질 커피의 매우 다양한 종류와 특성은 브라질에서 시작된 가공 방법인 펄프드 내추럴 방식에서 나온다. 초기에는 브라질 커피 대부분을 내추럴 정제법으로 가공했고, 지금도 여전히 내추럴 정제법으로 가공하는 커피 농가가 많다. 대규모 생산에 적합하고 브라질의 기후와도 맞으며 그늘을 만들어줄 차양 시설이 부족하기 때문이다. 하지만 제2차 세계대전 이후 이탈리아에서 에스프레소 바람이 불면서, 브라질이 에스프레소 원두 시장에 진출하는 데 펄프드 내추럴 방식이 중요한 역할을 했다. 이전까지 브라질 전역에서는 건식 가공한 질 낮은 브라질 커피와 북아프리카에서 공수한 고무 탄 맛이 나는 로부스타 커피를 생산하고 있었다. 펄프드 내추럴 방식은 커피의 중후한 바디감을 살리고 부드러운 산미와 달콤한 맛을 더해 일반적인 내추럴 정제법으로 가공한 것보다 개선된 품질을 얻을 수 있어 브라질 농장에서 선호하는 정제 방식으로 자리 잡았다. 1980년대에는 일리illy 같은 대기업의 요구에 힘입어 에스프레소 추출에 알맞도록 품질이 일정한 원두를 생산하기 위해 더 많은 농장에서 펄프드 내추럴 방식으로 가공하기 시작했다.

경매 제도를 도입한 컵 오브 엑셀런스(34쪽 참고)는 1999년 브라질에서 처음 시작해 최고급 품질의 원두에 대한 관심을 한층 끌어올렸다. 지난 십여 년간 컵 오브 엑셀런스는 엄정한 커피 심사를 거쳐 농장주를 수상하고, 최고의 품질로 인정된 커피를 소규모로 재배하는 마이크로랏 농장으로 분리시켜 최고의 가격으로 판매할 수 있게 해줬다. 브라질의 카페 문화는 아직 걸음마 단계이며, 비교적 품질이 좋은 커피는 대부분 수출한다. 하지만 브라질 경제가 가파르게 성장하면서 질 좋은 브라질 커피의 국내 소비가 늘어나고 있다. 브라질에서는 흥미롭게도 자국산이 아닌 커피를 수입해오는 행위가 불법이라서, 브라질 사람들은 법의 테두리 안에서 점점 풍요로워지는 브라질 시장의 다양한 커피를 즐길 수 있다. 커피 수입을 제한하는 법이 브라질에서 고급 카페 문화가 성장하는 데 어떤 영향을 줄지는 두고 봐야 한다.

브라질에서는 아직도 인증받은 유기농법으로 커피를 생산하는 농장이 매우 드물다. 우리 블루보틀에서는 브라질산을 구입할 때 거의 다 유기농만 취급하기 때문에, 수년간 높이 평가해온 아주 작은 소규모 농장들과 거래하는 편이다.

브라질 커피의 특성 브라질 커피는 대부분 고도 550~1,220m의 저지대에서 경작해 고지대에서 경작한 커피보다 부드럽고 은은한 풍미를 낸다. 브라질 사람들은 이를 내추럴이나 펄프드 내추럴 방식으로 가공해 커피의 질을 한층 높였다. 이렇게 가공한 커피는 맛이 그윽하고 순하며 품질이 훌륭하고 결점두가 거의 없다. 그리고 과일 향이 풍부하게 감돌지는 않지만 설탕을 넣은 것처럼 달콤한 맛이 난다. 좋은 브라질 커피는 편안하고 대중적이며 무난하다.

품종: 브라질의 대표적인 품종인 버본과 티피카 외에 산미가 적고 초콜릿 향이 나는 이카투Icatu, 달콤하고 수확량이 높은 문도노보Mundo Novo, 밝은 풍미를 자랑하는 카투아이Catuai 같은 교배종도 있다.

수마트라의 유산

커피를 마시는 사람들, 그 중에서도 특히 캘리포니아 북부 지역 사람들은 피츠 커피의 영향으로 인도네시아 수마트라에서 건너온 젖은 나무 향과 탄 맛이 감도는 풍미를 선호하는 경향을 보인다. 나는 블루보틀 설립 초기에 수마트라산 싱글오리진 커피를 취급하지 않기로 결심했다. 손님들이 수마트라 커피 외에 다른 커피를 마시지 않으려고 했기 때문이다! 그리고 수마트라 커피에서 느낄 수 있는 다채로운 특성은 정제 과정에서 나오는데, 싱글오리진 커피로 판매할 만큼 수마트라 커피의 특성을 제대로 살려 정제하는 산지를 찾기가 어려웠던 까닭도 있다.

그 대신 우리는 우리가 좋아하는 깨끗한 품질과 첼로 소리처럼 깊고 진한 풍미를 자랑하는 수마트라 원두를 에스프레소 블렌딩이나 브루잉 블렌딩 커피의 구성 원두로 써서 특유의 깊은 풍미를 활용하는 방법을 선호한다. 그런데 최근 몇 년 동안 블루보틀에서 수마트라 인근 술라웨시의 토라자 지역에서 공수한 커피를 싱글오리진으로 로스팅하고 있다. 토라자 커피는 워시드 가공을 해서, 섬세하게 배합한 블렌딩 커피를 압도할 정도로 아주 산뜻한 맛과 굉장히 깊은 풍미를 동시에 느낄 수 있다. 토라자 커피는 확실히 독자적인 커피 산지로 인정해줘야 한다.

엘살바도르

엘살바도르에서의 커피 재배는 폭력으로 얼룩진 역사와 함께 시작되었다. 19세기 말 이방인들이 토착 주민의 영토를 점령하며 재배가 시작된 것이다. 1980년부터 1992년까지 엘살바도르 내전이 일어나는 동안에는 착취에 시달린 농장 일꾼들이 게릴라로 내몰리기도 했다. 내전 동안 커피 산지를 잃었지만 어떤 사람들은 오히려 내전이 일어나지 않았다면 재래 품종이 사라졌을 것이라는 주장을 한다. 내전이 12년 동안 이어지는 바람에 커피 농장들이 현대화할 기회를 얻지 못하고 여러 재래 품종들을 계속 재배할 수 있었다는 것이다.

내가 엘살바도르산 고급 커피에 자꾸 눈을 돌리는 이유는 바디감이 묵직하면서도 다양한 풍미가 그대로 살아 있는 특성 때문이다. 나는 엘살바도르 커피가 주는 잔잔한 밀도와 생기 있는 느낌을 좋아한다.

많은 커피 산지들이 그렇듯이 엘살바도르에 있는 대부분의 커피 농장들도 비교적 고도가 낮으며, 일반 상업용 등급의 커피를 생산한다. 하지만 엘살바도르에는 고도가 높은 지역에 상당히 훌륭한 커피 생산 기반 시설을 갖춘 농장도 있으며, 태평양 연안에 있는 아카후틀라에는 수출입에 편리한 심해 항구가 있고, 국지적으로 커피 재배에 더없이 좋은 기후를 보이는 지역들이 있다. 또 맛이 좋지만 생산량이 적은 버본과 파카스Pacas 품종을 지키기 위해 농부들이 헌신적으로 노력한다. 이런 요인들이 함께 어우러져 내가 좋아하는 커피가 탄생한다.

엘살바도르 커피의 특성 내가 좋아하는 훌륭한 엘살바도르 커피는 단맛과 다채로운 풍미가 묵직하면서도 부드러운 바디감과 잘 어울린다.

우리 블루보틀은 운 좋게도 엘살바도르 로스 나랑호 지역에 있는 엘 마하후알에서 아이다 바틀레가 관리하는 아름다운 맛을 내는 소량의 커피를 공급받고 있다(35쪽 참고). 아이다가 생산하는 커피에서는 경우에 따라 자두나 버터 또는 토피 사탕[6] 향이 나는데, 갈색 설탕과 달콤한 와인 맛이 감돌고 당밀의 여운이 길게 남는 다채로운 향미를 지닌 커피이다. 때를 잘 맞춰 아이다의 농장을 방문하면 엘 마하후알에서 워시드, 내추럴, 펄프드 내추럴 방식 그리고 아이다가 '수말바도르'라고 부르는 습식 도정법을 변형한 방식까지 무려 네 가지 방법으로 가공한 생두를 종종 얻을 수 있다.

품종: 엘살바도르에서 재배하는 가장 중요한 품종은 버본, 티피카, 파카스다. 파카스는 버본의 돌연변이종으로 꽃향기가 가미된 산뜻한 풍미와 중후한 바디감이 조화를 이룬다.

---

6 설탕, 버터, 물을 함께 끓여 만든 사탕

하와이 농장주, 로리 오브라

전 세계의 커피 산지들은 대부분 머나먼 타국에 있기 때문에, 블루보틀이 미국의 뒷마당이라 할 수 있는 하와이에서 커피를 재배하는 농장주와 협업할 기회를 얻었을 때 흥분을 감출 수 없었다. 하와이 남단 끝자락에 있는 약 48,500m²규모의 농장, 러스티스 하와이안Rusty's Hawaiian의 로리 오브라는 깜짝 놀랄 만큼 좋은 커피를 생산하기 위해 정제 과정을 다각적으로 실험해왔다. 예전에도 러스티스 하와이안 농장을 직접 방문한 적이 있지만, 커피를 재배하고 가공하는 방법을 더 자세히 알아보고자 이번에 다시 한 번 방문하기로 했다.

러스티스 하와이안 농장은 하와이 카우 지역에 있는 화산섬인 마우나로아산 경사면에 있으며 코나 지역에서 97km가량 떨어져있다. 농장은 해발 약 610m로, 하와이 기준으로는 비교적 고도가 높은 지역에 있다.

로리는 카우 지역의 명성을 드높인 카우 커피 재배자 협동조합의 일원이다. 로리와 지금은 고인이 된 그녀의 남편 러스티는 뉴저지에서 각각 임상병리사와 화학자로 일하다가 하와이로 이주한 뒤 1999년 농장을 조성했다. 이들 부부는 러스티의 부모님 가까이에서 살고자 하와이로 건너왔는데, 부모님은 그 일대를 장악하던 사탕수수 농장이 문을 닫은 1996년도까지 그곳에서 일하셨다. 로리 말에 따르면 부부는 원래 던킨도너츠 매장을 차리거나 아침 식사를 제공하는 민박을 하려고 했지만, 버려진 사탕수수밭을 일부 개간해 일군 친구네 커피 농장에 가본 뒤 마음이 바뀌었다고 한다. 로리는 이렇게 말했다. "우리는 친구네 농장에서 빨갛게 익은 열매가 주렁주렁 달린 나무를 봤어요. 서로 아무 말도 하지 않았지만 각자 마음속으로 이게 우리가 해야 할 일이라고 생각했죠."

부부는 산과 야생 사탕수수로 둘러싸인 가운데 남쪽 시야가 탁 트여 태평양이 보이는 마우나로아산 남단의 구릉지를 임대했다. 코나와 카우 지역에 사는 가족과 친구들이 기증해준 7천 그루의 커피 묘목을, 36,300m²이 넘는 부지에 (또 거의 무료 봉사로 도와준) 그들과 함께 심었다. 가장 가까운 가공 공장이 코나 지역에 있어서, 정제는 직접 하기로 결심하고 과육 제거기pulper와 내과피 제거기huller를 비롯해 작은 로스팅 기기까지 전문 장비들을 구매했다. 부부는 실험실에서 일하며 과학계에 몸담았던 경험에 비추어, 모든 변수가 커피 품질에 영향을 미칠 수 있다는 사실을 생각하며 전 과정을 직접 제어하고자 했다.

러스티는 이내 다른 신진 커피 농장주들에게서, 성장 중인 카우 커피 재배자 협동조합을 앞장서서 이끌어달라는 부탁을 받았다. 농장주인 윌리엄 타비오스는 러스티에게 조합장 자리를 부탁하며 자신이 재배자로 성공할 수 있을지 모르겠다는 고민을 털어놓았다. 러스티는 윌리엄에게 곧 좋은 시기가 올 거라고 장담했다. 아니나 다를까 시간이 흐른 뒤 그의 커피는 2007년 미국스페셜티커피협회SCAA에서 세계 6위로 선정되었고, 윌리엄과 로리를 비롯한 카우 지역 농장주들은 계속해서 그러한 협회나 대회에서 인정을 받았다.

그러나 불행히도 러스티는 자신의 농장과 지역 협동조합이 성장하는 모습을 직접 보지 못했다. 러스티는 암 선고를 받은 뒤, 로리가 혼자 운영해나가기는 힘에 부칠 거라는 생각에 커피 농장을 정리하자고 로리를 설득했다. 2006년, 러스티가 세상을 떠날 때까지도 로리는 농장의 임대차 계약을 넘겨받을 만한 사람을 찾지 못했고 커피 사업을 그럭저럭 유지했다.

2008년, 로리의 농장 부지 소유주가 몇몇 커피 전문가를 데려와 카우 지역 재배자들과의 만남을 주선했다. 이 전문가들 중에 미네소타 주 램지에서 온 파라다이스 커피 로스터Paradise Coffee Roaster에서 일하는 전문 로스터

R. 미구엘 메자가 있었다. 이후 미구엘은 로리의 멘토가 되어줬다. 로리는 미네소타로 돌아간 미구엘에게 가공 시간을 조정하고 발효 횟수를 줄인 생두 샘플을 보내기 시작했다.

얼마 지나지 않아 미구엘은 하와이로 넘어와 코나 지역에 있는 훌라 대디 코나 커피Hula Daddy Kona Coffee에서 일하면서, 주말에는 로리의 농장에 들러 그녀가 커피나무 상태를 감별할 수 있도록 도와주고 더 많은 경험을 쌓도록 이끌며 커핑 방법을 알려주기 시작했다. 로리가 생산한 커피를 찾는 사람들이 점점 늘어났지만 그녀는 여전히 수확부터 발송까지 모든 과정을 직접 해냈다. 다행히 캘리포니아에서 기자로 활동 중이던 딸 조안 오브라와 사위인 랄프 개스턴이 농장 일을 돕기 위해 하와이로 왔다. 더불어 미구엘도 카우 지역으로 이사를 오고, 곧이어 미국 바리스타 챔피언인 피트 리카타Pete Licata가 러스티스 농장에 합류했다. 이들은 러스티스 하와이안을 운영하면서, 하와이와 대만을 비롯한 여러 산지의 농장주들과 협업하며 고객의 입맛에 맞는 다양한 커피를 개발하는 이슬라 커피Isla Coffee와 제휴 사업도 하고 있다.

러스티스 하와이안은 여러 차례 수상의 영예를 안았다. 덕분에 로리는 커피를 굉장히 많이 판매했고, 러스티가 하늘에서 기뻐할 거라고 믿고 있다. 커피 잎사귀와 열매로 만든 레이lei[7] 안에 러스티의 이름을 새긴 팔찌를 찬 로리가 말했다. "제 남편은 카우 지역에서 재배한 커피가 전 세계 훌륭한 커피들과 어깨를 나란히 하는 그날을 꿈꿨

---

7 하와이 사람들이 목에 거는 화환

어요. 저는 카우 커피가 커피 업계에 혁명을 일으키고 가장 높은 곳으로 도약할 수 있도록 힘을 보태고 싶어요. 그렇게 하려고 지금까지 정말 열심히 애써왔습니다."

하와이산 커피가 비교적 비싼 이유는 무엇보다 다른 산지에 비해 인건비가 높기 때문이다. 하지만 러스티스 하와이안에서 생산한 고품질 커피를 직접 마주하면 그 가격에 고개가 절로 끄덕여진다. 로리는 커피체리를 수확하는 일꾼들에게 파머스 마켓에서 가장 품질이 좋은 딸기를 고르는 것처럼 잘 익은 것만 따라고 당부한다. 그녀의 기준으로는 반쯤 익은 초록색 체리나 너무 익은 갈색 체리는 수확 대상이 아니다.

로리의 기준에 맞춰 작업을 하면 한 사람이 한 시간에 딸 수 있는 체리 양은 5.5kg 정도이고, 로스팅까지 마치면 900g가량의 원두가 나온다. 게다가 가공 작업은 한 번 할 때마다 오랜 시간이 걸린다.

"하와이 커피는 비싼 게 아니에요. 하와이 이외의 지역에서 생산하는 커피들이 제값을 못 받고 있는 것뿐이죠." 미구엘이 말했다.

러스티스 하와이안 농장에서는 처음에 나무를 심었을 때보다는 그 수가 줄어들었지만 대략 6천 그루의 커피나무에서 매년 한 그루당 450g가량의 생두를 생산한다. 농장에 심은 커피나무는 과테말라 티피카, 옐로우 카투라 Caturra, 레드 카투라, 레드 버본, 이 네 가지 품종이 대부분을 차지한다. 카우 지역에서 구름이 쉬어가는 자리라는 뜻으로 '클라우드 레스트 Cloud Rest'라고 부르는 로리네 농장 지대에서는 보통 11월에서 5월까지 체리를 수확할 수 있다. 하지만 고도에 따라 수확기가 다르기 때문에, 로리는 나머지 달에는 다른 카우 지역 커피 농장에서 싱싱한 커피체리를 구입할 수 있다. 로리는 자신의 농장이나 카우 지역 다른 농장에서 수확한 체리를 모두 그녀의 높은 기준에 부합하는 방식으로 직접 가공한다.

체리를 수확하면 농장이 있는 산에서 10분 정도 내려오면 있는 파할라라는 작은 마을의 로리네 집으로 가져가 가공을 한다. 가공 작업은 항상 수확한 그날 바로 시작한다. 이는 곧 로리가 일 년에 여덟에서 열 달은 대부분 늦은 시각까지 일을 한다는 의미이다. 미구엘, 피트, 조안, 랄프도 종종 늦은 시간까지 작업을 한다.

로리는 품종이나 날씨, 고객의 요구에 따라 가공 방식을 다르게 한다. 어떤 가공 방식이든 첫 단계는 흔히 하는 대로 체리를 수조에 넣어 물에 띄우는 작업이다. 수면 위로 뜨는 체리는 생장이 제대로 이루어지지 않아 밀도가 낮다는 뜻이고, 가공해도 풍미와 단맛이 부족하므로 모두 걷어내 버린다. 그다음 로리와 직원들은 다른 경쟁자들과 다르게 너무 많이 익었거나 덜 익은 체리, 껍질 전체가 완벽하게 빨갛지 않거나 노란 체리를 꼼꼼하게 골라낸다. 로리의 농장은 이러한 선별 작업을 마친 뒤 가공에 들어간다.

가공

다른 대다수 커피 산지들처럼 로리도 주로 워시드 가공을 한다. 먼저 선별한 체리를 과육 제거기에 넣고 정원용 호스로 제거기 안에 물을 뿌린다. 기계를 돌리면 체리의 껍질이 벗겨지고 끈적끈적한 점액질로 덮인 커피콩이 나오는데, 이 미끄럽고 끈적거리는 커피콩을 찬물이 담긴 수조에 넣고 하룻밤 동안 그대로 숙성시킨다. 로리는 수많은 시행착오를 거쳐 적당한 숙성 시간이 8~10시간 정도라는 사실을 알아냈다. 이 숙성 시간 동안 그녀는 잠시 수면을 취한다.

다음 날 아침에 보면 찬물에 담가둔 커피콩은 갈색 빛깔이 도는 걸쭉한 수프처럼 변해있다. 로리는 수영장에서 쓰는 양수기를 이용해 수조에 든 물을 빼내고 커피콩을 깨끗한 물로 세척한다. 이 과정에서 과육이 커피콩에서 완전히 떨어져나가고, 커피콩의 질감은 모래처럼 까끌까끌해진다. 로리네 집 마당 근처에는 허리 높이의 철망 건조대가 있다. 건조대에 달린 물결 모양의 비닐 덮개는 비를 막아줄 수 있어 효율적이다. 과육을 제거한 커피콩을 그 철망 건조대에 펼쳐놓고 햇볕에서 5~8일 정도 건조한다.

내추럴 정제법으로 가공할 때는 수확 후 선별 작업을 거친 체리를 바로 건조대에 펼쳐놓고 수분 함량이 10~11%로 낮아질 때까지 보통 3주 정도 말린다. 건조 기간은 날씨에 따라 달라질 수 있다. 로리는 곰팡이와 원치 않는 발효를 막기 위해 체리를 말리는 동안 갈퀴로 자주 뒤섞어준다. 건조대에 펼쳐놓은 후 3~5일이 지나면 껍질이 쫀쫀해져 커피콩이 더 이상 손상되지 않게 되므로, 그때까지는 한 시간에 한 번씩 갈퀴질을 해준다.

펄프드 내추럴 방식으로 가공할 때는 체리를 과육 제거기에 넣고 과육을 제거한 뒤 건조대에 펼쳐놓고 건조한다. 건조 첫날은 곰팡이 번식을 막기 위해 커피콩에 물기가 없어도 20분에 한 번씩 갈퀴로 뒤섞어줘야 한다. 조안은 보통 뒷마당에 노트북을 연결해두고 갈퀴질을 하는 사이사이에 컴퓨터 작업을 한다. 둘째 날부터는 하루에 두 번씩만 갈퀴질을 한다. 건조 기간은 날씨에 따라 다르지만 완전히 건조시키려면 5~10일 정도 걸린다.

마지막 단계

워시드나 내추럴 또는 펄프드 내추럴 방식으로 가공을 마친 뒤 커피콩을 특수한 포대에 담아 저장고에 넣어둔다. 워시드 정제법이나 펄프드 내추럴 방식으로 가공한 커피콩은 3개월 동안 보관하고, 내추럴 정제법으로 가공한 커피콩은 4~5개월간 보관한다. "우리가 만든 커피는 이렇게 잠을 푹 자야 예뻐져요."라는 로리의 말에, 미구엘이 이러한 보관 과정을 거쳐야 생두에서 풋내나 떫은맛이 나지 않는다고 부연 설명을 한다.

어떤 가공을 거친 생두이든 수확하고 9개월 안에 로스팅을 해야 한다. 가공해서 저장해둔 파치먼트 상태의 커피콩은 출하 직전에 내과피 제거기에 넣고 파치먼트를 제거한 뒤 크기가 작거나 결점이 있는 생두를 추려내 분류한다. 분류 작업이 끝나면 하와이 농무부에 검수와 공인을 받은 뒤 배나 비행기에 실어 거래처로 보낸다. 미국에서 러스티스 생두를 구입할 경우 한 가지 큰 장점이 있다. 다른 나라에서 생산한 커피와 달리 러스티스 하와이안 커피는 출하할 때 세관을 거칠 필요가 없어서 운송이 굉장히 빠르다는 것이다.

컵 오브 엑셀런스 Cup of Excellence, COE

지난 십여 년 동안 커피 업계에 일어난 큰 변화의 흐름을 살펴보면 COE가 굉장히 중요한 역할을 담당했다. 1999년에 한 로스터 단체가 잘 알려지지 않은 농장에서 생산한 훌륭한 커피를 쉽게 접할 수 있는 기회를 마련해보자는 취지로 처음 개최한 COE는 현재 세계에서 가장 권위 있는 국제 커피 경매 대회로 자리매김했다.

COE는 싱글오리진이 지닌 특유의 매력을 전 세계에 알리는 데 크게 이바지했다. 순위가 낮더라도 맛이 뛰어나고 희귀한 커피는 경매에서 높은 가격을 받아, 농장주에게 고품질 커피를 선호하는 시장이 존재한다는 사실을 일깨워준다. COE는 영세 농장 지원에 초점을 맞춘 프로그램이 아니라 커피 품질에 따라 보상이 커지는 품질 중심 프로그램이다.

각국의 커피 재배자들은 대부분 본인이 생산한 커피를 소속된 조합의 정제 시설로 가져가 같은 지역에서 생산한 다른 커피와 함께 가공한다. 매년 COE 대회를 여는 목적은 회원국에서 생산한 최고의 커피를 찾아내는 것이므로, 모든 농장주들은 사업체 규모와 관계없이 자신이 생산한 커피를 제출할 수 있다. COE 회원국은 브라질에서 첫 대회가 열린 이후 11개국으로 늘어났는데, 대부분은 중남미 국가들이다.

농장주가 COE 심사를 받기 위해 커피 샘플을 보내면 5~6차례에 걸쳐 커핑 테스트를 진행한다. 먼저 해당 국가의 국내 심판관들이 심사를 한 다음 대부분 로스터로 구성된 국제 심판관들이 심사를 한다. 1~3위를 차지한 커피들이 가장 집중적인 관심을 받으며, COE 인증을 받은 모든 커피는 온라인 경매에 올라간다. 경매에 올라온 커피에 관심을 보인 입찰자는 경매가 진행되기 전에 생두 샘플을 받아볼 수 있다.

블루보틀은 2006년부터 COE 입찰에 참여하기 시작해, 그 해에 COE에서 입상한 커피를 처음으로 구매했다. 우리는 보통 일 년에 4~6가지 COE 커피에 입찰하며, 그 가운데 최소한 한 가지 품목의 커피라도 낙찰받기를 원한다. COE에 선정된 커피 농장의 규모는 해마다, 그리고 개최국에 따라 각기 다르지만 900kg 정도의 생두를 출품한 상당히 작은 농장도 종종 보인다. 우리는 입찰하려는 커피 샘플을 커핑할 때 평가지에 입상 순위가 아닌 농장 이름만 적어놓기 때문에, 그 커피가 몇 위를 차지했는지 모르는 상태로 커핑을 한다. 커핑을 하면 대개 마음에 쏙 드는 커피가 한두 가지는 나온다. 온라인 경매가 시작되면 보통 생두 바이어가 다른 경쟁 입찰자들의 지불 능력과 우리의 열망을 고려해 입찰 금액을 결정한다. 전 세계 커피 바이어들은 같은 시간에 일제히 컴퓨터 앞에 앉아 마음에 드는 커피에 입찰한다. 한 농장의 커피 가격이 10만 달러가 넘어간 경우도 있다(재미있는 점은 만약에 그 농장이 그 해에 상업 시장에서 커피를 판매한 이력이 있다면 7,500달러에 팔렸을지도 모른다는 것이다). 그래서 많은 로스터들이 단독 입찰보다는 함께 손을 잡고 입찰하는 경우가 많다. 우리 블루보틀은 모든 커피에 입찰하기에는 작은 회사라 제약이 따르고, 엔화가 아닌 달러로 지불해야 한다는 점도 불리하다. 가끔 정말 들여오고 싶었던 특별한 커피 입찰에서 떨어져 실망하기도 하지만, 그래도 보통은 해마다 몇 가지 훌륭한 커피를 운 좋게 획득한다. 우리 회사가 더욱 성장해 우리 직원들이 선호하는 COE 커피를 좀 더 많이 구입하고 로스팅해서 고객들에게 제공할 수 있기를 바란다.

COE에 선정된 커피는 고품질 커피를 의미하며, 소비자들은 이제 COE 로고를 보면 특별한 커피를 기대한다. 또한 COE 경매 제도는 산지 노동자가 동기 부여를 받고 소비자와 직접 접촉할 수 있는 훌륭한 방법이다. 우리는 일단 COE 커피의 샘플을 로스팅하면 커핑할 수 있도록 다양한 샘플을 나란히 늘어놓고 모든 직원들을 대상으로 시음회를 연다. 그리고 직원들이 선호하는 샘플들을 추린 후, 일반인을 대상으로 공개 커핑에 내놓고 커피의 특성을 알아본다. 커피를 맛보다 보면 공통된 특징이 있어서, 사람들은 "브라질스러워." 또는 "르완다적이야."라는 식으로 맛과 향을 파악한다. 어떤 산지에 대해서든 사람들의 의견은 가지각색이지만 말이다.

엘살바도르 농장주, 아이다 바틀레

만일 4대째 커피 재배를 가업으로 삼는 집안에서 태어났다면, 커피 농장주가 될 운명이라고 생각할 수도 있다. 하지만 아이다 바틀레는 여섯 살 때 가족과 함께 내전을 피해 엘살바도르에서 탈출해 미국에서 성장했다.

 2002년 여름, 미국 내시빌에 정착해 살던 아이다는 가업인 커피 농장을 관리하기 위해 고향에 가신 부모님을 뵈려고 고국 엘살바도르를 방문했다. 당시 커피 가격이 수년간 바닥을 쳐서 아버지가 무척 힘겨워 보였다. 그 모습을 본 그녀는 별안간 미국에서의 삶을 정리하기로 결심하고 농부가 되었다. "부모님께서는 정신이 나갔냐는 눈빛으로 저를 바라보셨죠." 아이다가 말했다.

 아이다는 커피 사업을 최대한 제대로 배우고 싶어서 관련 강의를 찾아 듣고 엘살바도르 커피 협회에 자문도 구했다. COE에 대한 소식을 듣고는, 2003년 엘살바도르에서 주최한 첫 COE에 가족이 운영하는 주요 농장 세 군데에서 두 종류의 커피를 선별해 출품했다. 아이다 가족의 농장에서 출품한 커피 중 한 가지가 1위를 차지했다는 소식에 그녀는 정말 깜짝 놀랐다.

 그녀의 가족들은 COE에서 우승하기 전까지 직접 생산한 커피를 커핑한 적도, 심지어 제대로 마셔본 적도 없었다. 아이다는 COE에서 우승한 첫 여성이 되었고, 커피 1파운드당 14.06달러라는 경매 가격도 새로운 기록이었다. 아이다는 순식간에 세계에서 가장 유명한 커피 농장주가 되었다.

 아이다는 현재 가족이 소유한 농장 네 개를 책임지고 있으며 이 중 세 군데는 아프리카 지명을 따서 농장 이름을 지었다. 네 농장은 각각 고도 1,275~1,380m 지점에 있는 탄자니아 농장, 고도 1,400~1,600m 지점의 모리타니 농장, 고도 1,550~1,870m 지점의 로스 알프스 농장, 고도 1,580~1,720m 지점에 있는 킬리만자로 농장이다. 아이다는 해외 농장에 수확과 선별 작업을 비롯해 전반적인 품질을 관리해주는 자문 위원 역할도 해주고 있다. 그녀가 관리해주는 해외 농장은 콜롬비아 로스 나랑호 지역의 고도 1,500m 지점에 있는 엘 마하후알 농장과 칠레 세로 베르데 지역의 고도 1,400~1,500m 지점에 있는 플랜 드 바테아 농장이다.

 아이다는 농장을 물려받은 뒤 바로 유기농 재배법을 도입했고, 2005년에 유기농 인증을 받았다. 유기농으로 재배하면 전통적인 재배 방법보다 생산량이 현저히 감소하며, 병충해를 입기 쉬운 재래 품종의 생산량 역시 급감할 수밖에 없다. 그러나 아이다는 고조할아버지가 엘살바도르 최초로 도입한 버본 같은 재래 품종을 쭉 고집했다. 아이다의 농장에서 키우는 품종을 살펴보면 모리타니 농장은 전부 버본, 킬리만자로 농장은 케냐 재래종과 버본, 로스 알프스 농장은 티피카와 버본, 그리고 가장 최근에 인수한 탄자니아 농장은 거의 버본만 취급한다.

 아이다가 말했다. "요즘 같은 시기에 엘살바도르에서 커피콩 가격만큼 가공 비용이 비싼 재래 품종을 계속 고집하기란 쉽지 않아요. 직거래할 로스터를 확보하지 못한 농장주라면 체리를 팔기 위해 수출업자나 가공 업체에 의지해야 하죠." 아이다는 품질 좋은 커피를 생산하는 엘살바도르 지역 농장주에게 로스터를 연결시켜주기 위해 아이다 바틀레 셀렉션Aida Batlle Selections이라는 프로그램을 시작했다.

 킬리만자로 농장에 가본 커피 업계 사람들은 그 농장에서 자라는 케냐 커피나무가 SL-28이라는 아프리카 품종일 것이라고 말한다. 실제로 아이다가 검사한 적은 없지만, 커피의 향미나 나무가 자라는 모습을 봤을 때 그렇다는 것이다. 킬리만자로 농장이 그 지역에서 유일하게 케냐 품종을 재배하는 농장이다 보니, 아이다가 첫 COE를 획득했을 때 킬리만자로 농장에 있는 나무를 뿌리째 뽑아 훔쳐간 사람도 있었다.

아이다는 운영하는 농장마다 관리자를 둔다. 또 농장마다 일 년 내내 일하는 직원을 최소 10명 이상 채용하고, 계절에 따라 체리 따는 일꾼들도 고용한다. 농장에서 체리를 수확하면 가공 공장에서 수확한 체리를 가져가려고 트럭을 보낸다. 가공 과정 동안 아이다나 직원 중 한 명이 공장에 가서 끊임없이 감시한다. 아이다는 항상 실험적인 방법을 모색하는데, 이런 시도는 대개 고객들이 제안한 것이다.

그녀가 선보이는 혁신적인 시도 중 하나는 마치 메뉴를 고르듯이 고객에게 같은 커피를 여러 가지 방법으로 가공해 보내주는 것이다. 이렇게 실험적인 작업을 할 때는 체리를 한 번에 11.3kg씩 소량 가공한다. 이 정도 양이면 생두 2.3kg 정도가 나오며 미리 주문한 로스터들만 이런 식으로 생두를 받아볼 수 있다. 아이다는 그녀의 커피를 다른 농장에서 재배한 커피와 블렌딩하는 것을 허용하지 않으며, 그녀의 가족이 운영하는 농장 세 군데서 재배한 피베리 커피를 배합해 아이다스 그랜드 리절브Aida's Grand Reserve라는 이름으로 출시한 블렌딩 커피만 인정한다.

아이다는 2003년 COE에서 우승한 커피가 노르웨이 오슬로에 있는 솔베르그앤한센Solberg&hansen에 팔린 후 직접 솔베르그앤한센 카페에 찾아갔고, 비로소 본인이 생산한 커피가 잔에 담겨 나온 모습을 눈으로 확인할 수 있었다. 그녀는 라테아트가 그려진 커피를 생전 처음 마주하고 흥분을 감출 수 없었다. 아이다는 "저는 모든 재배 과정을 완벽하게 관리하고, 수출업자는 모든 절차를 바르게 밟아서 보내요. 수입업자와 로스터도 자신들의 역할을 완벽하게 수행하죠. 하지만 훌륭한 커피는 전적으로 바리스타의 손에 달렸네요."라고 말했다. 그리고 그녀가 생산한 커피가 농장에서 출하된 뒤 어떤 과정을 거치는지 깊이 이해하고자 훗날 바리스타 가이드 오브 아메리카Barista Guild of America라는 미국 바리스타 협회에서 주관하는 바리스타 자격증을 땄다. 이렇게 세부적인 요소까지 꼼꼼히 신경 쓰는 덕분에 아이다는 국제 커피 업계의 인정을 한 몸에 받고 있다.

아이다나 로리 같은 농장주들은 엄격한 기준을 적용해 생두를 생산한다. 납품받은 커피를 보면 그들이 쏟는 정성과 헌신이 그대로 드러난다. 우리 로스터리[8]에 그렇게 좋은 상태의 생두가 들어오면, 농부들의 작업을 망칠지도 모르는 사람은 우리밖에 없다는 생각이 든다. 그래서 블루보틀에서는 생산자들이 보여준 모습에 자극을 받아 생두의 품질을 고스란히 유지하려 애쓰며 우리가 보유한 모든 기술력과 노력을 쏟아 부어 특별히 맛있는 커피를 탄생시킨다. 다음 장에서는 농장주들이 생산한 생두를 인상적이며 감탄이 나오는 음료로 만들기 위해 우리가 무엇을 하는지 설명하겠다.

---

8 커피를 로스팅하는 장소

유기농 커피의 조건

블루보틀에서 로스팅하는 커피 중 거의 85%는 유기농 인증을 받은 생두이며 로스터리도 유기농 인증을 받은 시설이다. 유기농 인증을 받으려면 비용이 많이 들고 절차가 복잡하다. 그런데도 유기농 인증이 받을 만한 가치가 있는 것일까? 유기농 인증은 단순히 농약을 쓰고 안 쓰고의 문제가 아니다.

농장 입장에서는 유기농 인증을 받을 때 비용이 많이 들고, 사용한 물을 규정에 맞게 처리해야 하며, 제3세계 국가의 환경을 선진국의 관료적인 기준에 맞춰야 한다는 점을 감수해야 한다. 하지만 나무를 심어 한 잔의 커피가 나올 때까지 환경 파괴 없이 모든 과정을 깨끗하게 거쳤다는 사실을 서류가 증명해준다는 점에서, 분명히 긍정적인 효과가 있다. 커피가 유기농 인증을 받으려면 농장부터 시작해 가공 공장, 운송업체, 보관소, 로스터리에 이르기까지 생산 과정에서 거친 모든 시설이 정기적으로 점검을 받아야 하며 잔류 농약 측정을 넘어선 정밀 조사를 받는다. 이때 조사하는 사항을 몇 가지 꼽아보자면 농장에서 사용한 물 바르게 처리하기, 화학 성분이 들어간 청소용품 쓰지 않기, 유전자를 조작한 GMO 씨앗 심지 않기 등이 있다.

소규모 농가에서는 유기농 인증 비용을 감당할 여유가 없어서 자체적으로 유기농 기준에 맞춰 커피를 생산하기도 한다. 커피 재배자와 로스터리가 직거래를 하는 상황에서 커피를 유기농 기준에 맞춰 생산해준다면 더할 나위 없이 고마운 일이다. 블루보틀은 블렌딩 커피에는 모두 인증받은 유기농 생두를 쓰고, 싱글오리진 커피에는 '가급적이면' 인증받은 생두를 쓰는 방침을 최우선으로 삼고 있지만, 가장 중요한 기준은 싱글오리진 커피를 우리가 존경할 만큼 엄격하게 작업하는 농장주에게서 구매했는지 여부이다. 우리는 인증받은 유기농 커피를 선호하긴 하지만, 농장주가 유기농 인증을 받기 위한 과정을 꾸준히 수행한다면 기쁜 마음으로 생두 가격을 더 지불할 용의가 있다고 얘기한다.

로스터가 인증받은 유기농 생두를 샀지만 로스터리가 유기농 인증을 받지 않았다면, 그 커피는 유기농이라고 말할 수 없다. 정당한 판정이냐고? 안타깝지만 그렇다. 로스터리에서 로스터가 유독성 세제를 쓰거나, 생두를 볶은 뒤 다음 생두를 넣기 전에 로스터기를 청소하지 않거나, 꾸준히 유기농 커피로 로스팅했는지 확인할 수 있는 일지를 제대로 작성하지 않거나, 로스팅 후 그 전까지 깨끗했던 커피에 잔류물이 묻어난다면 유기농 커피라고 말할 수 없다. 나는 다른 커피숍의 바리스타가 '유기농 커피보다 더 좋은' 또는 '유기농 커피만큼 좋은' 커피라고 표현하는 말을 들으면 미심쩍은 눈초리로 바라보게 된다. 커피는 인증받은 유기농이거나 인증받지 못했거나 둘 중 하나일 뿐이다. 우리 블루보틀의 모든 직원은 커피 씨앗을 심을 때부터 줄곧 검사를 받으며 커피 품질을 유지했다고 증명해주는 인증서를 전시하고 영광을 누리는 대신, 생두가 우리 손에 들어올 때까지 노력한 사람들의 바통을 이어받아 로스팅 일지를 완벽하게 기록하고 작업 환경을 깨끗하게 관리하기 위해 열심히 업무를 수행한다.

커피를 로스팅하다

ROAST

공들여서 재배하고, 수확하고, 가공하고, 보관하고, 운송하고, 통관 절차를 밟아 계약한 물류창고로 배송된 커피가 블루보틀 로스터리 중 한 곳에 도착하고 나서야 우리는 커피 포대를 풀고 로스팅을 할 수 있다. 이전에 커핑을 해봤던 품종이고 원산지에서 엄선한 생두라면 어떤 과정을 거쳐서 왔는지 들뜬 마음으로 각별히 살펴본다. 참고로 '커핑'은 업계에서 커피 맛을 감별한다는 뜻으로 쓰이는 용어이다. 먼저 생두 샘플을 227g 용량의 초소형 프로밧Probat 샘플 로스터기에 넣고 다양한 단계로 로스팅하면서 로스팅 프로파일을 작성한다. 며칠에 걸쳐 다양한 단계로 로스팅한 원두를 모두 커핑해보고 그 커피의 원 특성을 고려해 가장 괜찮은 로스팅 프로파일을 선정한 후 로스팅 팀에 보낸다. 로스팅 팀은 마치 흥미로운 배역을 맡으면 일상에서도 그 캐릭터대로 생활하는 훌륭한 배우처럼, 우리가 샘플 원두에서 발견했던 모든 향미를 끄집어내며 진지하고 엄숙하게 로스팅을 한다. 블루보틀 로스팅 팀은 예상치 못한 방식들로 커피의 매력을 끌어내기 때문에, 숙련된 전문가의 노력과 오래된 장비(우리가 쓰는 구형 빈티지 로스터기)의 조합이 어떤 결과를 낼지 전혀 예측할 수가 없다. 하지만 그 결과물을 보면 항상 독특한 개성이 묻어난다.

 로스팅에서 가장 중요한 부분은 원두의 향미를 결정하는 로스팅 프로파일을 선택하는 것이다. 로스팅은 생두가 떠난 여행길과 같다. 그럴듯하게 표현하고 싶은 유혹이야 항상 있지만 이 말은 미화가 아니라 정말이다. 우리는 로스팅 단계에서 향미를 끌어내거나 잠재우며 원두의 특성을 찾아나간다.

 로스팅은 도구를 고르며 시작된다. 나는 처음에 집에서 구멍이 뚫린 타공팬에 생두를 깔고 오븐으로 로스팅을 했다. 이렇게 오븐 로스팅을 하면 연기가 잔뜩 나기 때문에, 전처가 외출할 때까지 기다려서 로스팅을 해야 했다. 노래를 가르치는 선생님이었던 그녀가 집에서 탁한 공기를 쐬지 않도록 배려해줘야 했기 때문이다. 나는 집에서 로스팅한 원두로 내린 커피를 좋아했다. 1990년대 말에는 로스팅 회사들이 봉투에 로스팅한 날짜를 표기하지 않았기 때문에, 당시 나는 집에서 로스팅을 한 원두가 시간이 지날수록 변해가는 과정을 알아내는 데 심취했었다. 내가 집에서 로스팅했던 원두는 3일째의 커피 맛과 4일째의 맛이 확연히 달랐다. 상상해보라! 당시만 해도 어디에서나 인터넷에 접속해 개인이 발견한 일을 체계적으로 알릴 수 있는 시스템이 갖춰지기 전이어서, 마치 내가 탐험가가 된 느낌이었다. 직접 볶은 커피가 가져다주는 기쁨은 말로 설명하기 힘들 정도로 경이로웠다.

커피 로스팅 사업을 해보려고 마음먹었을 때, 나는 오클랜드에 있는 우리 집 뒤뜰에 아도비 벽돌[1]로 구멍이 송송 뚫린 금속 드럼이 들어갈 만한 화덕을 세우고 따로 분리된 화로로 드럼에 열을 가하는 식의 로스팅 시설을 구상했다. 나무를 저장해둘 장소, 드럼으로 사용할 제품(키친에이드 브랜드의 빨래 건조기에서 에나멜로 코팅한 강철 드럼), 화덕을 작동시키는 방법, 로스팅한 원두의 열기를 식히는 방법까지 모든 구상을 실현할 구체적인 방법도 생각해뒀었다. 나는 아도비 벽돌로 화덕 만드는 방법을 알려주는 책을 구입했다. 흙으로 굽는 연통을 제작하는 곳도 찾아놓고, 로스팅 시설을 그려보고 필요한 구매 목록도 작성했다. 나는 자전거나, 우리 집 애견 아이비도 할 수 있는 러닝머신(트레드밀)에 연결한 톱니바퀴와 체인으로 동력을 얻는 드럼을 만들고 싶었다. 이 로스터기 제작은 내 인생에서 가장 진지하게 세운 계획이었다. 나는 내가 구상한 로스터기에 완전히 빠져있었다. 아이비와 함께 메리트 호수 주변을 달리러 간 날이면 이런 상황이 눈앞에 펼쳐지는 기분이 들곤 했다. 우리 집 뒤뜰 가장자리에 서서 불을 피운 후 아이비와 번갈아가며 트레드밀 위에서 뛰다가 내 푸조 왜건에 커피를 한가득 싣고 홀푸드마켓Whole Foods Market[2]이나 파머스 마켓에 가서 이렇게 외치는 것이다. "여기 보세요! 여러분이 사고 싶어서 평생을 기다려온 커피가 여기 왔습니다!"

나는 사람들이 내 로스팅 시설이 터무니없다고 생각한다는 사실을 깨닫고 좌절했다. 친분이 있던 오클랜드 시청 기획부서에서 일하는 여성에게 전화를 걸었더니, 그녀는 내 계획이 현실적으로 불가능하며 불법이라는 점을 강조했다. 다시 상대를 바꿔 앨러미다 카운티 보건당국에 상담을 해봤지만 덜 친절하다는 점만 빼면 비슷한 대답을 들었다.

나는 흔들리지 않고 에머리빌에 있는 로열커피 사무실에 쳐들어갔다. 로열커피는 미국에서 가장 인정받는 커피 중개상 중 하나이다. 나는 혁신자 대우를 받으며 환영받을 것이라고 확신했다. 강아지가 동력을 공급하고 나무로 열을 가하는 뒤뜰 커피 로스터리라니. 난 천재야! 그런데 이상하게도 나의 번뜩이는 구상을 상세하게 설명 받으실 사장님의 사무실로 바로 안내받지 못했다. 내 앞에는 정신 나간 사람들을 상대한 경험이 풍부해 보이는 아주 친절하고 너그러운 남자 직원이 앉아있었다. 그는 내 계획을 듣고 자상한 눈빛으로 나를 바라보며 이렇게 말했다. "아무래도 일반 제조업체에서 판매하는 커피 로스터기를 알아보셔야 할 것 같아요. 아이다호 주 샌드포인트 지역에 좋은 업체가 한 군데 있습니다." 그 순간 내 강아지 동력 로스팅 사업의 꿈은 허공으로 날아간 듯했다. 며칠 후 나

---

1 햇볕에 말려서 굳힌 벽돌
2 미국의 유명한 유기농 식품 매장

는 스포캔으로 가는 비행기와 렌터카를 예약하고, 웨스트민스터 도그쇼가 열리던 주말에 렌터카를 몰고 샌드포인트로 가서 디드릭 IR-7로 로스팅하는 방법을 다름 아닌 스티븐 디드릭에게 직접 배웠다.

요즘 사람들을 만나면 음식 사업을 해보고 싶다며 말도 안 되는 끔찍한 계획을 얘기하곤 하는데, 그 모습을 어디서 봤나 했더니 바로 과거의 내 모습이었다. 머지않아 앨러미다 카운티 보건당국이나 그 밖의 다른 기관에서 일하는 누군가가 거품처럼 부푼 꿈을 터트려주리라는 사실을 알기에, 나는 그들을 이해하려고 노력한다. 웃음 띤 얼굴로 고개를 끄덕이며 그들이 얘기하는 터무니없는 계획을 다 들어준다.

요즘 블루보틀에서는 독일 회사인 프로밧에서 1950년대에 생산한 구형 드럼 로스터기로 로스팅을 한다. 나는 오래된 장비를 좋아한다. 오래된 에스프레소 머신, 오래된 클라리넷, 오래된 스틸 영사기, 오래된 스테레오. 그중에서도 오래된 커피 로스터기가 가장 좋다. 1950년대부터 거의 계속 작동해온 장비로 작업을 하면 뭔가 겸손해지는 것 같다. 이 기계는 좋은 로스터란 단순하고 오래가는 로스터기로 좋은 커피를 오랫동안 로스팅하는 사람이라는 사실을 계속 일깨워준다. 우리는 지난 60여 년간 이 로스터기를 사용해온 모든 사람들보다 더 일찍 일어나는

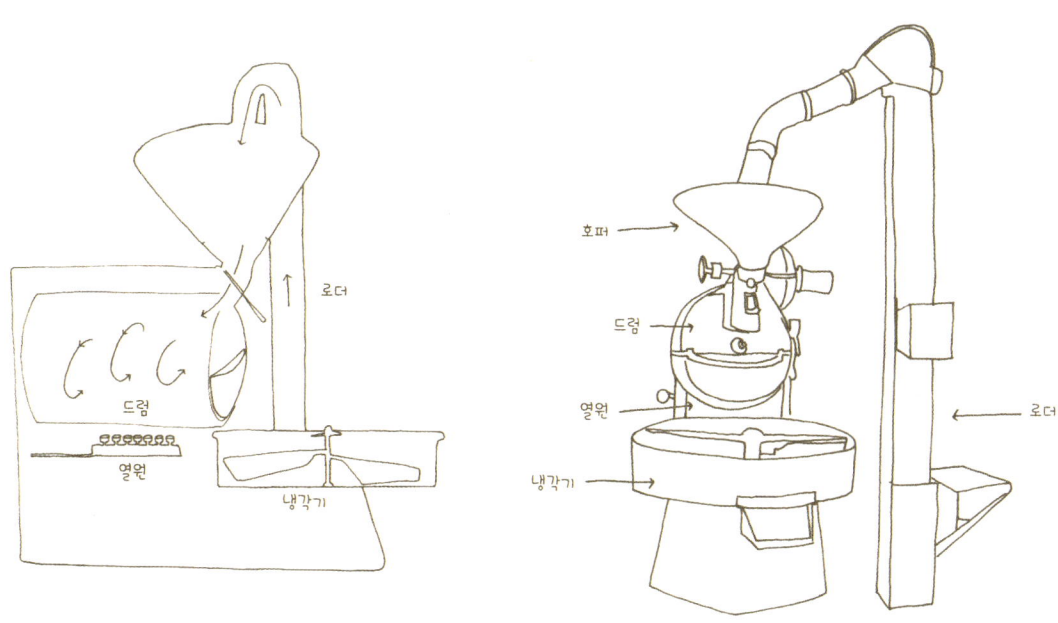

것도 아니고 더 열심히 일하지도 않으며 더 영리하지도, 더 재미있지도, 더 행복하지도 않다. 그저 우리 전에 작업했던 로스터들처럼 우리도 이 거대하고 단순한 기계로 맛있는 커피를 생산하기 위해 노력하고 있을 뿐이다.

드럼 로스터기를 사용해 로스팅하는 동안 금속 드럼 안에서는 생두가 아주 빠르게 회전한다. 생두에 열을 가하는 형태는 기본적으로 전도와 대류 두 가지 방식으로 구분한다. 전도는 생두에 열을 직접 전달하는 방식으로, 뜨겁게 달궈진 드럼에 생두가 닿거나 뜨거워진 생두들이 서로 부딪히면서 온도가 올라간다. 대류는 뜨거운 공기가 생두 사이로 지나가면서 열을 전달하는 방식이다. 두 가지 방식 모두 널리 사용되는데, 로스터가 원하는 로스팅 단계나 생두의 특성에 따라 더 적합한 로스팅 방식을 선택한다.

사람들은 흔히 로스팅이라고 하면 생두의 색이 어떻게 바뀌느냐에 초점을 맞춘다. 맞다. 로스팅을 할 때 생두는 초록색에서 노란색, 점점 진한 갈색으로 바뀐다. 하지만 원두의 색이 커피의 맛과 향을 결정하지는 않는다. 생닭을 371℃로 예열한 오븐에 넣고 통째로 조리하다가 7분 30초 후에 꺼내면 표면은 짙은 색이지만 속은 아직 익지 않은 날고기인 것처럼, 커피를 로스팅할 때도 마찬가지이다.

로스팅이 진행되는 동안 열이 가해지면서 생두의 수분이 증발하고 탄수화물이 당류로 바뀐다. 보통 이 과정을 마이야르Maillard 반응 또는 캐러멜화라고 부르는데, 사실 이 두 가지 현상은 완전히 다르다. 마이야르 반응은 고기가 익으면서 갈색으로 바뀌거나 빵을 구울 때 껍질이 갈색으로 변하는 식으로 나타난다. 이런 현상은 당류와 아미노산이 만나 일으키는 반응과 관련이 있으며 단맛보다는 향긋한 감칠맛을 낸다. 캐러멜화는 마이야르 반응보다 높은 온도에서 일어나며 아미노산 없이 당류가 단독으로 일으키는 반응이다. 캐러멜화 반응이 계속 일어나면 역설적으로 단맛은 점점 줄어들지만 복합적인 풍미가 살아난다.

우리가 원하는 더할 나위 없이 최고의 맛을 내는 로스팅 포인트는 커피에 단맛이 감돌면서 기분 좋은 풍미와 복합적인 쓴맛이 어우러지기 시작하는 지점이다. 로스팅 정도가 최적의 로스팅 포인트에 조금 못 미치면, 풍미는 약하지만 단맛이 느껴진다. 최적의 로스팅 포인트에 한참 못 미친 채로 로스팅을 끝내면 커피에서 떨떠름한 맛과 풋내, 자극적인 신맛이 난다. 고급 커피 전문가들은 이 상태를 불완전 로스팅이라고 부른다. 우리가 목표로 하는 최적의 로스팅 포인트를 넘어서 조금 더 길게 로스팅하면 커피에서 빵 굽는 냄새처럼 고소한 풍미가 나고, 이 상태에서 조금 더 진행하면 너무 오랫동안 구워 맛이 다 비슷비슷해져버린 빵처럼 된다. 여기에서 더 오래 로스팅을 하면 까맣게 태운 스테이크의 안쪽 부분을 먹어도 탄 맛이 나는 것처럼 커피에서 탄소 맛이 강하게 난다.

이때 기억해둬야 할 중요한 점은 원두의 풍미가 살아나는 최적의 로스팅 포인트를 로스터가 결정한다는 것이다. 로스터는 주관적으로 로스팅 포인트를 잡는다. 우리 블루보틀 로스터들은 운 좋게도 다른 사람들은 이해하고 싶어도 이해하지 못하는 커피의 실상을 볼 줄 아는 눈을 갖추고 있다. 미켈란젤로가 대리석 덩어리 안에 갇힌 다비드를 찾아내기 위해 대리석을 조금씩 깎아낸 것처럼 커피 고유의 품질은 이미 커피 안에 있으며 로스터의 역할은 단지 그것을 빛나게 해주는 것이라는 학설이 있지만, 나는 그 학설이 틀렸다고 생각한다. 로스팅은 분명히 사람이 조작하는 일이다. 물론 품질이 우수한 생두가 있으면 품질이 우수한 원두가 나오는 데 도움이 되지만, 로스팅을 통해 커피의 어떤 특성을 살리고 어떤 특성을 잠재울지 선택할 수 있다. 나는 우리가 로스팅한 원두를 커핑할 때 입 안에서 느껴지는 즐거움과 커피의 생산 이력을 고려한다. 이 커피는 맛이 좋고 흥미로운가? 커피의 산지나 정제 방식을 고려했을 때 의도했던 적절한 향미가 나왔는가? 이 커피에 잠재된 매력을 제대로 끄집어냈는가?

이번 장에서는 지금 블루보틀에서 하고 있는 업체용 대량 생산 로스팅 방법을 단계별로 살펴보겠다. 그리고 원시적이라 할 만큼 간단한 도구를 사용해 집에서 직접 로스팅하는 방법을 소개해 여러분이 실제로 로스팅을 체험해볼 수 있도록 돕고, 커피와 훨씬 더 친숙해질 수 있도록 로스터들이 매일 하고 있는 커핑 방법에 대해서도 알아보고자 한다.

우리 블루보틀 로스터들은 로스터리에서 '만든다'는 단어가 뜻하는 거의 모든 의미에 들어맞을 정도로 공을 들여서 커피를 '만들지만' 그렇게 나온 커피가 우리를 또 '만들어' 왔다. 우리는 커피를 마시며 로스터로서 성장하기 시작했는데, 특히 우리가 로스팅한 커피를 마시는 것은 우리가 무엇을 하고 어떤 생각을 하는지 알려주는 중요한 역할을 한다. 우리 직원들, 수천 명에 달하는 고객들이 블루보틀에서 맛있는 커피가 나오기를 기대한다. 커피에는 맛의 즐거움뿐 아니라 사람을 변하게 만드는 힘이 있어서 우리를 현명하게, 건강하게, 재미있게 그리고 더 매력적으로 만들어준다. 커피가 약이라면, 최고의 명약이다. 좋은 커피는 우리가 이 커피를 마시면 어떤 기쁨을 얻을 수 있을지 궁금해지게 한다. 그리고 그 호기심이 우리를 꿈꾸던 로스터가 될 수 있게 이끌어준다.

로스팅하는 날

로스팅하는 날은 일찍 하루를 시작한다. 커피는 오전 장사가 가장 중요한 사업이라서 보통 컴컴한 새벽에 작업을 시작한다. 블루보틀 로스터리 매장에서 로스터들은 건물 관리인이든, 배송 기사든, 바리스타든, 경리 직원이든 그 누구보다도 일찍 출근한다. 새벽 4시 기상은 늘 쉽지 않아서, 시간이 지나도 절대 익숙해지지 않는다. 나는 몇 시에 잠들든 알람이 울리는 새벽 4시가 두렵다. 키르케고르Kierkegaard의 명작 『불안의 개념The Concept of Anxiety』을 보면 이런 구절이 나온다. "동물은 본능에 끌려 다니는 노예라 책임감을 느끼지 않는다. 하지만 인간에게는 자유의지가 있기 때문에 실패를 끊임없이 의식하며 신에게(나는 커피에게) 부끄럽지 않도록 책임을 다한다." 새벽 4시에 알람이 울리면 어둠 속에서 내 몸은 더 자고 싶다고 간절히 얘기하지만 불안감과 책임감이 마음을 다잡고 몸을 움직이게 한다. 로스터들은 작업하는 날 아침마다 불안과 두려움과 책임감이 뒤섞인 고통 속에서 몸을 일으키기로 결심하며 커피를 로스팅하는 힘겨운 업무에 임한다. 로스팅하는 날 아침에 일어나기로 한 그 첫 결정은 로스터가 그날 종일 겪게 될 모든 힘들고 외로운 결정을 그대로 보여준다.

새벽 4시. 잉그리드 버그만이 늑대의 시간이라고 말한 이유가 있다. 하지만 우리는 커피를 로스팅해야 하고, 이것이 우리가 일하는 방식이다.

하루를 시작하기

새벽 5시가 되면 우리는 로스터리에 도착한다. 다른 로스터가 먼저 출근했을 수도 있고 아닐 수도 있다. 로스터리 안에 들어가면 고요하다. 앞으로 한 12시간은 그 적막이 깨지지 않을 것처럼 고요하고 또 춥다. 출근하면 제일 먼저 로스터기를 켠다. 프로밧 로스터기의 스위치들은 1950년대 제작되었던 웨스 앤더슨 감독의 영화에 나올 법한 복고풍 인더스트리얼 스타일보다는 조금 더 신형이다. 스위치들은 차갑고 전원이 잘 켜지지 않아서, 아침에 로스터기를 켤 때마다 흠칫 놀라게 된다. 첫 번째 스위치는 로스팅하는 드럼에 동력을 제공하는 모터를 켜주고 두 번째 스위치는 가스 점화장치를 켜준다.

첫 번째 스위치를 켜면 드럼이 모터 속도를 따라잡으려고 속도를 올리면서 크게 요동친다. 불확실성으로 가득한 하루 중 불안감이 조성되는 첫 순간이다. 오래된 빨래 건조기가 그렇듯 어느 정도 시간이 지나면 요동치는 소리가 잦아들다가 웅웅 소리를 내며 규칙적으로 돌아간다. 그러면 마음이 편안해지면서 춥고 바람이 휘몰아치는 날 젖은 청바지가 마르길 기다리며 뜨거운 코코아를 홀짝거리는 기분이 든다.

두 번째 스위치를 켜면 20~40초 동안 강렬하게 긴장감을 고조시키는 절꺽절꺽 소리가 난다. 버너가 점화되지 않는 그날이 바로 오늘 아침일지도 모르겠다는 생각이 몰려올 그때, 어제 그랬던 것처럼 그리고 내일 또 그럴 것처럼 버너에 불이 들어온다. 내 마음을 안심시키는 훅 하는 소리가 들리고 로스터기가 켜지면 그날 소박하게나마 처음으로 만족스러운 기분이 든다.

로스터기 예열하기

이제 로스터기를 예열해야 한다. 블루보틀에서 쓰는 로스터기는 구조가 단순하다. 빨래 건조기 안에 있는 원통과

굉장히 닮은 드럼을 상상해보라. 전기모터로 작동하는 이 드럼은 천연가스로 연소하는 불꽃 바로 위에서 회전한다. 그러면 뜨거운 바람이 드럼 내부를 지나 드럼 뒤쪽으로 빠져나간다(43쪽 참고). 주철로 제작된 드럼은 육중해 보인다. 로스터기는 열용량이 굉장히 커서 그날의 기온에 따라 다르지만 보통은 전원을 켜고 로스팅할 수 있는 온도에 도달할 때까지 30~40분 정도 걸린다. 하지만 전원을 켜고 로스터기 옆에 있으면 몇 분 안에 조금씩 열기가 뿜어져 나오는 것을 느낄 수 있다. 예열하는 로스터기 옆에 서있으면 나는 선사시대에 원시인이 피워놓은 불에 조금씩 가까이 다가가는 늑대들처럼 마음이 편안해지면서도 머뭇거리게 된다.

로스터기 전원을 켜고 예열이 잘 되고 있다 싶으면 이제 커피를 한잔 마실 시간이다. 이때 로스터들은 또 하나의 중요한 결정을 해야 한다. 어제 작업한 원두 중 로스팅이 잘 됐는지 걱정되는 커피를 고를 것인가? 로스팅이 잘 됐다고 확신하는 커피를 고를 것인가? 최상의 시나리오는 잘 됐는지 걱정하던 커피를 선택해서 마셨는데 커피 맛이 훌륭한 것이다. 반면 최악의 시나리오는 어제 잘 됐다고 확신한 커피를 찾아서 마셨는데 마음이 놓이지 않고 점점 의문이 드는 것이다. 풍미가 약한가? 단맛이 제대로 올라오지 않았나? 로스터들은 또다시 본인이 한 선택 때문에 괴로워한다. 그럼에도 우리는 커피를 계속 만들어야 한다.

로스팅 기계를 예열하고 커피를 마시는 동안, 로스팅 파일을 확인한다. 어제 사무실에서 주문을 넣은 커피가 컴퓨터에 올라와있다. 이 커피들은 오늘 로스팅해서 내일 아침에 매장으로 배송한다. 로스터들은 파일을 보고 어떤 커피를 어떤 로스터기에서 언제 볶을지 생각해둔다. 블렌딩 커피에 들어갈 생두부터 로스팅하려면 원두를 담아 포장하는 직원이 오전 8~9시에 출근해야 한다. 아마 로스터들은 숙지하고 있는 대로 브루잉 블렌딩 커피용으로 수마트라산 생두를, 에스프레소 블렌딩 커피용으로 브라질산 생두를 한 통씩 로스팅할 것이다. 고객들은 그냥 원하는 커피를 마시면 된다. 이제 로스터들은 그날 로스팅해야 할 양을 계산한 뒤 무게를 달아 한 번 로스팅할 수 있는 분량씩 플라스틱 통에 담기 시작한다. 생두를 통에 담는 작업이 끝나면 전날 작업한 원두 샘플을 눈으로 살펴보고 냄새를 맡아보고 입에 넣고 깨물어본 뒤 땅콩처럼 아작아작 씹어 먹으며 상태를 확인한다. 커핑은 나중에 다른 직원들이 출근하면 그때 함께하고, 우선은 원두를 깨물어 맛보며 어제 로스팅이 얼마나 잘 됐는지 가볍게 확인하는 것이다. 원두 맛이 좋은가? 향긋한가? 어떤 커피 맛이 날지 기대되는가? 만일 다른 사람이 그 원두를 로스팅했다면 전날 작성된 로스팅 프로파일을 확인하면서 그 로스터가 어떤 흐름으로 로스팅을 했는지 기억해둔다. 로스터기가 괴상한 소리를 내고 있는가? 조작하느라 어렵진 않은가? 작업을 제대로 수행하고 있는가?

로스터기에 생두 투입하기

로스터기가 적정 온도까지 올라가면 로스팅 준비가 다 된 것이다. 이제 재미있는 과정이 시작된다. 한 번 로스팅할 분량씩 담아놓은 생두 중 첫 번째로 로스팅할 통을 가져와 아주 작은 양곡기[3]처럼 생긴 로더loader에 쏟아 넣는다. 드럼에 넣기 전, 로더를 활용해 호퍼hopper로 생두를 옮긴다. 로스터가 버튼을 누르면 호퍼와 드럼 사이를 막아주던 문이 열리면서 생두가 미끄러져 내려간다. 꽤 조용했던 로스터기는 생두가 드럼으로 들어가면서 점점 소리가 커지고 회전 속도도 빨라진다.

---

3 곡물을 수직으로 운반하는 기계

육아서적을 보면 엄마의 자궁은 시끄러운 장소라고 한다. 자궁에서는 주기적으로 크게 물을 휘젓는 소리가 들리고 윙윙거리는 백색 소음이 난다. 하지만 아기의 스트레스 지수를 높이는 요인은 소음이나 물을 휘젓는 소리가 아니라 불규칙한 간격으로 조용해지는 순간이다(이것도 육아서적에서 읽었다). 프로밧 로스터기는 대략 1분에 62바퀴씩 회전한다. 이는 인간의 생체리듬과 잘 맞으며 나를 포함한 많은 사람들의 심장박동수가 그 정도 수준이다. 일단 생두가 로스터기에 들어가면 반복적인 휙휙 소리가 마음을 편안하게 해준다. 로스터들은 이 평화로운 소리와 리듬에 완전히 익숙해졌기 때문에, 이 소리가 들리지 않으면 오히려 마음이 불안해진다. 로스터들은 조용해지는 순간, 즉 무언가 잘못됐거나 잘못되기 직전이라고 신호를 보내는 순간을 두려워하며 산다. 아직 누군가 라디오나 음악을 틀지도, 포장 기계가 돌아가지도, 지게차가 돌아다니지도 않으며 에스프레소 머신에서 우유거품을 내는 소리도 들리지 않고 건물 관리인이 매장 앞을 청소하라고 닦달하기도 전인 이른 아침에 우리는 자궁 속에 있는 것처럼 로스터기가 돌아가는 소리를 듣는다.

로스팅은 뜨거운 드럼에 닿거나 원두끼리 서로 부딪히면서 생기는 전도열과 뜨거운 공기가 드럼 내부를 지나가면서 생기는 대류열이 복합적으로 일어나면서 생두를 볶는 것이다. 이 과정에서 생두의 수분 함량은 점차 떨어지고 화학적인 변화가 일어난다. 로스팅은 본질적으로 열과 공기와 수분의 정도에 따라 판가름이 난다. 로스터는 로스팅할 커피를 어떤 용도로 사용할지 고려해 로스터기 타이머를 설정한 뒤, 한 번 로스팅할 때 투입한 생두의 양과 커피 품종 그리고 로스팅에 영향을 미칠 만한 다른 세부사항을 일지에 기록한다.

아침에 로스터리의 실내온도가 낮고 로스터기 자체의 열용량이 크다는 것을 고려해, 로스팅 작업 초반에는 투입 온도drop temperature(커피를 드럼에 투입할 때 로스터기의 내부 온도)를 조금 더 높인다. 그렇다고 투입 온도를 너무 높이면, 실내 온도가 낮은 곳에 보관되었고 수분 함량이 높아서 열에 굉장히 취약한 상태인 생두의 겉이 타버린다. 그러면 커피가 생기를 잃고 중량감이 옅어져서 실망스러운 로스팅 결과가 나온다. 반대로 투입 온도가 너무 낮아도 좋지 않다. 투입 온도가 낮으면 로스팅이 천천히 진행될 가능성이 높아 커피의 풍미가 무미건조해진다. 투입 온도가 너무 낮으면 사실상 커피를 로스팅하는 것이 아니라 눅눅한 생두를 굽고 찌는 것에 가깝다.

로스터들은 각각의 품종마다 로스팅하는 원두의 질을 높여 최고의 커피를 생산할 수 있도록 적합한 투입 온도를 찾으려 애쓴다. 예를 들어 어느 정도 고도의 산지에서 자랐는지는 생두의 밀도와 관련이 있다. 밀도가 높은 편에 속하는 에티오피아산 커피처럼 고지대에서 재배한 커피는 상대적으로 투입 온도가 높을 때 맛이 좋다. 반면 브라질산 커피처럼 저지대에서 생산한 커피는 그 같은 온도에서는 버틸 수 없기 때문에 에티오피아산 커피보다 투입 온도를 낮춰야 한다.

블루보틀에서는 커피를 로스팅할 때 항상 커피의 용도를 고려한다. 예를 들어 에스프레소용 커피의 로스팅은 푸어오버 방식으로 추출할 커피의 로스팅과 다르다. 또한 같은 커피라 하더라도 블렌딩할 원두는 싱글오리진으로 추출할 원두와 다르게 로스팅한다. 우리는 커핑과 블루보틀 로스터리의 경험, 바리스타의 피드백을 바탕으로 로스팅을 조정한다. 간혹 로스팅을 할 때 커피의 다채로운 향미가 너무 드러나지 않게 유도할 때도 있다. 예를 들어 블루보틀에서는 과테말라 조합에서 들여온 커피를 에스프레소용 블렌딩 원두로 사용하는 편이다. 사실 과테말라산 커피는 고지대에서 재배해 밀도가 아주 높고 특유의 향미가 경쾌하면서 생기가 넘친다. 하지만 에스프레소로 추출하면 카푸치노에서 따뜻한 포도주스의 맛이 나는 것처럼 산뜻함이 불편하게 느껴질 정도로 튀기 때문에, 푸어오버 방식으로 추출하는 싱글오리진 커피를 로스팅할 때보다 낮은 투입 온도에서 오랜 시간 로스팅을 한다. 로스팅 시간이 길어진다고 꼭 진한 색으로 로스팅되는 것은 아니다. 두 가지 로스팅 프로파일로 원두를 로스팅해보면 겉보기에는 똑같아 보이지만 한 원두는 에스프레소에 딱 맞는 반면 다른 원두는 지나치게 향미가 강할 수도 있다.

반등 온도 체크하기

일단 로스터기에 생두를 넣고 내부 온도가 다시 오르길 기다리고 있다면 이제 로스팅의 첫 단계가 끝난 것이다. 블루보틀에서는 난방을 하지 않아 실내 온도가 16℃ 근처를 오르내리는 오클랜드 로스터리 창고에 보관한 생두로 로스팅을 한다. 이 생두가 투입되면서 생두 대비 열용량이 훨씬 큰 로스터기의 온도를 떨어트리는데, 당일 날씨와 원두 투입량에 따라 다르지만 약 193℃로 예열해뒀던 내부 온도가 보통 82~88℃까지 떨어진다. 로스터리 내부 온도가 최저로 떨어질 때까지 걸리는 시간을 보면 로스팅을 완수하기 위해 얼마나 많은 에너지를 공급해야 하는지 알 수 있다. 만일 생두의 투입 시점부터 로스터기 온도가 다시 반등하는 시점까지 1분 30초가 걸린 로스팅 그래프보다 완만한 곡선을 그리며 2분 30초가 걸렸다면, 생두를 볶는 것이 아니라 굽는 것에 가까운 위험한 로스팅이다. 떨어지던 온도가 바닥을 치면 해당 온도를 로스팅 파일에 기록한다(좋은 로스터가 되려면 로스팅 과정을 꼼꼼하게 기록하고, 커핑하고, 로스터기를 청소하는 이 세 가지 업무를 계획적으로 수행하는 것이 가장 중요하다).

로스팅 그래프에서 온도가 바닥을 치면 그때부터 다시 상승 곡선을 그릴 것이다. 이때 생두의 온도가 너무 빨리 올라가지 않도록 로스터가 잘 조절해야 한다. 만일 너무 많은 열을 공급하면 드럼을 통과하는 뜨거운 공기를 빨아들이면서 생두의 수분이 너무 빨리 증발할 것이다. 로스터는 1차 크랙이라고 부르는 지점에 도달할 때까지 온도가 서서히 올라갈 수 있도록 조절해야 한다.

1차 크랙

1차 크랙은 로스팅하는 커피가 '마시기에 적합한' 단계에 접어들기 시작하면서 발생하는 화학 반응을 뜻하는 로스터들의 용어이다. 1차 크랙이 발생하면 팝콘이 터질 때처럼 펑 터지는 소리가 들리고 생두의 크기가 커지며 밀도가 감소한다. 1차 크랙은 생두에 갇혀있던 수분이 증발해 생두 밖으로 밀려나가면서 세포벽을 파열시키는 현상이다.

로스팅을 시작하고 처음 몇 분 동안은 외형적으로 생두에 별 변화가 없다. 하지만 생두의 온도가 서서히 올라가면서 이내 생두 속 수분이 증발하기 시작한다. 생두를 투입하고 3~4분 정도가 지나면 작고 단단한 녹색 생두의 색이 바뀌기 시작하며 팝콘이나 따뜻하게 데운 축축한 건초 향 같은 냄새가 난다. 흔히 이 향을 가벼운 풋내라고 표현한다. 초반에 로스팅이 순조롭게 진행되었다면 이때가 굉장히 중요한 시점으로, 생두는 이제 막 기저귀를 떼었을 뿐이지만 거의 무한한 잠재력을 지닌 똑똑한 네 살짜리 아이와 비슷하다고 볼 수 있다. 어떻게 로스팅이 될지 그 무궁무진한 가능성에 낙관적인 기분이 든다.

이때 생두가 증기를 내뿜고 수분을 증발시키기 때문에 공기가 드럼 내부를 제대로 통과해서 빠져나가는지 확인하는 것이 중요하다. 배기가 제대로 이루어지지 않으면 드럼 내 습도가 너무 높아질 수 있다. 로스팅이 시작되고 5분 정도 지나면 생두가 노르스름한 황갈색을 띤다. 일부 커피는 이때 로스터가 로스팅을 마친 원두에서 바라는 향미를 처음으로 느낄 수 있다. 이 시점에서 로스팅 확인봉tryer을 빼서 로스터기 안에 있는 생두의 샘플을 꺼내

향을 맡아본다. 생두에서 곧 훌륭한 결과물이 나올 것만 같은 향이 나기 때문에 순전히 그 즐거움을 맛보려고 하는 것이다.

계속 생두에 뜨거운 열을 가하고 있지만 조금 있으면 줄타기하는 것처럼 불 조절을 신중하게 해야 할 상황이 온다는 사실을 미리 머릿속으로 그려둔다.

온도가 계속 올라가고 생두는 점점 진한 갈색 빛을 향해 달려간다. 이제 건초 냄새 같은 풋내는 줄어들고 빵 굽는 냄새가 나기 시작하면서 점차 원두다운 모습이 나온다. 생두는 여전히 쭈글쭈글하고 못생겼지만 곧 팽팽하게 부풀어 오를 것이다. 1차 크랙은 생두가 열을 흡수하면서 발생하는 흡열 반응이다. 그러므로 로스터는 1차 크랙이 발생했을 때 반드시 계속 열을 공급해야 한다. 블루보틀 로스터리에서 쓰는 기계로 로스팅을 하면 대부분 9~11분 무렵에 1차 크랙이 발생한다. 주의를 기울여서 들으면 처음에는 한두 개씩 터지고 잠시 잦아들었다가 다시 몇 개가 터지는 식으로, 감지하기 힘들지만 점점 자주 더 크게 타닥타닥 연속으로 터진다.

1차 크랙이 코앞에 닥치면 로스터의 독창성이 중요해진다. 로스터는 확인봉을 더 자주 꺼내 생두 상태를 확인하고, 지표로 삼은 로스팅 프로파일과 가장 최근에 이 커피를 커핑한 기억을 상기한다. 블루보틀에서는 대부분 생기가 살아있는 원두를 목표로 커피를 로스팅한다. 생기가 살아있는 원두란 입안에 머금었을 때 힘찬 기운이 느껴지고 모든 맛이 조화롭게 어울리는 커피를 의미하며, 우리는 이런 특성을 보여주는 커피에 열광한다. 1차 크랙이 발생하기 직전부터 발생하는 동안 그리고 발생한 직후까지, 총 120초 정도 걸리는 이 짧은 시간 사이에 로스터는 달라지는 로스팅 변수에 모든 신경을 집중한다. 우리는 생두의 온도가 올라가는 속도를 아주 조심스럽게 조절하려고 한다. 만약 생두의 온도가 너무 빨리 올라가면 어느 순간 가속도가 붙어서 로스터가 원하는 로스팅 포인트를 지나쳐버리기 십상이다. 하지만 생두가 열을 충분히 받지 못해 너무 오랫동안 같은 온도를 유지하거나 더 심각한 경우 온도가 떨어지는 사태가 발생하면, 무미건조한 풍미에 생기가 없는 원두가 나온다. 로스팅 초반에는 생두 온도가 20초에 2.7℃씩 올라가도 괜찮다. 하지만 로스팅 후반부로 넘어가면 약불로 로스팅 시간을 끌거나 온도를 그대로 유지하지 말고 열기를 지속적으로 공급해 90초에 2.7℃ 수준을 유지할 수 있도록 확실하게 화력을 조절해준다. 만약 로스터가 시간과 온도의 균형을 잘 맞춰서 생두의 온도가 괜찮은 가속도로 올라 1차 크랙에 도달했다면 풍미가 깊게 살아나면서도 단맛을 유지하는 원두를 생산할 수 있다.

2차 크랙

2차 크랙은 1차 크랙 이후에 발생하는 발열성 화학 반응을 말하는 로스터들의 용어이다. 생두가 열을 흡수하며 발생하는 1차 크랙과 달리 2차 크랙은 생두가 열을 방출하며 나타나는 현상이다. 2차 크랙이 일어난 후에는 로스팅이 순식간에 진행되면서 원두 색이 너무 어둡다 싶은 단계를 금세 지나칠 수 있다. 커피에 '프렌치 로스팅' 또는 '이탈리아 로스팅'이라고 적혀있다면 아마 2차 크랙까지 완전히 끝낸 원두일 가능성이 높다. 생두의 종류와 품질, 로스터의 기술력에 따라서 커피에서 고유의 풍미보다 탄소 성분에서 기인한 구운 빵 냄새 toasty가 오히려 도드라지는 경우가 있다. 일반적으로 '구운 빵 냄새'라고 표현하는 것에는 특정 맛을 정당화하려는 의도가 숨어있으며 블루보틀에서는 원두를 그렇게 강한 단계로 로스팅하지 않지만, 그렇다 하더라도 우리는 프렌치 로스팅을 원하는 고객의 의견을 절대 업신여기지 않는다.

원두 배출하기

처음은 참을성 있게 심사숙고하며 시작했지만 마무리는 아주 간단하고 깔끔하게 끝내야 한다. 생두의 내부 온도가 올라갈 때 가속도가 붙으면 최종 목표 온도를 정확하게 설정할 수 없다. 그래서 원두 배출 시점을 결정할 때 로스터기의 열용량과 온도가 올라가는 가속도를 함께 고려해야 한다. 로스터는 로스팅을 수행하는 마지막 20초 동안 자신의 결정에 영향을 미치는 모든 감각 정보에 끊임없이 귀를 기울이며 최고의 집중력을 발휘해야 한다. 이때 로스터는 팽팽하게 부풀어 오른 원두와 본인이 가장 최근에 커핑했던 훌륭한 커피를 연상시키는 감미로운 향에서 로스팅이 끝나가는 징후를 찾으려고 한다. 동시에 생각을 너무 많이 하다 긴장으로 몸이 굳어 압박감을 느끼거나 우유부단하게 굴지 않으려고 노력한다. 로스터는 몸과 마음이 하나가 되어 "지금이야!" 외칠 때 원두를 배출하길 원한다. 만일 로스터가 '그런데 또 어떻게 보면……'이라는 생각에 빠진다면 로스팅은 실패하고 바라던 결과를 얻지 못할 것이다.

로스터는 원두를 배출한 뒤 원두를 빠르게 식히기 위해 냉각팬과 교반기를 작동시킨다. 원두를 꺼내려고 배출구를 열면 연기가 훅하고 뿜어져 나와 얼굴로 그 열기를 느낄 수 있다. 어떻게 드럼에서 꺼낸 원두의 모양새와 향을 보고 원하는 대로 로스팅이 됐는지 여부를 제대로 알 수 있을까? 가장 중요한 단서는 원두의 향이다. 로스팅에 성공했는가? 아침에 침대에서 포근하고 따뜻한 느낌에 취해 누워있는데, 지난밤 침대 옆 탁자에 올려둔 컵에 살짝 남은 딸기 맛 네스퀵 냄새에 복도에서 솔솔 풍겨오는 고소한 토스트 냄새가 어우러지는 향이 나는 것을 상상해보라. 원두에서 바로 그 향이 난다면 성공했냐는 질문에 단연코 그렇다고 대답할 수 있다. 하지만 원두에서 푹푹 찌는 날 물놀이용 장난감에서 나는 불쾌한 냄새와 바싹 구운 토스트 냄새가 섞인 향이 나거나, 애초에 가고 싶지 않았을 법한 연기가 자욱한 파티에서 싸구려 올리브 캔을 열었을 때 코를 탁 쏘는 짠 냄새 같은 향이 난다면 로스터가 로스팅에 최선을 다하지 못했다는 뜻이다. 드럼에서 원두를 배출한 후에도 냉각기에서 원두가 완전히 식을 때까지 약 4분 정도는 계속 로스팅 중이라고 봐야 한다. 물론 그렇다고 배출할 때 처음 맡았던 냄새로 판단한 결과가 바뀌지는 않는다.

교반기가 빙글빙글 회전하면서 원두를 식히는 동안 로스터기 부근의 온도가 올라간다. 그래서 냉각 작업을 할 때 로스터기 주변을 어슬렁거리면 얼굴에 열기가 전해지는 것을 느낄 수 있다. 로스터기 베어링이 받는 압력이 줄어들어 송풍기 소리가 달라지면 작업장 소리가 바뀐다. 로스터들의 감각 세계에서 음향 환경은 중요한 요소이다. 로스터기의 베어링이 원두가 다 배출되고 드럼이 비었다는 노래를 불러주면, 우리 로스터들은 긴장을 풀고 집중의 수위를 살짝 낮춘다. 어느 정도 경지에 오른 로스터들은 그 노랫소리를 알아들을 수 있다.

로스팅 일지 기록하기

일단 원두가 식으면 통에 담고, 무게를 재서 로스팅하기 전후의 무게를 비교해본다. 로스팅을 하면 생두에 있던 수분이 어느 정도 증발하기 때문에 원두의 무게가 로스팅 전보다 보통 13~18% 정도 줄어든다. 로스팅 전 무게에서 로스팅 후 무게를 뺀 다음 로스팅 전 무게로 나누면 원두의 수분 손실 비율이 나오는데, 이를 로스팅 일지에 기록해둔다. 14% 혹은 14.5%가 나왔는가? 만약 어제 로스팅한 원두의 수분 손실 비율이 14.8%였다면 왜 오늘은 다르게 나왔을까? 로스터는 투입 온도, 1차 크랙 시간, 수분 손실 비율까지 모든 수치를 기록한다. 그렇게 로스팅 수치들을 기록해두면 그 원두가 맛이 훌륭하다는 평가를 받았을 때 다른 로스터들도 기록을 보고 그 같은 품질의 원두를 로스팅할 수 있게 된다.

미리 무게를 재서 나눠놓았던, 이어서 로스팅할 생두들을 바로 호퍼에 쏟아 붓는다. 불을 점화하고 드럼에 생두를 넣기 전에 드럼 내부가 목표한 투입 온도에 다다를 때까지 예열하며 기다린다. 한편 아까 냉각시킨 원두는 꺼내서 통에 담고, 무게를 재고, 원두 이름을 적어서 붙인 뒤 다음 과정으로 보낸다. 다음은 원두를 디스토너destoner에 넣고 이물질을 걸러내는 과정이다. 디스토너는 금속이나 돌조각 정도 밀도의 물질은 걸러내고 밀도가 커피 정도인 물질만 빨아들이도록 조정한 진공 흡입기로 돌, 동전, 탄피, 작은 시멘트 조각 같은 원두 외의 작은 이물질을 제거하는 기계이다. 원두가 디스토너를 통과하면 포장 전문 직원들이 원두를 봉투에 담아서 포장한 뒤 멋진 회색 가방에 담아 배송 차량에 싣는다.

다음 날, 전날 로스팅한 커피를 로스터들도, 교육 담당 직원도, 매장 매니저와 인솔 바리스타도 커핑해보고, 커핑실에 우연히 방문한 직원들도 커핑해본다. 더불어 일반인을 대상으로 진행하는 시음회로 들어가면 아마 고객들도 전날 로스팅한 그 원두를 커핑해볼 것이다. 커핑한 모든 사람들은 찬찬히 커핑 평가서를 작성한다. 그 원두를 로스팅한 로스터는 이튿날 아침에 출근해 첫 커피를 마실 때 아마 어제 로스팅한 원두로 내린 커피를 마실 것이다. 그리고 전날 기록한 일지를 다시 찾아보며 어떻게 로스팅을 했었는지, 새롭게 조절할 사항이 있는지 확인해볼 것이다.

마무리하기

오랜 기간 로스터로 일한 사람들은 본인이 로스팅한 커피의 목적지를 잊어버리기 쉽다. 로스터는 끝없이 같은 바위를 언덕 위로 밀어 올렸던 시시포스처럼 기계적으로 같은 일을 반복하는 사람이 아니다. 우리가 만든 커피가 든 봉투는 로스팅 후 며칠 동안 여행을 다닐 것이다. 로스팅한 커피는 먼저 매장으로 배송된다. 그러면 사람들이 각자 조금씩 구입해서 집으로 가져가거나 누군가에게 선물할 것이다(바라건대 특별한 날 마시려고 원두를 냉동실 속에 꽁꽁 '저장'해두지 않았으면 좋겠다. 이 문제는 54쪽에서 자세히 다루니 참고할 것). 원두를 구입한 사람들은 이른 아침에 어둠 속에서 일어나 기운을 차리고 뭔가 좋은 일이 일어날 거라고 자신을 다독이기 위해 부엌으로 터덜터덜 걸어갈 것이다. 그리고 커피를 내리면서 이 소소한 일이 힘들지만 멋지고 보람찬 하루를 보내는 데 도움이 되기를 바랄 것이다.

커피 로스터로서의 생활은 대략 17분 단위로 이루어진다. 17분은 생두를 투입하고, 로스팅하고, 배출하고, 냉각하고 다음 과정으로 보내기에 충분한 시간이다. 그 얘기는 우리가 훌륭한 커피를 만들어낼 기회가 평균적으로 하루에 약 25번, 일주일에 약 125번, 1년에 약 6,500번 찾아온다는 뜻이다.

로스팅한 커피의 짧은 수명

블루보틀 매장에 있으면 손님들이 하루도 빼놓지 않고 매일 커피 보관법을 물어본다. 그러면 우리는 매번 원두를 소량으로 구입해서 서늘한 찬장에 보관해두고 다 떨어지면 다시 구입하러 오라고 대답해준다. 냉동 보관은 커피의 풍미를 오래 유지하기에 좋은 방법이 아니다. 냉동실은 수분을 제거하는 환경을 조성해 박테리아의 생장을 막는다. 하지만 우리는 원두의 수분 함량이 섬세한 균형을 이루며 남아있기를 원한다! 또 냉동실에 넣어둔 원두를 꺼내면, 얼어붙었던 수분이 원두 속으로 다시 흡수돼 커피 맛이 밍밍해진다. 원두에는 수명이 있다. 로스팅 후 9일이 될 때까지는 커피 맛이 점점 좋아져 향미가 더 풍부하고 복합적으로 잘 어우러지면서 풍미가 입안에서 감돈다. 하지만 그 이상 시간이 지나면 어쩔 수 없이 점점 맛이 떨어진다. 시간이 지날수록 산화 작용이 심해져 차츰 생기를 잃다가 나중에는 결국 무미건조한 맛이 난다. 이렇게 커피가 산패하면 어떻게 해도 다시 되살릴 수 없다.

강하게 로스팅한 원두는 산패하는 속도가 더 빨라서 보통 로스팅 후 7일 이내에 커피의 질이 눈에 띄게 떨어진다. 약하게 로스팅한 원두는 로스팅 후 맛의 정점을 찍고 산패하기 시작할 때까지 걸리는 기간이 비교적 더 길다. 특히 생두 밀도가 높고, 고산 지대에서 재배했고, 선별해서 수확했고, 제대로 가공한 커피를 약하게 로스팅했다면 맛의 정점을 찍을 때까지의 기간이 더욱 길다. 우리는 로스팅을 마친 후 48시간이 지나기 전에 고객의 손에 원두가 전해지기를 바란다. 그래야 고객들이 로스팅 후 정점으로 올라가는 맛을 경험하고 언제 커피의 맛이 떨어지는지 발견하며 수명을 다하기 전에 커피의 향미를 즐기는 멋진 기회를 얻을 수 있다.

분쇄한 커피는 분쇄하지 않은 커피보다 더 산패되기 쉽다. 에스프레소용으로 분쇄한 원두는 90초가 지나면 커피의 활기가 떨어진다. 원두를 굵게 분쇄하면 조금 더 길게 20분에서 1시간 정도 향미가 유지된다. 이런 이유 때문에 블루보틀에서는 분쇄한 커피를 팔지 않는다. 때로는 원두를 갈아주지 않는다고 고객들이 화를 내기도 한다. 그럴 때마다 불친절한 직원이 되는 것 같아서 힘들어 죽겠다. 하지만 우리는 불과 20분만 지나도 아주 훌륭하던 커피의 질이 떨어진다는 사실을 가슴 깊이 잘 알고 있다. 고객이 집에 도착하기도 전에 커피 맛이 실망스럽게 변할 수도 있다는 사실을 알면서 어떻게 분쇄한 커피를 팔 수 있겠는가?

홈 로스팅 방법

구멍 뚫린 베이킹용 타공팬에 생두를 깔고 오븐에 굽는 것은 가장 기초적인 홈 로스팅 방법으로 손꼽힌다. 작동 방법이 복잡한 로스팅 기계와 기구를 살 수도 있지만, 이렇게 하면 크게 투자하지 않고도 집에서 직접 로스팅해볼 수 있다. 물론 향미가 상당히 투박해지기 때문에, 세계에서 가장 희소가치가 높은 파나마 게이샤 원두를 이 방법으로 로스팅하고 싶지는 않을 것이다. 하지만 이 간단한 로스팅 방법은 저렴하면서도 내가 원하는 대로 나만의 커피를 만들 수 있게 해준다. 홈페이지 www.sweetmarias.com에서는 다양하게 엄선해놓은 생두와 로스팅 기구들을 둘러보고 구매할 수 있다. 이 홈페이지에서 운영하는 '가상 커피 대학교'라는 적절한 이름이 붙은 온라인 도서관에서는 홈 로스팅에 관한 상세한 자료들을 많이 제공하고 있다(이들의 거점은 오클랜드에 있다. 즉 이들은 오클랜드 커피 업계를 꽉 잡고 있다).

오븐으로 로스팅할 때는 그 과정을 꼭 메모해두어야 한다. 그래야 로스팅한 결과가 마음에 들었을 때, 내가 성공했던 방식을 재현할 수 있다. 그리고 이렇게 로스팅을 할 때는 원두가 균일하지 않게 로스팅되는 것이 정상이라는 점을 명심하자. 대신 다양한 로스팅 단계를 시도해보면서 여러 가지 맛과 향이 어우러지는 로스팅 포인트를 직접 찾을 수 있다.

홈 로스팅을 처음 시작할 때는 선호하는 원두 색상을 염두에 두는 것이 도움이 된다. 나는 집에서 처음 로스팅했을 때, 하얀 도자기 그릇에 원두를 한 줌 담아놓고 색을 비교해가면서 타공팬에서 생두를 로스팅했다. 얼마 지

나지 않아 원두의 색이 오븐에서 꺼낸 이후에 조금 더 어두워진다는 사실을 깨달은 다음부터는 로스팅하는 원두가 샘플 원두만큼 어두워지기 직전에 오븐에서 타공팬을 꺼냈다. 한동안 같은 품종으로 로스팅을 하다 보면 원두의 색상이 원두의 풍미를 알려준다는 사실을 감지하게 된다. 한 가지 기억해둘 점이 있다. 홈 로스팅을 하면서 선호하는 원두가 계속 바뀌기 때문에 어떤 원두도 장기간 샘플로 사용하지는 못한다.

특정 품종의 커피를 처음 로스팅할 때 나는 보통 옅은 적갈색에 가까운 미디엄 단계[4]의 갈색을 목표로 삼는다(커피를 미디엄 단계로 로스팅하고 싶을 때 색상 외에 또 다른 판단 기준은, 로스팅하고 5~6일 정도 지났을 때 원두 표면에서 작은 핀으로 콕콕 찌른 것처럼 기름이 배어나오는 것이다. 물론 이것은 로스팅 도중에는 확인할 수 없다). 나는 이상적인 미디엄 단계의 갈색을 머릿속에 그릴 때, 어릴 때부터 쭉 가지고 있다가 아들에게 물려준 자그마한 원목 흔들의자를 생각한다. 나는 눈을 감고도 그 흔들의자 색을 떠올릴 수 있다. 누군가의 머릿속에 박힌 미디엄 단계의 갈색은 중학교 1학년 때 별 생각 없이 친 장난이 끔찍한 방향으로 흘러가 겁에 질린 상태에서 누나가 교장실로 끌고 갈 때 탔던 1976년식 크라이슬러 콜도바에 장착된 코린트 양식의 부드러운 가죽시트 색일지도 모른다. 누구에게나 눈을 감고도 볼 수 있는 미디엄 단계의 갈색이 있으리라 믿는다. 당신에게 미디엄 단계의 갈색 하면 연상되는 물건은 무엇인가?

오븐 로스팅에 필요한 준비물
- 그램 저울
- 오븐에 들어가는 쿠키용 팬 크기의 타공팬. 생두를 겹치지 않게 놓는 것이 중요하기 때문에 가지고 있는 오븐이나 팬 크기가 유난히 작다면 로스팅하는 생두 양을 조절해야 한다.
- 생두 150g(약 1컵)
- 중간 크기 또는 큰 스테인리스 체 2개
- 스톱워치 또는 초 단위로 알려주는 타이머

오븐 중간에 선반을 끼운다. 오븐을 30분 이상 돌려 260℃로 예열한다. 이때 오븐용 온도계를 활용해 온도를 정확히 측정한다. 일반 가정용 오븐도 블루보틀에서 쓰는 프로밧 로스터기나 라마르조코 에스프레소 머신처럼 열용량이 상당히 커서 예열을 길게 할수록 로스팅하는 중간에 오븐 문을 열어도 온도를 안정적으로 유지할 수 있다.

집에 0.1g 단위로 무게를 잴 수 있는 저울이 있다면, 이제 그 저울을 사용할 시간이다(생두 무게를 측정해둬야 나중에 로스팅 동안 무게가 얼마나 줄어드는지 정확하게 알 수 있다). 생두 무게를 재서 150g을 덜어낸 뒤, 타공팬 중앙에 서로 겹치지 않도록 한 층으로 깐다. 이때 생두가 타공팬 중앙을 기준으로 2분의 1에서 3분의 2지점 사이를 넘어가지 않도록 한다(만약 생두를 팬 가장자리까지 사방으로 깔면 가장자리에 있는 원두는 태워먹기 쉽다). 체를 바로 쓸 수 있도록 가까이에 가져다놓고, 집 안에 있는 모든 환풍기를 켜고 창문을 전부 연다. 가능하다면 주방에 달린 연기 탐지기를 꺼두는 것도 고려해보라(만일 연기 탐지기를 끈다면 로스팅 작업이 끝난 뒤 꼭 다시 켜야 한다).

---

[4] 세계 각국에서는 로스팅 정도를 단계별로 분류한다. 국내에서는 일본의 영향으로 8단계 로스팅 기준을 쓰는 경우가 많다. 8단계는 라이트(최약배전)-시나몬(약배전)-미디엄(중약배전)-하이(중배전)-시티(강중배전)-풀시티(약강배전)-프렌치(강배전)-이탈리안(최강배전)이다.

이제 오븐에 팬을 넣고 오븐 문을 닫은 뒤 스톱워치를 누른다.

만일 오븐 문에 달린 창으로 내부가 충분히 잘 보인다면, 로스팅 과정을 지켜볼 수 있다. 하지만 문에 투명한 창이 없는 구형 오븐이거나 내부가 잘 보이지 않는다면 오븐 문을 자꾸 열어보고 싶은 유혹을 참아야 한다. 오븐 문을 수시로 열면 열 손실이 엄청나게 크기 때문이다. 처음에는 90~120초 이상의 간격으로 문을 열다가, 로스팅이 어느 정도 진행되고 나면 빈도를 늘린다. 문을 한 번에 4~5초 이상 열어두지 말고, 필요하다면 성능이 좋은 손전등을 사용해 원두 상태를 확인한다. 다음은 로스팅 과정을 시간 순으로 작성한 것이다.

2분~3분 30초: 생두 색이 선명해지면서 짙은 녹색 빛을 띤다.
3분 30초~4분: 생두가 노란 색으로 변하기 시작한다. 노란색으로 바뀐 시각을 기록한다. 오븐을 열고 바깥쪽에 있는 원두가 안쪽으로 모이도록 타공팬을 흔들어준다.
5분 30초: 생두가 연한 갈색 빛을 띠기 시작하나, 아직 크기가 작고 쭈글쭈글하다. 바깥쪽에 있는 생두가 색이 더 빨리 짙어진다 싶으면 팬을 다시 흔들어준다.
7분~8분: 팝콘 터지는 소리와 비슷한 1차 크랙이 일어나는 소리가 들리기 시작한다. 1차 크랙이 시작된 시각을 기록한다.
1차 크랙이 발생하고 20~30초 후: 팬을 흔들어준다.
1차 크랙이 발생하고 45초 후(대략 9분 정도): 원두가 터지는 속도가 빠르면 로스팅 속도가 꿩장히 빠르다는 뜻이다. 이 시점에서 1차 크랙이 진행되는 속도는 커피의 맛을 좌우한다. 로스팅을 하다 보면 원두 터지는 소리가 점점 빨라지는 것이 커피의 맛과 관련이 있다는 사실을 깨닫게 된다. 그 깨달음을 통해 다음 로스팅에서는 1차 크랙이 진행되는 속도를 조절하게 된다. 1차 크랙이 끝나갈 무렵에는 원두 터지는 소리가 잦아들고 2차 크랙이 시작되기 전까지 잠시 휴지기가 있다. 로스팅 속도가 빠를수록 2차 크랙이 일어나기 전 휴지기가 짧다.

스테이크를 구울 때처럼, 원두도 색이 완전히 나오기 전에 오븐에서 꺼낸다. 원두를 꺼낸 후에도 원두 자체의 잔열로 한동안 로스팅이 계속될 것이다.

가능하면 뒷베란다나 실외 공간에서 팬에 있던 원두를 조심스럽게 체에 쏟아낸다. 체 두 개를 양손에 쥐고 팔을 쭉 뻗은 채 30~60cm 정도 벌려서(59쪽 왼쪽 아래 그림 참고), 원두를 한 체에서 다른 체로 쏟아 부으며 옮긴다. 이렇게 하는 동안 파치먼트를 벗겼을 때 나오는 실버스킨의 찌꺼기인 체프chaff가 날아간다. 로스팅한 커피를 손으로 만졌을 때 약간 따뜻한 느낌이 날 때까지 계속 번갈아 쏟아낸다. 시간은 4분을 넘지 않는 것이 이상적이다. 웬만하면 체로 냉각 작업을 하면서 많든 적든 원두를 흘리지 않도록 주의하자. 흘린 원두가 없다면 원두의 무게를 재서 로스팅을 시작하기 전에 쟀던 원두 무게에서 뺀 뒤 다시 처음에 쟀던 무게로 나눠 로스팅 작업으로 줄어든 무게 비율을 계산한다. 이렇게 계산한 무게 손실 비율을 기록해놓자. 무게 손실 비율은 원두의 로스팅 정도와 밀접한 관련이 있으므로 기록해둬야 분석을 할 수 있다.

로스팅한 커피의 향미는 본인이 선택한 로스팅 단계와 원두의 종류에 따라 로스팅 후 5~10일 정도까지 향미가 점점 좋아진다. 하지만 빨리 맛을 보고 싶다면 기다릴 필요 없이 바로 마시면 된다.

커핑하고 향미 표현하기

커피 로스터는 커핑에 많은 시간을 투자한다. 우리는 커핑을 통해 커피 샘플을 감별해 엄선하고 각 품종에 맞는 로스팅 단계를 결정한다. 게다가 커핑은 우리가 로스팅하는 커피의 품질을 지속적으로 관리할 수 있게 해준다.

우리는 커피의 향을 맡아보고 sniffing, 천천히 넘겨서 음미하고 sipping, 후루룩 소리를 내며 들이마시는 slurping 커핑 의식을 매일 수행한다. 블루보틀의 몇몇 직원들은 커핑을 하기 위해 적어도 아침에 한 번, 오후에 한두 번은 모인다. 커핑을 하고 나면 샘플 커피들 간의 미세한 차이를 정밀하게 감별한다. 심지어 같은 방식으로 로스팅한 같은 품종의 커피를 각기 다른 날 또는 각기 다른 직원들이 커핑해서 감별하기도 한다.

과거에는 출하된 커피를 구매하기 전에 그 생두에 결점이 있는지 확인하려고 커핑을 했지만, 요즘은 많은 로스터들이 결점뿐 아니라 그 커피에 내재된 좋은 특성을 알아내기 위해 커핑을 한다. 커핑이라는 흥미진진한 방법 덕분에 농장에서 좋은 정보를 얻을 수 있는 가능성이 높아지고 원산지를 방문할 필요성이 줄었으며 생산자들이 훌륭한 커피에 높은 금액을 지불할 용의가 있는 소비자와 접촉할 수 있는 기회가 많아졌다.

동시에 카페나 커피 관련 행사에서 공개 커핑 자리가 마련되기 시작했고, 커핑 후 기록하는 향미 표현이 상당히 자세하고 다양해졌다. 일반인을 대상으로 한 공개 커핑은 이제 커피 업계에서 폭발적인 인기를 누리는 신문화로 자리 잡았다. 나는 여러 사람이 함께할 수 있다는 점에서 커핑 자리를 좋아한다. 로스팅 사업을 하다 보면 항상 사람들과 같이 커핑을 하고 의견을 주고받으며 합의점을 찾는 경우가 많다.

커피 전문가들은 커핑을 할 때 '식물성 vegetal', '파인애플 주스 pineapple juice', '삼나무 cedar' 같은 표현을 사용한다. 하지만 나는 감각에서 나오는 경험을 적절하게 전달하는 문제에 관해서라면 전문용어가 무의미하다는 내 신념에 따라, 일반인과 함께하는 커핑 자리에서는 그에 맞춰 향미를 표현한다. 이 신념은 연주자로 활동한 내 경험에서 우러나온 것이다. 연주자는 전문용어와 시범의 조합을 통해 재능을 갈고닦는다. 시간이 지날수록 전문용어가 감각 경험을 표현하기 시작한다. 하지만 주관적인 느낌을 객관적으로 표현하는 방법에 익숙해지려면 오랜 시간이 걸린다. 만약 내 옆에 있던 동료가 "그 연주는 너무 메탈릭 metallic[5]해."라고 말한다면 나는 그 말의 의미를 정확하게 알아들었을 것이다. 하지만 그 말을 어쩌다가 엿들은 외부인은 아마 그 상황에서 우리가 언급한 특정 감각 경험, 즉 '메탈릭'이라는 단어를 이해하지 못할 것이다. 그 용어는 X라는 음을 Y라는 음색으로 연주했을 때 메탈릭한 음색이 나온다는 공식을 무수히 많이 경험하고 나서야 그 감각 경험에 붙일 수 있는 표현이다.

커핑 용어도 마찬가지이다. 나는 거의 매일 우리 회사의 생두 바이어와 함께 커핑을 한다. 우리 둘 중에 한 명이 커피에서 느낀 무언가를 표현하기 위해 '삼나무[6]'라는 단어를 사용하면, 수년간 함께 일하며 공유하는 감각 어휘를 늘려왔기 때문에 어떤 맛을 의미하는지 바로 이해한다. 블루보틀에서 커핑할 때 사용하는 커핑 평가서에는 우리가 지속적으로 확장해온 수십 가지 향미 표현 리스트가 있다. 다음은 그중 몇 가지 용어들이다.

---

5 음악에서 금속처럼 차갑고 미래적인 소리를 표현하는 표현
6 삼나무는 여기에서 가공하지 않은 원목이나 막 깎은 연필에서 느껴지는 신선한 향을 의미한다.

- **나무 향미**: 레바논 삼나무cedar, 미국 삼나무redwood, 호랑가시나무holly, 소나무pine, 전나무fir
- **초콜릿 향미**: 다크 초콜릿dark, 화이트 초콜릿white, 밀크 초콜릿milk, 코팅 초콜릿waxy
- **꽃 향미**: 재스민jasmine, 장미rose, 라일락lilac, 인동덩굴honeysuckle
- **견과류 향미**: 땅콩peanuts, 아몬드almonds, 헤이즐넛hazelnuts, 호두walnuts
- **과일 향미**: 바나나bananas, 블루베리blueberries, 딸기strawberries, 허니듀 멜론honeydew melon
- **향신료 향미**: 흑후추black pepper, 생강ginger, 고수coriander, 바닐라vanilla
- **엉뚱한 표현이지만 강하게 연상되는 향미**: 공기를 넣어 부풀린 물놀이용 장난감, 이탈리아 스쿠터 베스파의 배기가스, 바주카 풍선껌, 굿윌 매장에서 파는 가죽재킷

익히는 데 시간이 걸리고 훈련이 필요한 감각 용어를 일반 고객이 단번에 알아들을 수 있을 거라 넘겨짚는다면 잘못된 생각이다. 만일 내가 일반 고객에게 원두를 팔려고 보여주며 '삼나무'라는 용어를 사용한다면 둘 중 하나이다. 원두를 사더라도 삼나무를 맛보지 않은 한 본인이 바보가 된 느낌을 받을 것이고, 고객이 원두를 사지 않는다면 내가 바보가 된 느낌을 받을 것이다. 어느 쪽이든 고객은 행복하지 않고 누군가는 바보가 된다.

그래서 블루보틀에서는 원두를 설명할 때 제품에 붙인 라벨이나 온라인 홈페이지를 비롯해 어디에서든, '크리스마스 마지팬[7]'이나 '필리핀산 건망고' 같은 표현 대신 그 커피와 관련된 이야기를 들려주며 그 커피를 마시고 내가 어떤 느낌을 받았는지 정확히 담아내려고 노력한다. 나는 이것을 사람들의 구매 욕구를 자극하기 위한 마케팅의 일환으로 생각하지 않는다. 내가 커피에서 느끼는 즐거움을 의미 있는 방법으로 함께 나누는 일이라고 생각한다.

커피 맛에 관한 정보를 정확하게 전달하기 위해 전문용어를 포기하면 제약에서 자유로워진다. 좋은 예를 아마로 가요Amaro Gayo 워시드 원두로 알아보자.

워시드로 가공한 아마로 가요 원두를 브루잉 커피로 내리면 향신료와 향긋한 나무의 향이 훌륭한 소나타처럼 울려 퍼진다. 여기 그랜드 피아노가 있다. 이제 F장조 아르페지오 화음이 여러 옥타브를 건너며 높은 음에서 낮은 음으로 쭉 내려오는 소리를 상상해보자. 자, 이번에는 피아노 소리 대신 계피, 넛메그, 삼나무, 단풍나무의 향을 상상해보자. 이제 원두를 사서 집으로 가져가 조심스럽게 물줄기를 내려 아마로 가요 브루잉 커피를 만든다고 상상해보라. 실내용 슬리퍼, 타임지 스타일Style 코너, 포도 맛 마카롱, 낮잠 자는 아이리시 세터종 강아지를 상상해보는 것도 괜찮다.

혹은 프루스트풍[8]의 과장된 표현으로 형용사를 쭉 나열해서 애매하게 표현하는 방법으로 접근할 수도 있다.

내추럴 정제법으로 가공한 아마로 가요 원두를 푸어오버 방식으로 추출하면 천진난만하면서도 화려한 매

---

7 아몬드 가루, 설탕, 달걀흰자로 만든 크리스마스 장식 모양 과자
8 중산 계급이나 귀족 세계를 연상시키는 묘사

력이 물씬 풍긴다. 바닐라와 묽은 과일화채, 딸기 맛 립글로스의 향이 한꺼번에 나면서 우리를 학창시절 무도회 장소로 데려다준 듯한 기분에 빠져들게 한다. 아마로 가요 원두를 에스프레소로 추출하면 탄탄하면서도 크림처럼 부드럽고 수수께끼처럼 아리송한 맛을 낸다. 그리고 바로 옆에서 늘 감시하듯이 다소 엄격한 성격이지만 카디건에서 담배 냄새를 풍기며, 자신만의 세계에 있을 때는 디저트인 프로피테롤profiterole을 드시는 종잡을 수 없는 할아버지 같은 느낌이 든다. 이 커피는 선선한 온도, 빠른 추출, 35mL 에스프레소 샷, 건전한 생활, 스테레오에서 들리는 펜데레츠키의 음악과 잘 어울린다.

이 설명을 보고 다소 흥분하거나 혹은 무슨 말인지 몰라 어리둥절해하는 사람들도 있겠지만 최소한 누구도 바보가 된 느낌은 받지 않는다. 블루보틀에서는 우리가 커핑한 커피의 특성을 SCAA의 커핑 평가서를 기반으로 한 점수로 평가한다. SCAA에서 쓰는 향미 용어와 커핑 시스템은 바이어가 대규모 산지의 커피를 선물계약[9]할 때 품질을 보증받을 수 있도록 커피 농장을 공정하게 평가해주는 수단으로 발전해왔다. 커핑 평가서에 대해 언제 한 번 '영점 조절'(서로 합심해서 맞추자는 업계 용어)을 하자는 커피 전문가들이 많고, 나 역시 86가지 표현으로 커피를 평가하자는 의견에 대체로 동의한다. 하지만 우리는 이 시스템을 커핑실이 아닌 바깥세상에 적용하는 것을 주저하고 있다. 객관적으로 보이는 커핑 점수가 엄밀하게 보면 특정 환경에서 어떤 맛이 나는지 알아본 것이 아니라 어떻게 커핑을 하는지에 초점을 맞춘 단편적인 결과라고 생각하기 때문이다.

---

[9] 미래의 일정한 시점에 일정 수량의 특정 상품을 미리 약정한 가격에 매매하기로 한 계약

그램 저울이 필요한 이유

솔직히 아직 그램 저울이 없다면 일부러라도 하나 장만해야 한다고 본다. 그래야 하는 이유가 뭐냐고? 무언가를 측정할 때 부피는 무게보다 정확성이 떨어지기 때문이다. 이것은 내 생각이 아니라 과학적인 사실이다. 밀가루를 생각해보라. 똑같은 한 컵의 밀가루여도 체에 친 밀가루 한 컵은 체에 치지 않은 밀가루 한 컵보다 확실히 무게가 덜 나간다. 또 다른 예로, 갈색 설탕을 컵에 꽉꽉 채워 담으면 같은 1컵이라도 스르륵 담아서 채운 것보다 무게가 현저하게 많이 나간다.

그램 저울은 적당한 가격을 투자할 가치가 충분히 있다. 홈 로스팅한 원두로 커피를 내릴 때 손쉽게 무게 손실 비율을 구할 수도 있고, 추출 비율이 정확한 푸어오버 커피를 내릴 수 있기 때문이다.

에스칼리Escali나 옥소Oxo 브랜드에서도 그램 단위로 측정할 수 있는 좋은 전자저울이 나오지만 우리는 특별히 아메리칸웨이American Weigh에서 나오는 AMW-2000을 좋아한다. 이 제품은 무게를 0.1g 단위로 측정할 수 있고 배터리 수명이 길며 튼튼하면서 디자인도 나쁘지 않다. 게다가 작업 속도를 느리게 만들어 불만을 유발할 수 있는 오토오프auto-off 기능을 사용하지 않도록 설정할 수 있어서 우리처럼 찬찬히 작업하는 푸어오버 예술가들이 원하던 제품이다.

홈 커핑 방법

집에서도 충분히 커핑을 할 수 있다. 하지만 혼자서 커핑한 후 그대로 끝내지 말고 커핑 결과를 인터넷에 올리자. 커피는 인맥을 쌓고 정보를 공유할 수 있는 매개체이므로 집에서 커핑한 결과와 정보를 다른 사람들, 특히 자신이 좋아하는 사람들과 함께 공유해야 한다. 집에서 커핑을 하는 것은 자신이 어떤 커피를 좋아하는지 깨닫고 그 커피의 풍미와 특성을 익힐 수 있는 훌륭한 방법이다. 사람들은 막상 커핑을 해보면 여러 가지 커피를 구별하는 일이 생각보다 어렵지 않다며 굉장히 놀라워한다. 나는 블루보틀에서 일반인을 대상으로 공개 커핑을 할 때마다 사람들이 브라질산 커피와 수마트라산 커피를 쉽게 구별해낼 수 있다는 사실을 확인하고 놀라워하며 환하게 웃는 모습을 발견한다. 커핑은 자신이 생각했던 것보다 더 많은 능력을 가지고 있다는 사실을 깨닫게 해준다. 그래도 처음에는 성공할 수 있도록 제대로 준비하는 것이 좋다. 첫 커핑 때는 원두 종류를 네 가지 이상 쓰지 말고 서로 다른 산지에서 생산한 싱글오리진 원두로 준비하자. 가능하면 블렌딩 원두는 쓰지 말고, 로스팅 단계가 높으면 원두 고유의 특성을 파악하기 힘드니 너무 진하게 로스팅한 원두도 쓰지 말자. 계속 커핑을 하다 보면 나중에는 워시드로 가공한 예가체프만 쭉 늘어놓고 감별하는 경지에 오를 수 있다. 커핑할 때는 반드시 마셔도 괜찮을 만큼 좋은 물을 사용한다.

홈 커핑에 필요한 준비물
- 3~4종류의 원두를 각각 18g씩 준비하고 원두마다 예비로 9~20g을 더 준비한다. 계량이나 기타 과정에서 문제 상황이 발생했을 때를 대비해 각 원두마다 샘플을 2개씩 준비한다.
- 그램 저울
- 그라인더
- 180~240mL 용량의 똑같이 생긴 도자기 컵 6~8개. 가능하면 카푸치노 컵이나 작은 수프 그릇처럼 하단보다 상단이 넓은 컵을 준비한다.
- 질 좋은 물
- 1인당 하나씩 돌아갈 수량만큼의 수프 스푼
- 물에 젖은 분쇄 원두를 걷어낼 때 쓸 빈 접시

그라인더 청소하기 이전에 분쇄한 원두 찌꺼기가 남아있는 그라인더를 깨끗하게 청소한다. 커핑할 첫 번째 커피를 소량(9g) 덜어서 그라인더에 넣고 분쇄한 후 버린다.

커피 분쇄하기 첫 번째 커피를 계량해 9g을 덜어서 푸어오버 커피의 분쇄도(79쪽 참고)와 프렌치프레스 커피의 분쇄도(83쪽 참고) 사이쯤인 중간 굵기의 입자로 분쇄한다. 같은 커피의 두 번째 샘플은 그라인더를 청소하지 않고 같은 분쇄도로 갈아서 컵에 담는다. 나머지 커피들도 반복해서 분쇄하는데, 이때 다른 품종의 커피를 분쇄하기 전에는 그라인더를 청소한다. 컵에 각 커피의 이름을 표시해준다.

커피 향 맡기 건조한 가루 상태의 각 샘플을 감식력을 높일 수 있도록 입을 벌린 채 코로 깊게 들이마신다.

물 붓기 주전자나 물을 가열할 때만 쓰는 냄비로 1.47L의 물을 96℃로 끓인다. 끓인 물을 각 샘플 컵에 같은 높이로 천천히 붓는다. 블루보틀의 커핑 비율은 물과 커피가루가 17대 1이다. 블루보틀의 비율을 그대로 따른다면 각 컵의 샘플마다 150g의 물이 필요하다. 편리하게도 물 1g이 곧 1mL이므로, 컵마다 150mL씩 붓는 셈이다. 물을 붓고 3~5분 정도 그대로 둔다. 뜨거운 물이 커피가루를 적시는 동안 긴 유리컵에 준비한 스푼들을 담은 다음 나머지 뜨거운 물을 붓는다.

다시 커피 향 맡기 물 붓기가 끝나면 컵에서 바로 2.5cm 위쪽에 코를 대고 각 샘플의 향을 맡는다(나는 항상 코에 커피가 닿을 정도로 가까이 댄다). 각 커피 향의 차이점과 유사점을 기록한다. 아까 건조한 커피가루에서 맡았던 향과 어떻게 다른가? 건조한 커피와 물에 우린 커피를 비교·대조하는 것이 "올리브 향을 풍기는 커피네요." 같은 심오한 평을 내놓는 것보다 쉽다.

크러스트 깨기 커피를 뜨거운 물로 3~5분 정도 우려낸 후 액체 표면에 떠있는 커피가루의 막을 깬다. 커피 향의 대부분은 커피가루의 막, 즉 크러스트 속에 갇혀있다. 향이 최대한 많이 올라오도록 크러스트를 스푼으로 밀어내듯이 깬다. 크러스트를 밀어낼 때 코를 다시 컵 가까이 가져다대고 깊게 들이마신다. 다음 커피의 크러스트를 깨기 전에 사용한 스푼을 뜨거운 물이 담긴 유리잔에 넣고 씻어내 샘플끼리 커피가루가 섞이지 않도록 한다.

크러스트 걷어내기 1~2개의 스푼으로 컵에 뜬 크러스트를 모두 걷어내 접시에 놓는다. 표면에 층을 이루는 커피가루를 다 걷어내야 맛볼 때 입으로 들어가지 않는다. 아주 약하게 로스팅했다면 커피가루가 대부분 바닥에 가라앉으므로 걷어낼 가루가 그리 많지 않다. 크러스트를 걷어낼 때도 커피 종류가 바뀌면 스푼을 깨끗하게 씻어낸다.

맛보기 스푼으로 커피를 떠서 후루룩 소리를 내며 힘껏 흡입한다. 이렇게 맛보면 커피가 입천장 전체에 퍼져서 커피가 가진 모든 향미를 느낄 수 있다(원래 커핑실에서 남자다운 모습을 과시할 때는 누구든 가장 큰 소리로 커핑하는 사람이 가장 멋있는 사람으로 통한다. 그러니 큰 소리로 후루룩 흡입하자). 집중해서 각 샘플의 향미를 비교하고 대조해보라. 그렇지만 다른 사람이 맛보기 전에 자신의 의견을 다른 사람에게 얘기해서는 안 된다. 만약 당신이 먼저 "흥미롭네……. 구운 바나나 맛이 나."라고 말하면 다들 이렇게 말할 것이다. "맞아요! 바나나 맛!"

과정을 반복하기 커피가 식어가는 동안 모든 샘플의 맛을 여러 번 반복해서 본다. 샘플을 돌아가면서 한 번씩 맛볼 때마다 새로운 사실을 알게 될 것이다. 이 과정을 거치면 언제나 혀가 데일 정도로 뜨거운 커피가 가장 흥미롭고 풍미가 좋은 것은 아니라는 깨달음을 얻게 된다.

커피를 마시다

DRINK

나는 어떤 방법으로 추출하든 커피는 한 번에 한 잔만 만들어야 하고, 커피가 나오면 그 즉시 마셔야 한다고 생각한다. 커피를 가장 간편하게 만들 수 있는 방식이며 내가 가장 좋아하는 추출 방법 중 하나가 바로 푸어오버이다. 푸어오버 방식은 커피, 물, 드리퍼, 여과지(필터)만 있으면 커피를 내릴 수 있어서 마치 음식을 직화로 조리하는 것 같은 원초적인 느낌을 준다. 푸어오버는 커피를 갈아 무게를 재서 드리퍼에 넣은 뒤 그 위에 물을 부어주는 방식이다. 이때 물을 천천히 부어주면 커피가 충분한 시간을 두고 물을 흡수해, 커피에서 뽑아내고 싶은 가용성 성분을 제대로 추출할 수 있다.

    푸어오버 방식은 향기로운 커피를 마실 수 있는 가장 기본적이면서도 쉽고 효율적인 방법이다. 그래서 블루보틀에서는 카페 매장에서 푸어오버 방식으로 내리는 커피에 많은 에너지를 쏟고 있으며, 이 책에서도 푸어오버 커피에 신경을 많이 썼다. 하지만 푸어오버든 에스프레소든 커피를 제조하는 기본 과정은 간단히 말해서 로스팅한 원두 속에 든 화합물을 뜨거운 물로 녹여내 추출하는 것이다. 먼저 그라인더로 원두를 잘게 부숴서 표면적을 넓힌 후 뜨거운 물을 통과시킨다. 그러면 뜨거운 물이 분쇄한 원두의 표면에 닿으면서 원두 속에 있는 커피 성분을 용해시켜 커피를 추출한다. 분쇄한 커피에서 커피 성분이 적게 추출되면 향미가 부족한 커피가 되고, 너무 과다하게 추출되면 좋은 성분에 가려져있던 불쾌한 향미 성분까지 우러나온다. 원두의 분쇄 정도, 물의 온도, 분쇄한 커피가 물에 노출되는 시간은 모두 추출에 영향을 주는 아주 중요한 요소이다. 이번 장에서는 몇 가지 추천 방법으로 커피를 제조할 때 영향을 주는 변수들을 어떻게 조절해야 하는지 알아보기로 한다.

먼저 향긋한 푸어오버 커피 만드는 방법을 차근차근 알아보자. 그리고 다양한 추출 방법을 탐구해보고 싶은 독자들을 위해 추출 방법에 따른 그라인더 선택 방법과 융드립, 사이펀, 터키식 커피를 만들 때 필요한 이브릭 사용법까지 알아보겠다. 그다음에는 에스프레소 만들기에 관한 은밀한 이야기들을 속속들이 파헤쳐볼 것이다. 아마 여러분은 가정용 에스프레소 머신이 있으면 좋다고 설득하는 말을 그냥 지나칠 수 없을 것이다. 만약 에스프레소 머신을 사기로 결정했다면, 이 책에서 어떤 에스프레소 머신이 가장 적합한지도 알려줄 것이다.

커피 만들기는 간단하면서도 연습과 정확성이 필요하고 순전히 본인이 그 일을 즐긴다는 사실 자체에서 오는 기쁨을 느낄 수 있는 작업이라는 점 등 여러 측면을 지닌 작업이다. 이 과정은 우주가 팽창한다는 이론만큼 경이로워서 더 좋은 커피를 만들기 위한 노력을 절대 멈출 수가 없다.

브루잉 커피 추출 기술

당신은 질 좋은 스테이크 고기를 전자레인지로 요리하는가? 결코 그렇게 하지 않으면서 왜 커피는 커피메이커로 추출하는가? 커피메이커로 커피를 내린다는 것은 전자레인지에 팝콘을 넣고 '팝콘' 버튼을 누르는 행동과 비슷한 것으로, 질 좋은 커피를 마실 권리를 저 멀리 날려버리는 행동이다. 좋은 커피를 사서 맛있게 만들고 싶다면 커피에 대한 기술과 열정을 보여줄 수 있는 방법을 선택해야 한다. 전기 커피메이커는 그런 방법에 속하지 않는다.

플러그를 꽂아 쓰는 대부분의 커피메이커는 물 온도가 커피를 추출하기에 최적인 수준까지 올라가지 않기 때문에 충분히 가열되지 않은 물이 저렴한 플라스틱 관을 타고 올라와 커피에서 나쁜 향미를 우려내는 경향이 있다. 또 이 기계의 최대 장점인 자동 추출이 오히려 악재로 작용해, 물이 커피에 떨어지는 속도를 조절하지 못하고 필터에 담긴 커피가루를 골고루 적시지 못해 일부 커피가루는 과다 추출되고 나머지는 과소 추출되는 현상이 발생한다. 그리고 갓 분쇄한 커피는 물에 젖었을 때 오래된 커피보다 훨씬 많이 부풀어 오르는데, 커피메이커는 필터 통이 너무 작다. 게다가 원두 속에 있는 가장 맛있는 향미 성분을 뽑아내기에는 커피메이커의 추출 속도가 너무 빠르다. 여기에 사람들은 추출이 끝난 뒤 포트에 담긴 커피를 보온판 위에서 데우거나 보온병에 담아 커피의 신선함을 떨어뜨리며 커피메이커가 그나마 뽑아낸 모든 향미를 날려버린다.

수백만 명의 사람들이 이런 식으로 커피를 내리며 하루를 시작한다고 생각하면 마음이 아프다. 간단한 도구로도 정말 괜찮은 브루잉 커피를 충분히 만족스럽게 만들 수 있기에 더 그렇다. 맛있는 브루잉 커피를 마시려면, 간단하긴 하지만 몇 가지 기구에 돈을 투자할 필요가 있다. 먼저 정확한 데이터를 근거로 커피를 내려야 하는데, 그러려면 그램 저울(62쪽 '그램 저울이 필요한 이유'를 참고할 것)과 정확한 일반 온도계나 열전대 온도계 같은 측정 도구가 필요하다. 열전대 온도계는 과학계나 산업계에서 오븐이나 에어컨 온도를 테스트할 때 흔히 사용하는 전자 온도 센서로 철물점에서 구입할 수 있다. 여기에 물을 적당히 조절해서 부어야 하므로 물줄기를 조절하기에 좋고 배출구가 멋지게 생긴 드립포트(백조 목처럼 생긴 주전자)가 필요하고, 커피를 분쇄할 때 입자 크기를 조절하려면 좋은 그라인더도 꼭 있어야 한다(자세한 사항은 74쪽 참고). 더불어 푸어오버 커피를 내릴 때 필수 품목이라고 할 수 있는 도자기 드리퍼와 질 좋은 필터도 필요하다. 프렌치프레스나 융드립, 사이펀, 터키식 커피처럼 푸어오버가 아닌 다른

브루잉 방법을 탐구해보기로 결정했다면 그에 맞는 특정 기구도 구비해야 한다. 그리고 당연히 커피를 추출할 때 공급할 깨끗하고 신선하면서도 맛 좋은 물도 필요하다.

사는 지역에 따라 인근에서 거의 모든 기구를 구입할 수도 있다. 하지만 만약 주변에서 기구를 구하기 힘들다면, 경이로운 인터넷의 힘을 빌려 비밀의 커피 기구를 살 수 있다(우리가 강력하게 추천하는 기구 중 일부는 블루보틀 온라인 매장에서 구입할 수 있다). 괜찮은 추출 기구 브랜드를 알고 싶어하는 이들에게 우리가 추천하는 곳은 다음과 같다.

- **그램 저울:** 아메리칸웨이, 에스칼리, 옥소
- **열전대 온도계:** 익스텍Extech, 하니웰Honeywell, 테일러Taylor, 콜파머Cole-Parmer
- **드립포트:** 하리오Hario, 타카히로Takahiro, 고노, 칼리타Kalitta
- **드리퍼:** 본막Bonmac, 멜리타Melitta, 고노, 하리오
- **필터:** 본막, 하리오, 고노, 필트로파Filtropa
- **프렌치프레스:** 보덤Bodom, 프레일링Freiling, 에스프로Espro
- **융드립 기구:** 하리오, 고노
- **사이펀 기구:** 하리오(본막 브랜드와 협업한 제품), 야마Yama

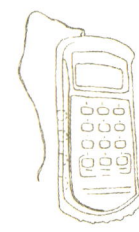
열전대 온도계

푸어오버

나는 가끔 블루보틀에서 푸어오버 커피를 소개하는 수업에 직접 들어가 푸어오버 추출이 얼마나 간단하고 전기 커피메이커보다 커피 맛이 월등하게 좋은지 알려준다. 푸어오버 방식으로 자주 커피를 만들어 마시다 보면, 커피를 내리는 기술이 점점 늘어 나중에는 마시는 커피마다 미묘한 차이를 감지할 수 있는 경지에 오른다.

지난 몇 년 사이에 블루보틀에서 푸어오버 커피를 내리는 방법이 달라졌다. 나는 일본 우에시마 커피 컴퍼니 UCC 본사에서 커피 전문가로 일하는 제이 에가미가 추출하는 방법을 본 후 2007년에 블루보틀의 푸어오버 커피 레시피를 새롭게 정비했다(제이에 대한 자세한 이야기는 91쪽 참고). 제이가 정확한 온도로 물을 끓여서 정확한 무게로 담아놓은 커피에 그 물을 아주 천천히 붓는 모습을 처음 봤을 때, 나는 지나치게 피곤한 방법이며 더군다나 블루보틀 간이 매장에서 쓰기엔 말도 안 되는 방법이라고 생각했었다. 물론 호기심을 이기지는 못하고 제이가 내린 커피를 마신 후, 생각은 바로 호의적으로 바뀌었다. 아마 독자들도 마셔보면 그렇게 될 것이다.

79쪽에서 기본적인 푸어오버 추출법을 다뤘지만 정답을 알게 되기보다는 수많은 질문들이 생겨날 것이다. 커피를 만드는 가장 간단한 방법이지만, 추출에 영향을 주는 다양한 요인을 어떻게 조정하는지에 따라 맛에 무한한 변화를 줄 수 있다는 점을 고려하면 그리 놀라운 일도 아니다. 조금 지나친 비유로 들릴 수도 있지만 인생을 살면서 겪는 수많은 일들과 마찬가지로 커피를 내리는 일도 일단은 뛰어들어서 해보는 것이 가장 중요하다. 푸어오버 방식으로 간편하게 만들어 맛보고 즐기며 추출한 커피가 어떻게 개선되길 바라는지 직접 느껴보자. 자신의 취향에 딱 맞는다는 느낌이 오면 추출법을 메모해두거나 바로 머릿속에 새겨둔다. 직감에 따라 추출에 관여하는 변수를 조절하며 커피를 내리다 보면 결국 본인이 가장 맛있다고 생각하는 추출법을 발견하게 될 것이다.

언젠가는 그렇게 자신만의 추출법을 발견하겠지만, 몇 가지 질문거리에 대해 지금 함께 살펴보기로 한다.

얼마나 많은 양의 커피가 필요한가?   나는 커피의 양을 비율로 나타내는 것을 좋아한다. 예를 들어 물 350mL에 커피가루 35g이 적당하다면 그 커피의 추출 비율은 10:1이다. 다른 여러 문제와 마찬가지로 커피를 내릴 때 커피와 물의 정확한 비율에 대한 논란 역시 상당히 있어왔다. 커피와 물의 추출 비율을 놓고 치열한 격론이 벌어지지만 최종 결정은 전적으로 주관적인 의견에 달렸다. 진짜 알아야 할 문제는 '내가 가장 좋아하는 추출 비율이 무엇인가?'이며, 사실 추출 비율, 물 온도, 추출 속도, 입자 크기가 모두 함께 어우러져 커피 향미에 영향을 주기 때문에 추출 비율만 따로 떼어놓고 생각하는 것은 말이 되지 않는다. 하지만 추출 비율을 정하는 몇 가지 기준은 제시할 수 있다.

커피를 마시다 / 73

에스프레소가 아닌 커피용 그라인더

원두를 홀빈whole bean 상태로 산 뒤 집에서 갈아 마시는 것은 커피의 맛을 한층 높일 수 있는 가장 확실한 방법이다. 집에 그라인더가 없다면 하나 구입하기를 강력히 추천한다. 지금 당장.

블루보틀에서는 일부 고객의 비난에도 불구하고 원두를 홀빈 상태로만 판매한다. 가장 큰 이유는 분쇄한 원두가 놀라울 정도로 빨리 산패하기 때문이다. 원두는 에스프레소용으로 분쇄한 후 단 90초 만에 커피의 맛과 질이 확연히 떨어진다. 더 굵게 분쇄한 원두는 조금 더 오래가지만 한 시간, 심지어 20분만 지나도 분쇄하지 않은 원두와 상당히 큰 차이를 보인다.

일단 지금은 에스프레소가 아닌 브루잉 커피를 추출하기 위해 집에서 원두를 분쇄한다고 가정한다(에스프레소용 그라인더에 관한 정보는 105쪽 참고). 브루잉 커피를 추출할 때, 특히 드리퍼와 종이 필터로 커피를 추출한다면 선택할 수 있는 그라인더 종류의 폭이 비교적 넓다. 가장 저렴한 그라인더는 칼날을 회전시켜 분쇄하는 전동식 양날 분쇄기whirly blade grinder* 유형이다. 하지만 전동식 양날 분쇄기로는 원두 입자를 고르게 분쇄할 수 없다, 결코! 이 그라인더로 원두를 분쇄하면 입자 크기가 아주 가는 가루부터 굵은 조각까지 다양하게 나오며, 오늘 분쇄도와 내일 분쇄도가 다른 수준이다. 그런데 '작동 버튼을 규칙적으로 누르며 흔드는' 방법을 사용하면 어느 정도 균일하게 분쇄할 수 있다. 작동 버튼을 누른 상태에서 2~3초 동안 그라인더를 쥐고 흔들다가 원두에 너무 많은 열이 전달되지 않도록 잠시 멈춘 후 다시 작동 버튼을 누르는 식으로 대략 원하는 입자 크기가 될 때까지 분쇄한다.

하지만 프렌치프레스, 융드립, 사이펀으로 커피를 추출하거나 터키식 커피를 만들 때 전동식 양날 분쇄기로 분쇄한 원두를 쓰면 실망스러운 커피 맛이 나온다. 분쇄 입자가 가는 쪽에서는 성분이 많이 뽑혀 과다 추출이 되고 분쇄 입자가 굵은 쪽에서는 성분이 적게 뽑혀 과소 추출이 된다. 이렇게 균일하지 않게 분쇄한 원두로 추출하면 커피 맛을 믿을 수 없고 좋지 않은 향미가 우러나는 경우가 많다. 그러므로 이런 종류의 커피를 만들 때는 버 그라인더burr grinder처럼 분쇄 정도를 조절할 수 있는 그라인더가 필요하다. 버 그라인더는 원두를 거의 균일한 입자로 분쇄해준다. 버 그라인더는 1분에 500~1,500회 정도 회전하는 동안 원두가 날카로운 돌기들이 솟아있는 두 개의 금속판(버burr) 사이를 통과해 으깨지는 방식이며, 버 사이의 간격을 조절하면 원두를 아주 가늘게 분쇄할 수 있다.

모든 버 그라인더가 똑같지는 않다. 전동식과 수동식 모델이 있으며, 수동식 그라인더(핸드밀)에는 종종 금속 대신 고급 세라믹 소재의 버가 장착되어 있다. 세라믹 소재의 버는 금속 소재의 버보다 칼날이 훨씬 오래 예리하게 유지되고 청소도 한결 수월하지만 손상 위험은 더 높다. 수동식 버 그라인더는 여행용으로 가지고 다니기에 정말 좋지만 커피를 한 번 마시려면 보통 250번 이상 돌려야 원두가 완전히 갈린다. 포렉스Porlex나 하리오, 자센하우스 같은 제조사에서 100달러도 안 되는 가격에 질 좋은 수동식 버 그라인더를 판매하므로 본인이 모터 역할을 한다는 점만 감수한다면 비용을 절약할 수 있다.

품질이 좋은 전동식 버 그라인더는 일반적으로 100~300달러 정도에 살 수 있다. 버가 크고, 그라인더가 전체적으로 묵직하고, 모터의 분당 회전수rpm가 낮은 그라인더를 선택하는 것이 좋다. 모터의 분당 회전수가 높을수록 원두에 열을 전달할 가능성이 높다. 원두가 열을 받으면 분쇄한 입자의 크기가 고르지 못하고 커피의 맛과 향이 일부 변질될 위험도 있다. 분쇄도 단계가 다양하거나 분쇄 정도를 가장 세밀하게 조절할 수 있는 그라인더를 찾는다면 스텝리스 그라인더**를 선택하자. 미리 정해진 분쇄도 설정에 얽매이지 않고 입자 크기를 자유롭게 조절할 수 있다.

---

* 가정에서 많이 쓰는 소형 블렌더와 비슷하다.
** 호퍼와 몸통 사이에 원형으로 돌릴 수 있는 분쇄도 조절 디스크가 있어서 디스크를 회전시키는 만큼 분쇄도를 조절해주는 그라인더

강하게 로스팅한 커피는 대개 추출 비율 폭이 좁아야 더 좋다(같은 양의 커피라면 물을 더 적게 붓는다는 뜻이다). 또한 원두 입자는 약하게 로스팅한 커피보다 더 굵게 갈고, 더 최근에 로스팅한 원두를 쓰면서 온도가 더 낮은 물로 내려야 맛있는 커피를 즐길 수 있다. 블루보틀에서 판매하는 것 중 인기가 높고 로스팅이 강한 두 가지 블렌딩 원두의 경우, 로스팅한 지 2~5일 정도 지난 커피를 87℃에 맞춘 물로 내리며 물과 커피의 추출 비율은 10:1을 선호한다. 반면 조직이 치밀하고 고지대에서 선별 재배하고 가공해서 약하게 로스팅한 싱글오리진 커피일 경우에는 강하게 로스팅한 커피보다 추출 비율 폭을 넓히고 더 뜨거운 물을 사용하며 로스팅 후 평소보다 휴지기를 길게 끌어야 가장 향기로운 맛과 향을 끄집어낼 수 있다. 어떻게 우리가 각 커피에 맞는 추출 조건을 알아냈을까? 블루보틀 로스팅 작업실에서 각종 시행착오를 거치며 로스팅할 때마다 일지를 꼼꼼하게 기록해둔 것이 그 비결이다. 일본에서는 기본적으로 10:1의 추출 비율을 선호하지만 나는 추출 비율, 물줄기를 조절하는 기술, 추출 온도, 사람들이 원하는 맛과 질감을 내는 커피와 물의 접촉 시간을 복합적으로 고려해 4:1에서 15:1까지 조절한다.

어떤 드리퍼가 제일 좋은가? 드리퍼는 드리퍼 바닥에 있는 구멍, 즉 추출구의 디자인과 그 개수에 따라 추출구가 1개인 드리퍼, 추출구가 3개인 드리퍼, 추출구가 큰 드리퍼 등 여러 종류로 나뉜다. 블루보틀에서는 본막에서 제작한 추출구가 1개인 도자기 재질 드리퍼를 선호한다. 이 드리퍼에서는 커피가루가 적절한 시간 동안 물을 머금고 있게 된다. 내가 일본에 갈 때마다 꾸준히 영감을 받는 카페에서도 이런 유형의 드리퍼를 사용한다. 간편하고 가격이 비싸지 않으며 유행을 타지 않는데다가, 지금까지 수십 년간 사용해온 검증받은 제품이다. 개인적인 생각이지만 미국에서는 커피를 빨리 만들기 위해 주로 1개의 큰 추출구가 있는 드리퍼(보통 하리오 V60로 통용되는 드리퍼)를 선호하는 추세이다. 이 드리퍼의 단점은 물이 커피와 충분히 접촉할 수 있도록 물줄기를 조절하기가 불가능한 건 아니지만 매우 어렵다는 데 있다. 일본에 갔을 때 하리오 V60 드리퍼를 사용하는 카페는 한 곳도 본 적이 없다. 고노 드리퍼는 언뜻 보면 바닥에 커다란 추출구가 1개라는 점에서 하리오 V60 드리퍼와 비슷하지만, 드리퍼 내부 구조가 달라서 원두의 특성이 충분히 우러나오는 커피를 반복적으로 뽑아내기가 더 용이하다.

추출 속도는 얼마나 빨라야 할까? 나는 푸어오버 커피를 내릴 때 보통 3분~3분 30초 사이에 추출을 끝내는데, 계산해보면 1mL당 1.5초의 속도로 추출하는 셈이다. 추출 속도는 확실히 물을 붓는 속도에 따라 달라지지만, 분쇄한 원두의 입자 크기도 추출 속도에 영향을 미친다. 물을 붓는 속도와 관계없이 원두를 곱게 분쇄할수록 더 천천히 추출된다. 또한 미분(가루처럼 작은 입자)이 많이 발생하는 그라인더를 사용해 미분이 필터의 미세한 구멍을 막으면 추출 속도가 더 느려진다.

물을 시계 방향으로 부어야 할까, 시계 반대 방향으로 부어야 할까? 일본의 UCC 아카데미에서는 어느 방향으로 물을 부어야 하냐는 질문에 시계 방향이라고 단호하게 대답한다. 언제나 시계 방향. 하지만 독자들이 자신의 집에서 커피를 내릴 때는 융통성 있게 해도 상관없다. 나는 홈메이드 커피 강좌에서 가르칠 때 시계 방향으로 돌리든 시계 반대 방향으로 돌리든 크게 집착하지 않는다. 한번은 호주에서 물 붓는 방향에 대한 얘기가 나오자 어떤 놈이(이러는 사람들을 보면 꼭 남자다) 시계 반대 방향으로 붓는 것을 두고 비꼬듯이 낄낄거렸다. 그런 놈처럼 행동하지 말자.

가장 적절한 물 온도는 몇 도인가? 대개 약하게 로스팅한 커피일수록 온도가 더 높은 물을 부어주는데, 아무리 물의 온도가 높아도 96℃를 넘지 않아야 한다. 또한 물과 커피의 추출 비율 폭을 넓히고(같은 양의 커피라면 물의 양을 늘린다는 뜻이다) 원두를 곱게 분쇄할수록 온도가 높은 물로 추출했을 때 더 맛있는 커피가 나올 가능성이 높다. 하지만 내가 일본에서 마신 손에 꼽을 정도로 인상적인 커피 중에는 강하게 로스팅한 원두를 굵게 분쇄한 후 추출 비율 폭을 좁게 잡고 굉장히 낮은 추출 온도(79℃)에서 내린 커피들도 있었다. 보통은 물 온도가 88~96℃ 사이일 때 커피 맛이 가장 좋지만, 다양한 온도를 실험해보는 것도 브루잉 커피를 즐기는 과정이다. 대체로 추출하는 시간이 길어질수록 물의 온도가 낮아야 커피의 향미가 좋다. 물의 온도가 높은데 추출 시간을 길게 가져가면, 열이 커피 맛을 떨어뜨릴 위험을 감수해야 한다.

감히 그 이름을 말할 수 없는 사랑, 커피 첨가물

아마 많은 독자들이 습관처럼 커피에 액상 크림이나 설탕 또는 두 가지를 함께 넣어서 마실 것이다. 나는 이 책을 읽는 독자들에게 간단하지만 다소 어려운 요청을 하고자 한다. 첨가물을 넣기 전에 먼저 커피 맛을 보자. 매번 아무것도 넣지 않은 커피부터 마셔보라. 그리고 그 커피에서 어떤 향미가 나는지 주의 깊게 확인한 후 좋아하는 첨가물을 넣고 향미가 어떻게 바뀌는지 확인해보라. 확인한 후에는 원하는 첨가물을 마음껏 넣어도 좋다.

평소 카페라테를 주로 마신다면, 때로는 카페라테와 별도로 에스프레소 한 잔을 추가해서 시켜보자. 먼저 에스프레소를 마신 후 카페라테를 마셔보라. 우유가 당신의 커피에 어떤 영향을 주는가? 우유가 커피에서 어떤 맛을 살리고 어떤 맛을 죽였는가? 제대로 로스팅한 원두를 정말 좋은 기술로 추출한 후 첨가물 없이 마시는 맛에 익숙해질수록, 여러분은 점점 블랙커피를 좋아하게 될지도 모른다. 그렇다면 어떤 커피든 블랙으로 마실 때가 맛이 더 뛰어날까? 그 부분에 대해서는 건드리지 않겠다. 어쨌든 블랙커피에는 장점이 많다. 첨가물을 넣는 커피보다 만들기가 간단하고 맛이 깔끔하며 칼로리도 낮다. 그야말로 진정한 커피라고 말할 수 있다.

푸어오버 커피

1잔 분량, 300mL

푸어오버 커피를 더 맛있게 추출하기 위해 꼭 필요한 두 가지 기구를 꼽자면 그램 저울과 드립포트를 들 수 있다. 드립포트로 물을 부어주면 물줄기를 정밀하게 조절할 수 있어서 추출하는 커피의 질이 일정하게 유지된다.

머그컵 용량은 보통 300mL이다. 물은 1mL가 곧 1g이므로, 물의 무게와 부피를 한 번에 알려주는 그램 저울에 추출 기구를 올려놓고 영점을 맞춘 뒤 드립퍼에 붓는 물의 무게를 정확히 확인하면서 추출을 진행할 수 있다. 또한 타이머를 장만해두면 중요한 정보인 물을 붓는 속도와 추출 시간을 계산할 수 있고 온도계가 있으면 추출 온도에 대한 정보를 얻을 수 있다. 아침 식사 전 모닝커피를 내리는 시간은 커피 정보를 수집하기에 최적인 시간!

푸어오버 커피를 내릴 때 필요한 준비물
- 질 좋은 물 2½컵(590mL)
- 드립포트
- 그램 저울
- 원두 25~35g
- 커피 그라인더
- 열전대 온도계 또는 일반 온도계
- 세라믹 드립퍼
- 컵
- 종이 필터(양마나 대나무 소재의 필터가 가장 좋다)

커피를 추출할 때 질 좋은 물 300mL가 필요하므로, 일단 주전자나 냄비에 그 두 배 분량인 600mL의 물을 담는다. 끓인 물 중 일부는 드립퍼와 커피 잔을 데우는 데 쓸 것이다. 센 불에 주전자를 올리고 가열한다.

물을 끓이는 동안, 원두의 무게를 달아서 덜어놓는다. 원두의 양은 원하는 추출 비율에 따라 결정하는데 15:1의 비율을 원한다면 20g, 10:1의 비율을 원한다면 30g을 덜어놓는다. 준비한 원두를 엄지와 검지로 집어서 눌렀을 때 입자가 뭉쳐질 정도로 곱게 분쇄한다. 입자가 부드러우면서도 약간 모래 같은 느낌이 나야 한다. 적어도 집에서 커피를 내릴 때는 분쇄된 원두 입자의 크기와 고른 정도가 상당히 중요한 요소가 된다. 블루보틀 같은 전문 로스터리에서는 그라인더 구입을 검토할 때 입자 크기가 얼마나 균일하게 나오는지, 미분이 얼마나 발생하는지를 신중하게 평가한다. 하지만 가정에서는 직감에 따라 분쇄도를 결정하므로 그라인더의 분쇄도 설정을 다양하게 바꿔서 시도해보며 본인이 선호하는 분쇄도를 찾으면 된다.

물이 끓으면 드립포트에 넣고 온도가 85~96℃로 떨어질 때까지 기다린다(물 온도는 추출하는 커피의 종류와 원두의 로스팅 정도를 고려해서 결정한다. 75쪽 참고). 드립포트에 넣고 남은 물로는 도자기 드립퍼와 컵을 데운다.

드리퍼에 필터를 끼우고 분쇄한 원두를 붓는다. 완만한 언덕처럼 자연스러운 형태로 담겨야 한다. 따뜻하게 데운 빈 잔을 그램 저울 위에 올리고 분쇄한 커피가 담긴 드리퍼를 컵 위에 얹은 후 저울의 영점을 맞춘다.

먼저 소량의 뜨거운 물을 필터 가장자리에 물이 닿지 않도록 조심하면서 25센트짜리 동전 크기로 커피가루의 중앙에서 바깥쪽으로 원을 그리며 부드럽게 천천히 붓는다. 이때 목표는 물이 드리퍼 밑에 있는 컵에 떨어지지 않고 커피가루 전체에 충분히 스며들 정도로만 붓는 것이다. 커피는 보통 물을 머금으면 무게가 두 배로 늘어난다. 이 사실을 기억해두면 그램 저울 위에 컵과 커피가루가 담긴 드리퍼 세트를 설치했을 때 무게를 확인한 다음 물을 커피가루에 스며들 정도로만 붓기가 수월해진다. 예를 들어 컵과 드리퍼 세트를 저울에 달아 영점을 맞춰놓고 필터에 커피가루 35g을 담았다면 무게가 70g이 될 때까지 물을 부어주면 된다. 어떤가! 이 방법은 커피가루를 충분히 적시고도 컵에 한 방울도 떨어지지 않도록 물을 붓는 기술이다. 커피가루는 고르게 적셔줄수록 더 많은 물을 흡수한다. 물줄기를 끊지 않고 한 번에 커피가루 두 배 무게에 딱 맞춰서 부을 수 있겠는가? 1.75배가 되거나 2.25배가 되지는 않겠는가?

커피가루에 물을 적시는 과정[1]을 제대로 해내면 만족감이 든다. 단순히 무게를 딱 맞춰서 만족한다는 의미가 아니라, 이 과정을 제대로 수행했는지 여부가 추출하는 커피의 풍미에 영향을 준다는 것이다. 커피가루가 젖으면 뜨거운 물이 커피가루를 바깥쪽으로 팽창시키는 과정에서 표면이 부풀어 오르며 매력적인 광경을 연출한다. 커피가 부풀어 오를 때 30~45초 정도, 로스팅한 지 일주일이 넘었다면 최대 60초까지 기다린다. 로스팅한 지 비교적 시간이 지난 커피는 부풀어 오르는 시간을 조금 길게 잡으면 깊고 싱그러운 풍미를 더 많이 우려낼 수 있기 때문이다.

이번에는 드리퍼에 더 많은 물을 붓는다. 다시 필터 중앙에서 바깥쪽으로 작게 원형을 그리며 천천히 물을 붓는다. 이때 물을 부은 지점에 모자 모양처럼 연한 갈색 거품이 솟아 올라온다. 블루보틀에서는 이렇게 거품이 올라온 모습을 '양송이버섯'이라고 부른다. 물줄기는 커피가 필터에서 컵으로 떨어지는 속도를 일정하게 유지하도록 조절해야 한다. 다시 말해서 필터 안에 물을 머금은 커피 혼합물의 높이가 점점 올라가거나 점점 내려가게 두면 안 된다는 뜻이다. 또한 양송이버섯, 즉 물과 커피가 섞인 혼합물의 높이는 드리퍼의 3분의 2 정도 지점을 딱 유지해야 한다. 커피가 컵으로 추출되는 속도는 1초에 1~2mL(¼~⅓티스푼) 정도를 목표로 한다. 1테이블스푼이 15mL이므로 7~17초에 1테이블스푼의 양을 추출하면 된다.

기억하라. 추출 속도는 물 붓는 속도뿐만 아니라 커피의 양, 분쇄한 원두의 입자 크기, 미분 발생률, 물 온도와 같은 여러 변수들의 작용으로 결정된다. 그러므로 무조건 물줄기가 원인이라고 단정 짓지는 말자. 그리고 물을 천천히 끊어지지 않게 붓지 못한다고 바로 실망하지도 말자. 물줄기를 조절하는 것은 기술이다. 그저 반복해서 연습하면 된다.

일단 원하는 양의 물을 다 부었고 커피가 일정량 추출됐으면 드리퍼를 빼준다. 추출이 거의 막바지에 이르면 커피에서 좋지 않은 향미 성분이 빠져나오므로 필터에 주입한 물이 컵으로 다 떨어지기 전에 드리퍼를 빼야 커피 맛이 더 좋기 때문이다.

이렇게 추출한 커피를 마셔보면, 거기에 들어간 정성과 기술에 감탄하게 될 것이다. 필요하다면 다시 위 과정을 반복한다.

---

1 우리나라에서는 보통 뜸들이기 과정이라고 부른다.

프렌치프레스

프렌치프레스로 추출하면 커피가루를 필터로 거르지 않기 때문에 프렌치프레스 지지자들이 그렇게 찬양해 마지 않는 커피 향이 풍부하게 느껴지는 '진한 커피'가 우러나온다. 그래서 프렌치프레스로 추출한 커피는 첨가물이 잘 어울리는 편이다. 액상 크림을 넣으면 특유의 텁텁한 느낌이 사라진다. 첨가물을 좋아하지 않더라도, 커피의 특성 중 묵직한 바디감을 가장 중요하게 생각하는 사람이라면 프렌치프레스가 최고의 선택이 될 것이다.

한 가지 주의할 점은 커피를 종이 필터로 걸러내지 않는 만큼 과다 추출에 취약하다는 것이다. 다른 추출법보다 우려낸 커피에 커피 입자가 많이 들어가서, 컵에 담아두는 동안에도 이 커피 입자 속에 든 화합물로 인해 추출이 계속 일어난다. 그러므로 프렌치프레스로 추출할 때는 필터를 바닥까지 누른 후 바로 커피를 따라내야 하며, 따라 낸 커피는 가능한 빨리 마셔야 한다. 어떤 커피든 보온판에 올려놓거나 보온병에 담아놓고 나중에 마시는 것은 결코 좋은 방법이 아니지만, 특히 프렌치프레스로 내린 커피를 그런 식으로 방치하면 커피 맛이 끔찍하게 변한다. 보통 프렌치프레스로 내린 커피를 차갑게 식히면 끊임없이 추출되는 현상이 줄어들어서, 사이펀이나 푸어오버 방식으로 내린 커피만큼 기분 좋은 커피 맛을 유지할 수 있다. 대체로 추출액 속에 커피 입자가 적을수록 차갑게 식혔을 때 커피 맛이 좋다. 곧 언급하겠지만 필터를 누르기 전에 일부 커피가루를 걷어내면 과다 추출 문제가 조금 완화될 수는 있으나, 완전히 해결되지는 않는다.

프렌치프레스 커피

프렌치프레스 커피는 물 355mL에 분쇄 커피 20~35g 비율로 추출하며, 진하게 로스팅한 원두를 쓰거나 첨가물을 넣어서 마시려면 커피를 추가로 더 넣는다. 약하게 로스팅한 원두를 쓰거나 첨가물 없이 커피를 진하게 마시고 싶다면 12대 1 정도의 추출 비율, 즉 물 355mL에 분쇄 커피 28g 정도를 넣은 후 필터를 밀어 넣어 커피가루를 걸러내기 전에 구멍이 뚫린 스푼slotted spoon으로 저어주는 방법을 추천한다.

프렌치프레스 커피를 내릴 때 필요한 준비물
- 질 좋은 물
- 그램 저울
- 원두
- 커피 그라인더(가능하면 버 그라인더를 준비한다)
- 열전대 온도계 또는 다른 온도계
- 프렌치프레스
- 젓가락이나 나무 스푼
- 타이머
- 중간 크기의 구멍이 뚫린 스푼(선택사항)

커피 두 배 분량의 질 좋은 물을 주전자나 물을 가열하는 기구에 담아서 끓인다(커피 추출에 쓸 물을 제외한 나머지 물은 프렌치프레스 기구나 컵을 데우는 데 쓴다).

물을 끓이는 동안 원두의 무게를 달아서 덜어놓는다. 원두의 양은 원하는 추출 비율에 따라 정하는데, 물 355mL당 15:1의 비율을 원한다면 20g, 10:1의 비율을 원한다면 35g을 덜어놓는다. 원두는 모래 정도의 크기로 분쇄해야 한다. 해변에 깔린 모래 위를 걸었을 때 딱 기분 좋을 만큼의 크기가 적당하며 너무 가루처럼 고우면 안 된다.

물이 뜨겁지만 아직 완전히 끓지 않은 92℃ 정도에서 불을 꺼준다. 뜨거운 물을 조금 덜어서 빈 프렌치프레스에 넣고 기구를 따뜻하게 데워준다. 몇 초 후 프렌치프레스에 담았던 물을 컵에 옮겨 담아 마찬가지로 데워준다.

분쇄한 원두를 프렌치프레스 포트에 넣고, 원하는 추출 비율에 따른 양 만큼의 물을 커피가루 위에서 물줄기를 가늘게 내린다는 마음으로 붓는다. 커피가루가 물과 섞이도록 젓가락으로 부드럽게 저어준다. 필터가 물에 뜬 커피가루 위 1.3cm 지점에 위치할 수 있도록, 필터가 달린 뚜껑을 포트 위에 올린다. 이 상태로 커피를 3분 동안 우린다.

뚜껑을 열고, 아주 묵직한 바디감을 원한다면 잠시 젓가락으로 커피 추출액을 부드럽게 휘젓는다. 반면 좀 더 깔끔한 바디감을 원한다면 휘젓지 말고, 구멍이 뚫린 스푼으로 커피가루를 건져낸다.

다시 뚜껑을 포트 위에 얹고 막대 손잡이를 눌러 커피가루를 포트 바닥까지 내려준다. 필터가 바닥까지 내려가는 동안 거의 저항이 없다면 원두를 너무 굵게 분쇄했다는 뜻이고, 바닥까지 누르기 위해 힘을 세게 줘야 한다면 원두를 너무 곱게 분쇄했다는 뜻이다. 프렌치프레스로 추출할 때 너무 미세하게 분쇄한 원두를 쓰면, 필터를 바닥까지 누르려고 씨름하는 동안 막대가 회전하면서 가열된 물과 커피가루가 사방으로 뿜어져 나올 수도 있다. 프렌치프레스는 6.8~9.1kg의 압력으로 부드럽게 천천히 눌러주는 것이 가장 좋다. 이것이 어느 정도 압력인지 감이 잡히지 않는다면 손바닥을 펴서 체중계에 댄 다음 9.1kg이 될 때까지 쭉 눌러보라. 필터가 바닥에 닿을 때까지는 15~20초 정도 걸려야 한다.

필터가 바닥까지 내려갔다면, 커피를 바로 컵에 따라서 마신다.

일본에서 마신 커피, 차테이 하토, 융드립(넬 드립)

일본의 커피 문화는 전 세계에서 손에 꼽힐 정도로 매우 섬세하며 우리 블루보틀에서 제조하는 커피에 엄청난 영향을 미쳤다.

　일본은 수동 추출 커피manual-brew coffee, 그중에서도 특히 사이펀과 푸어오버 커피의 역사가 깊다. 일본 커피의 역사는 에도시대였던 1800년대 중반부터 시작된다. 당시 일본에서는 네덜란드를 제외한 모든 서양인과의 접촉이 금지되었고, 일본인 중에서도 상인과 매춘부만이 나가사키 시 안에서 네덜란드인들과 만날 수 있었다. 네덜란드인들이 식민지인 인도네시아 자바에서 경작한 커피를 일본에 소개한 후, 태평성대가 길게 이어진 에도시대에 뿌리를 내린 장인정신에 대한 일본인들의 사랑이 커피를 둘러싼 신문화를 발전시켰다.

　메이지 시대(1868년~1912년)에 급격한 산업화가 이루어지면서 커피는 일본 사회에서 더 크게 주목받게 된다. 당시 일본은 서양 국가의 강요에 못 이겨 불평등한 조약을 체결했고, 그 불평등 조약에 위협받던 자주권을 지키기 위해 강력한 부국강병의 기틀을 마련하려 했으며 경쟁력을 높이기 위해 서양의 가치관을 받아들이기 시작했다. 그러면서 커피를 마시거나 전함을 건조하는 것 같은 서구의 문물을 받아들이고 유럽인처럼 옷을 입는 것이 사회적으로 자연스러운 현상이 되었다.

　일본의 카페 문화는 1920년도에 처음 꽃을 피웠으나, 제2차 세계대전으로 8년간 커피 통상 금지령이 내려지며 갑자기 끝났다가 1940년대 말~1950년대 초에 다시 활성화되었다. 일본에 가보면 지금도 세계에서 가장 섬세하고 우아하게 커피를 내려주는 카페들이 있다. 나는 도쿄나 교토, 고베만큼 커피를 만들어서 서비스하는 과정을 완벽하게 통제하려 애쓰는 카페가 많은 도시를 본 적이 없다. 물론 어디나 그렇듯 커피 맛이 엉망인 카페들도 있지만, 훌륭한 카페들은 아주 검손하면서도 완벽한 방법으로 그 카페의 훌륭함을 증명한다.

　미국에서 최고로 치는 카페와 달리 일본 최고의 카페들은 생긴 지 오래됐고 진부하며 세련된 모습과는 거리가 멀다. 이런 카페에는 에스프레소 머신이 없으며, 큰 주전자로 물을 끓일 때 필요한 인덕션 몇 개를 제외하면 나머지 추출 기구는 아주 소박한 것들뿐이다. 단골 고객은 재킷이나 카디건이 잘 어울리는 50~60대가 주를 이룬다. 스피커에서는 클래식 음악이 잔잔하게 흘러나온다. 단골 고객처럼 가구들도 보통 짙은 색에 잔잔하고 기품 있는 분위기를 풍긴다. 이 최고의 카페들은 대부분 서양인이 찾기 힘든 골목길이나 이층에 자리 잡고 있으며, 간판과 메뉴가 일본어로만 적혀있어서 알아보기가 힘들다.

　내가 세상에서 제일 좋아하는 카페 중 하나인 차테이 하토茶亭羽當도 마찬가지이다. 차테이 하토는 도쿄 시부야 역 근처에 있는데, 기대 이상의 감미로운 커피 맛과 어울릴 만한 위치는 아니다. 시부야역 주변은 뛰어난 패션 감각을 자랑하는 젊은이와 전자제품 매장, 파친코 영업장, 라면 전문점, 매출이 전 세계 최상위권이라는 소문이 자자한 스타벅스 매장들로 가득하다. 하지만 번화가에서 조금만 벗어나도 소음이 한결 잦아든다. 정확한 위치를 찾아서, 문이 열린 시간에 가야(서양인들 생각으로는 조금 이상하지만 이런 유형의 카페는 보통 오전 11시에서 오후 11시까지 영업을 한다) 고요하다 싶을 정도로 조용한 골목길 모퉁이에 있는 이 작은 카페에 들어갈 수 있다. 내가 실제로 차테이 하토를 방문한 횟수는 열 번이 조금 안 되지만, 나에게 이곳은 커피를 만들고 마시는 방식의 길잡이로서 대단히 중요한 위치를 차지한다. 나는 일을 하는 날이면 하루도 빼놓지 않고 차테이 하토를 생각한다.

　나는 차테이 하토에 갈 때마다 굉장히 기쁜 마음과 의기소침한 마음 사이에서 오락가락하다가 녹초가 된다. 이렇게 비길 데 없이 출중하고 기대 이상으로 훌륭한 모습을 직접 볼 수 있어서 기쁘고, 나도 이렇게 세밀하고 완벽한 기술로 커피를 내리고 싶은 마음이 굴뚝같지만 열심히 연습해도 그 정도로 솜씨가 좋아지거나 그 기술을 터득할 날이 영원이 오지 않을지도 모른다는 생각에 의기소침해진다.

차테이 하토를 방문할 때, 첫 번째 단계는 일단 카페 안으로 들어가는 것이다.

카페에 들어가면 자리에 가서 앉아야 할지 안내를 기다려야 할지 애매모호한 분위기이다. 내 생각에 이 카페 직원들은 서양인이 오면 길을 잃고 잘못 들어왔거나 원하는 분위기가 아니라 실망한 것은 아닌지 확인하는 기색이 역력하다. 그래서 직접 분위기를 파악할 수 있도록 잠시 시간을 주는 경향이 있다. 직원들은 우리가 잘못 들어온 게 아니라고 확실하게 의사 표시를 해주면 흡족한 눈빛으로 들어가서 앉으라는 몸짓을 한다. 사실 이곳은 케이틀린과 내가 길을 잃어서 들어온 곳이 아닐뿐더러, 우리가 이 세상에서 가장 커피를 마시고 싶은 곳이라고도 말할 수 있다. 내부에 들어가면 테이블 좌석이 있고, 긴 바 앞에도 열두 개의 좌석이 있다. 우리는 직원에게 바 자리에 앉고 싶다고 애절한 눈빛을 보낸다.

바 뒤쪽 벽에는 수십 개에 이르는 우아한 찻잔과 컵받침 세트가 진열되어 있다. 로얄덜튼, 웨지우드, 색깔과 무늬가 다양한 일본 브랜드 찻잔에 다이애나 왕세자비의 결혼이나 비틀즈의 마지막 도쿄 콘서트를 기념하는 잔까지, 용량도 60mL에서 240mL까지 다양한 찻잔 세트가 뭘 골라야 할지 모를 정도로 많이 진열되어 있다.

일본어로 적힌 메뉴판을 주기 때문에 우리가 할 수 있는 최선은 "만델링?" "에티오피아?" "탄자니아?" 하는 식으로 커피 원산지나 품종 이름을 대는 것이다. 그런 다음에는 "페이퍼 필터 드립?" "데미타세?" 이런 식으로 의사소통을 시도한다. 차테이 하토에서 데미타세demitasse란 플란넬 소재의 천으로 만든 드리퍼를 철사로 만든 고리에 걸어서 커피를 추출하는 융드립을 의미한다. 융드립으로 추출한 커피는 추출 비율 폭이 아주 좁고 추출 온도가 굉장히 낮으며 너무하다 싶을 정도로 번거로운 과정을 거치기 때문에, 커피가 놀라울 정도로 진하고 그 어떤 방법보다도 정교한 단맛이 난다(융드립에 대한 더 자세한 설명은 88쪽 참고).

메뉴판에 가격이 나와있겠지만 신경 쓰지 않는 편이 낫다. 이 카페에서 파는 커피는 15달러가 넘을 수도 있다. 도쿄는 물가가 비싼 도시라 4달러 상당의 돈을 지불하고도 도토루 카페에서 맛없는 카푸치노를 마시는 것이 고작이거나, 1달러로 자판기에서 캔 커피 하나를 뽑는 것이 다일 수 있다. 그런 관점에서 보면, 인생이 달라질 만큼 완벽한 커피를 15달러에 마시는 것은 저렴한 셈이다. 아, 그리고 차테이 하토에 가면 케이크를 꼭 먹어야 한다! 도쿄에는 날마다 오후 2시 정도가 되면 열정적으로 디저트를 찾는 고객들에게 케이크와 커피를 파는 베이커리나 카페가 가득하다. 차테이 하토는 시폰 케이크가 유명하기 때문에 우리는 시폰 케이크를 손으로 가리켜 주문한다.

일단 주문을 끝내면 바리스타가 우리를 뚫어지게 바라본 후 등을 돌리고 찻잔이 진열된 벽을 쭉 훑어본다. 그의 뒷모습은 이렇게 말하는 것처럼 보인다. "어떤 잔으로 하지? 백여 개의 잔 중에 저 손님에게 딱 맞는 잔은 무엇일까?" 시간이 조금 걸릴 수도 있다. 마침내 바리스타가 우리에게 딱 어울리는 잔을 결정하면 케이틀린과 나는 둘 다 안도의 한숨을 내쉰다.

자신이 고른 찻잔을 우리가 만족해하는 것 같으면 바리스타는 커피 내리는 작업을 시작한다. 그라인더와 원두는 바 뒤쪽에, 커피를 내리는 도구는 바 앞쪽에 있다. 바리스타는 커피를 담기 위해 대나무 손잡이가 달린 융 드리퍼를 불룩하게 펴서 모양을 맞게 잡아주며 손질한다. 그리고 아주 오래전에 출시된 후지 로얄 그라인더에 원두를 한 스푼 넣고 분쇄한다. 이 그라인더는 모터와 원두를 갈아주는 버(칼날)가 긴 막대를 사이에 두고 분리된 모델이라서 분쇄하는 동안 모터의 마찰열이 원두에 전달되지 않는다.

원두를 아주 굵게 갈아서 융 안에 넣은 뒤 융 드리퍼를 특이하게 생긴 임시 거치대에 올려놓는다. 커피의 양은 굉장히 많이! 물과 커피의 추출 비율은 4:1로 맞춰야 한다. 바리스타는 커다란 주전자에 담아 인덕션 위에서 끓인 물을 작은 드립포트에 옮겨 담는다. 물의 양이나 온도를 계량하는 도구가 따로 보이지는 않는데, 그램 저울과 온도계로 추출하는 연습에 오랜 시간을 투자해 정확한 계량이 몸에 배었다는 것을 온 몸으로 증명하듯 바리스타는 고객에게 항상 능숙하게 커피를 내려준다.

바리스타는 드리퍼에 물줄기를 내리기 시작한다. 드립포트는 바리스타가 가진 기교를 선보이고 어떤 커피를 내리고 싶은지 표현하게 해주는 도구이다. 바리스타는 커피가루 바로 위에서 25센트짜리 동전 크기로 동그라미를 그리며 물줄기를 천천히 떨어뜨린다. 물줄기가 매우 느리기 때문에 쭉 이어지지 않고 동글동글한 물방울이 잇달아 똑똑똑 떨어져, 알이 굉장히 작은 진주 목걸이가 드립포트에서 빠져나와 융 드리퍼 안으로 들어가는 것처럼 보인다. 물 붓는 속도는 물방울이 절대 끊기거나 후드득 떨어지지 않도록 아주 정밀하게 조절한다. 커피가루를 만난 물은 조용히 눈물을 흘리는 듯한 소리를 내면서 계속해서 완벽하게 줄지어 내려온다. 이렇게 1~2분 정도가 지나면 우리는 뭔가 수상한 낌새를 알아차린다. 이런, 융 드리퍼 밑에 잔이 없네! 곧 커피가 새어나와 바 바닥에 떨어질 태세다! 하지만 당연히 바리스타는 물을 붓고 정확히 얼마의 시간이 지나면 드리퍼에 담긴 커피가 물을 흡수하는 능력을 다하는지 알고 있다. 커피가 융 밖으로 나와 바닥에 떨어지기 몇 초 전, 바리스타는 사람의 마음을 녹이면서도 품위를 지키며 선보이는 이 쇼맨십이 근무 시간에 은근히 즐길 수 있는 만족감의 전부라는 듯 커피 잔을 융 드리퍼 밑으로 점잖게 밀어넣는다.

이때부터 바리스타는 물줄기를 끊지 않고 몇 분 동안 부어서 90mL인 데미타세 잔이 다 채워질 때까지 커피를 추출한다. 추출이 끝난 커피는 항상 커피 잔 손잡이가 오른쪽에 오도록 해서 내 정면에 놓아주고, 소꿉놀이용 장난감처럼 조그마한 물병에 담긴 액상 크림과 앙증맞은 용기에 담긴 시럽, 우아한 티스푼을 작은 받침 접시에 가지런히 올려서 내 왼쪽에 놓아준다. 물론 나는 한 번도 커피에 첨가물을 넣으려고 생각해본 적이 없다. 케이크는 내놓기 몇 분 전에 잘라서 냉장고에 넣고 살짝 굳혀 내 오른쪽에 놓아준다. 차테이 하토에 갈 때마다 나는 이런 걱정을 한다. '이번에는 내가 기억하던 것만큼 맛이 훌륭하지 않으면 어떡하지? 지난번 방문 이후로 시간도 흘렀겠지, 일본식 커피를 이상화하는 내 성향 때문에 실제로 나온 커피가 기대치를 충족시키지 못하면 어떡하지?' 그리고 매번 첫 모금을 마시면 긴장을 풀고 안심한다. 대답은 당연히 "그럴 일은 없다."이다.

나는 커피를 몇 모금 마신 후 주위를 둘러본다. 바 한쪽에서 연차가 낮은 바리스타가 타공팬에 원두를 부은 후 겹치지 않게 고루 펼친다. 그는 모든 원두를 의심에 가득 찬 눈빛으로 자세히 살피며 기준에 못 미치는 원두를 골라낸다. 팬에 한 번 담는 원두의 양은 680g 정도 되어 보였다. 차테이 하토에서는 직접 커피를 로스팅하지 않고 여러 공급 업체에서 원두를 구입해 사용한다. 그 바리스타는 커피에 따라 팬에서 50개의 원두를 골라내기도 하고, 아예 절반가량을 버리기도 한다. 이 모습을 보면 차테이 하토가 일하는 방식을 엿볼 수 있다.

바 반대편에서는 젊은 여성 직원이 시폰 케이크에 초콜릿 가나슈처럼 보이는 크림을 바르고 있다. 크림을 바는 아이싱 기술은 완벽하다. 나의 사랑스런 아내 케이틀린은 오프셋 스패출러offset spatula[2]를 현란하게 잘 다루지만, 아내도 그 직원이 시폰 케이크에 아이싱하는 모습을 넋을 잃고 바라본다. 그 케이크는 시폰 전용 팬으로 구웠기 때문에 케이크 중앙에 작은 구멍이 뚫려있다. 아이싱 과정이 점점 마무리 단계에 들어서자 슬며시 이런 기대감이 들었다. '저분이 구멍 안쪽에도 크림을 바를까?' 그 직원은 오프셋 스패출러를 내려놓은 뒤 소형 스패출러를 집어 들었다. 그래, 그거야! 그리고 시폰케이크의 작은 구멍 안쪽에도 크림을 바른다. 이래서 차테이 하토에서 커피를 마시는 시간이 좋다. 차테이 하토는 모든 원두를 철저하게 확인하고 모든 케이크를 깔끔하게 아이싱한다. 그리고 이곳에서 파는 커피는 하나같이 완벽한 조건에서 추출한 커피를 마셔보는 경험을 선사한다.

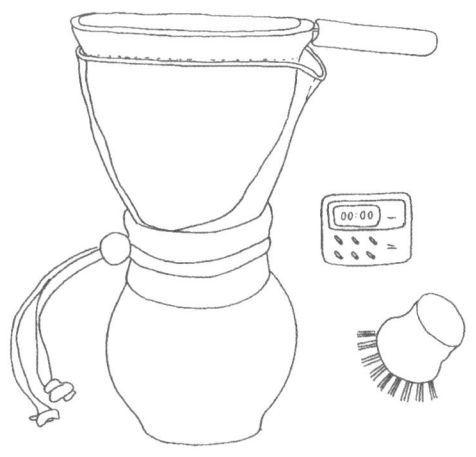

---

2 손잡이 앞부분이 L자로 꺾인 스패출러

융드립 커피(넬 드립 커피)

일본에서 플란넬 필터(줄여서 '넬'이라고 부른다)로 내리는 커피는 그 시작이 1920년대로 거슬러 올라갈 정도로 역사가 길다. 지금 일본에서 융드립은 다소 구식으로 여겨지지만, 다시 미국에서 부활해 달콤한 인기를 얻고 있다.

일본과 미국에서 융드립으로 커피를 내리는 방식에는 수십 가지의 종류가 있다. 우리 블루보틀은 전 세계에서 가장 섬세하고 영감을 안겨주며 정제된 추출법을 선보이는 차테이 하토(84쪽 참고)에 여러 번 방문하면서 대화를 나누고 정리한 내용을 바탕으로 재구성한 융드립 방식을 가장 선호한다.

내가 처음으로 융드립 커피를 마셔본 것은 도쿄 긴자 지역에 있는 카페 드 람브르Cafe de L'ambre 커피숍에서였다. 람브르의 융드립 커피는 정성과 노력이 굉장히 많이 들어가며 커피를 추출하는 양에 비해 쇼맨십이 차지하는 비율이 너무 커서 당혹스러웠다. 어쨌든 일단 커피를 마시자, 살면서 이 정도로 감미롭고 복합적으로 어우러지면서 놀라울 정도로 바디감이 풍부한 커피를 마셔본 적이 없었다는 사실에 어안이 벙벙하다가 불쑥 분노가 치밀어 올랐다. 나는 왜 지금까지 이런 커피를 내리지를 못했던 걸까?!

이런 융드립 방식의 특징은 거의 79℃까지 내려갈 정도로 낮은 온도의 물을 아주 천천히 주입하며 비교적 로스팅한 지 오래된 커피를 굵게 갈아서 아주 폭이 좁은 추출 비율로 내린다는 것이다. 내가 느낀 융드립 커피의 매력은 질감이다. 정말 잘 뽑아낸 융드립 커피는 밝고 풍부하다. 강렬하지 않지만 에스프레소만큼 탄탄하고, 거칠지 않으면서 프렌치프레스보다 진하다. 질감이 시럽처럼 혀에 착 감기면서 무겁지는 않다. 잡아주는 힘은 에스프레소보다 떨어지지만 끝 맛은 더 진하다. 다수의 미국 커피 전문가들은 융드립이 추출 온도가 너무 낮고 추출 비율 폭이 너무 좁으며 너무 굵게 분쇄한 원두를 쓰기 때문에 '잘못된' 추출이라고 생각한다. 하지만 섬세하게 조정한 과소 추출로 내린 이 커피가, 전통적인 브루잉 추출 방식으로 내린 커피에서는 맛볼 수 없었던 경이로울 정도로 다양한 향미를 선사한다. '정확하게' 추출한 커피로는 어떤 추출 방식을 쓰든 나올 수 없는 동전이나 카카오 조각, 시럽에 담근 밀감 통조림이나 토마토 절임 같은 향미가 나오는 일도 있다. 그런 향미를 한번 맡아보면, 융드립으로 제대로 추출한 기품 있는 커피가 굉장히 진귀한 보석처럼 느껴질 것이다. 우리가 알아낸 바에 의하면 융드립은 밝고 산뜻한 편에 속하는 커피를 로스팅하고 어느 정도 시간이 지난 후에 추출했을 때 가장 맛있게 즐길 수 있다. 우리는 미디엄 로스팅 또는 조금 더 강한 단계로 로스팅한 후 3~4일에서 3~4주까지 지난 인도네시아나 브라질산 커피를 융드립으로 즐긴다. 약하게 로스팅한 중앙아메리카 지역이나 아프리카산 커피는 로스팅한 지 열흘 이상 지나야 맛이 제대로 우러난다. 우리는 지금까지 경험해본 추출법으로는 감히 상상할 수 없었던, 로스팅한 지 무려 6주가 지난 원두로 융드립 커피를 추출해 잊을 수 없는 황홀한 맛을 음미하기도 했었다.

우리는 융드립했을 때 느낄 수 있는 단맛이 충분히 우러나온 마데이Madeira라 와인[3] 같은 질감을 사랑한다. 아폴로적인 융드립으로 추출하면 우리가 좋아하는 또 다른 추출법인 디오니소스적인 사이펀에 비해 맛이 진하고 치밀하며 들인 노력만큼 매우 합리적인 결과물을 얻을 수 있다. 사이펀은 술의 신 디오니소스처럼 변화무쌍하고 원시적이며 이 세상의 것이 아닌 것처럼 영묘하게 생겼다(사이펀에 대한 자세한 설명은 95쪽 참고). 융드립 기술은 정말

---

[3] 마데이라 섬에서 생산되는 주정강화 와인

어려운 기술에 속하므로, 융드립을 처음 시작하는 사람이라면 수많은 연습과 몇 번의 실망스러운 결과가 기다리고 있을 것이다.

융드립에 필요한 준비물
- 융 드리퍼(융 필터)
- 부드럽고 빗살이 짧은 솔
- 로스팅한 지 1~3주 지난 원두
- 그램 저울
- 커피 그라인더
- 얇은 대나무 막대나 오프셋 스패출러, 혹은 버터 나이프
- 질 좋은 물 약 200mL
- 열전대 온도계
- 드립포트
- 타이머
- 서버

새로 산 융 드리퍼를 처음 사용하는 경우 손잡이 틀에서 플란넬 필터(융 필터)를 벗겨낸 후 끓는 물에 5~10분 동안 담가둔다. 뜨거운 물에서 조심스럽게 건져낸 뒤 융 필터를 청소할 때만 쓰는 깨끗하고 부드러운 솔로 가볍게 빗어준다. 이미 사용한 적이 있는 융 필터를 사용한다면 전용 밀폐용기에서 융 필터를 꺼내기만 하면 된다.

물을 끓이고 커피 40~50g을 분쇄한다. 이때 원두는 입자가 모래 알갱이처럼 날카롭도록, 프렌치프레스용 원두보다 훨씬 더 굵게 갈아야 한다. 분쇄한 원두의 입자는 확대경으로 대보지 않아도 하나하나 쉽게 식별할 수 있어야 한다.

축축한 상태인 융 드리퍼를 들고 손가락 두 개로 융 아랫부분을 꼭 집은 뒤 360~540도로 돌려서 필터가 머금은 물을 짜낸다. 융 드리퍼를 마른 행주에 올려놓고 감싸듯이 덮은 후 행주 양면을 톡톡 두드려 남은 물기를 제거한다. 이 과정을 마친 융 드리퍼는 축축한 느낌이 약간 남아 있고 미지근한 상태이며 겉으로 보기에 융 필터가 축축해 보여야 한다.

융 드리퍼에 커피가루를 수북이 담는다. 융에 담긴 커피가루를 꾹 누르지 않는다.

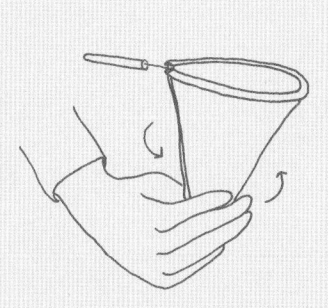 

얇은 대나무 막대나 오프셋 스패출러 혹은 버터 나이프를 커피가루와 융 사이에 부드럽게 밀어 넣고 커피가루를 정리한다.

이때 막대를 융 바닥까지 밀어 넣은 뒤 가장자리를 한 바퀴 돌면서 부드럽게 톱질하는 것처럼 움직인다. 그리고 융에 담긴 커피가루 표면에 막대로 5센트 동전 크기에 압정 깊이 정도로 움푹 들어간 자국을 내준다.

융 드리퍼를 서버 위에 올린다. 이때 서버에 융이 닿지 않아야 한다. 서버와 융 드리퍼를 그램 저울 위에 올리고 영점을 맞춘다. 그리고 그램 저울 옆에 타이머를 준비한다.

드립포트에 뜨거운 물을 담는다. 물을 약 79℃까지 식힌다. 그렇다. 융드립 온도는 일반적인 추출 온도에 비해 매우 낮다.

타이머 시작 버튼을 누르고 아까 커피가루 표면에 낸 5센트 동전 크기의 자국을 따라 물을 떨어뜨리기 시작한다. 물은 당연히 시계 방향으로 붓는다. 그렇게 작은 면적에 부어서 모든 커피가루에 물이 스며들 수 있을까 걱정하지 않아도 된다. 시간과 융 기모의 원리가 그 문제를 해결해줄 것이다. 약 45mL의 물을 45~60초에 걸쳐 부어준 후 45초 동안 멈추고 뜸을 들인다. 커피가루에 거품이 나면서 위쪽으로 부풀어 오르는 것처럼 보일 것이다.

뜸을 들인 후 같은 방식으로 80mL의 물을 60~80초에 걸쳐 아까보다 조금 빠르게 부어준다. 커피 위로 크기나 모양이나 색이 양송이버섯과 흡사한 거품이 솟아오른다. 이때 양송이버섯이 융 드리퍼의 중앙에 오도록 분량의 물을 붓고, 20초 동안 기다린다.

이번에는 물줄기를 더 빠르게 조절해서 60mL의 물을 약 30초 동안 붓는다.

결과적으로 총 185mL의 물을 3분 20초 동안 부은 셈이다. 약 100mL의 물이 서버에 추출액으로 내려왔고, 나머지 물은 커피가루가 머금고 있을 것이다. 추출액이 완전히 다 내려오기 전에 서버에서 융 드리퍼를 분리한다.

이렇게 내린 융드립 커피는 모두가 공감할 만큼 충분히 뜨겁지 않을 수도 있다. 우리의 친구 차테이 하토는 손님에게 커피를 내기 전에 커피를 동 재질의 작은 밀크팬에 부은 후 잠시 약불에 데워서 낸다. 블루보틀에서는 커피를 다시 데울 수 없기 때문에, 커피를 담기 직전에 컵을 아주 뜨거운 물에 데운 뒤 커피를 담아낸다.

융 필터는 추출이 끝나면 항상 뜨거운 물에 헹궈서 양면을 다시 부드러운 솔로 빗어준다. 그러고 나서 전용 밀폐용기에 찬물을 넣고 융 필터를 담근 후 뚜껑을 연 채 냉장고에 보관한다.

축축한 융을 지퍼백에 넣고 밀봉해서 보관해도 괜찮다.

문제점 해결하기 이렇게 융드립을 했는데 맛있는 커피를 내리지 못했다면 아래 요소가 원인일 가능성이 높다.

- 너무 높은 추출 온도
- 너무 고운 분쇄도
- 너무 느린 물줄기 속도
- 로스팅한 지 얼마 지나지 않은 원두
- 부적절하게 관리한 융 필터(오염됐거나 말랐거나 곰팡이가 핀 경우)

일본산 커피 기구

커피 맛에 대한 미국의 독자적인 발전상을 보고 싶은 마음이야 늘 있지만, 싱글오리진 커피의 복잡한 풍미를 표현하기 위해 수동 추출 기법을 활용하는 것은 지난 60년간 일본의 전문 분야였다. 우리가 미국에서 블루보틀 이름을 내걸고 일본의 수동 추출 기법을 시도할 수 있게 해준 고마운 사람이 있다. 바로 UCC에서 캔 커피 세일즈맨으로 일하는 제이 에가미이다.

나는 2003년 겨울에 제이를 처음 만났다. 당시 나는 샌프란시스코 페리플라자 파머스 마켓의 블루보틀 카트에서 커피를 만들고 있었다. 제이는 다른 사람들과 마찬가지로 줄을 서서 기다린 후 내가 만들어준 카푸치노를 받았다. 그리고 샌프란시스코에 본사가 있는 UCC 미국 지부 대표라고 적힌 명함을 건네며, 내가 쓰는 로스터기를 구경할 수 있는지 물었다. 그때까지만 해도 오클랜드에 있는 원예 창고를 로스터리로 쓰던 시절이었다. 사실 제이는 세일즈맨이라 어느 정도는 직업상 그냥 한 말이었을 텐데 나는 당시 내가 인정받았다고 믿었고, 얼마 지나지 않아 우리는 친구가 되었다.

수년간 제이와 친분을 쌓으면서 제이를 통해 일본식 커피에 관한 인터넷 강의를 이수하는 느낌이었다. 나는 2002년에 블루보틀을 시작하며 푸어오버 커피를 팔기 시작했지만, 줄곧 내가 하는 방식을 개선해서 재정비하고 싶었다. 그 마음을 실행에 옮기기 위해 수년간 제이에게 질문을 던졌고, 제이는 UCC 아카데미에 문의해 추출 비율과 추출 시간에 대한 정확한 수치를 알려주는 식으로 응답해줬다. 그렇게 연락을 주고받으면서 제이의 출장 스케줄, 커피와 카페에 대한 열정, 그리고 제이가 내가 아는 어떤 사람보다도 많은 카페에 방문해봤다는 사실을 알 수 있었다. 그 많은 경험을 토대로 제이가 들려주는 카페에 대한 생각과 가치관들은 나에게 훌륭한 기준이 되었고, 커피를 보는 내 시야가 너무 편협해지지 않게 잡아줬다.

2005년 1월 블루보틀의 첫 매장을 개점한 이후, 로스팅 측면에서든 커피를 내리는 바리스타 측면에서든 우리의 우선순위는 에스프레소였다. 푸어오버 커피는 파머스 마켓에서 팔던 방식 그대로 커피가루를 수북이 담고, 물을 많이 붓고, 물줄기를 빠른 속도로 내리고, 막대로 획획 저어서 내렸다. 늘 그렇듯이 이 방법으로 내린 푸어오버 커피는 맛있어 많은 사람들이 좋아했지만 섬세한 맛이 떨어졌다. 나는 어떻게 해야 푸어오버 커피 맛을 개선할 수 있을지 고민했다.

2006년, 제이는 내게 처음으로 본막의 카탈로그를 보여줬다. 본막은 일본 전역의 카페에 커피 기구를 공급하는 UCC의 자회사이다. 카탈로그를 보니 세상에, 이렇게나 커피 기구의 종류가 다양할 수가! 십여 가지의 드리퍼, 드립포트, 사이펀, 사이펀 거치대, 양마 종이 필터, 대나무 종이 필터, 융드립 세트, 할아버지가 쓰시던 시계와 닮은 신비로운 아이스커피용 드리퍼*에다 처음으로 일본 여행을 갔던 열아홉 살 때 도쿄에서 본 적이 있는 사이펀과 사이펀 라이트도 있었다. 당시 미국에서 그렇게 아름다운 기구를 수입할 수 있는 사람은 제이밖에 없었다. 블루보틀은 2007년부터 일본 커피 기구와 기술을 도입하기 시작했고, 2008년 블루보틀 민트플라자 카페를 개점할 때 사이펀 바를 설치하며 정점을 찍었다.

언젠가부터 제이는 미국 전역에서 걸려오는 전화를 받기 시작했다. 나는 그에게서 푸어오버 바를 시작하는 카페나 하리오 기구 매장에 관한 소식을 들을 때마다 제이가 그곳에 도움을 줬다는 사실을 안다. 이제는 일본 커피 기구를 수입하는 업자들이 많아졌지만, 그 누구도 제이 에가미보다 영향력이 크고 해박한 사람은 없다.

* 더치커피 기구를 의미한다.

사이펀 커피를 만나러 가는 길, 블루보틀 민트플라자 카페

사이펀 커피는 1840년대에 프랑스 가정주부와 스코틀랜드 선박 기관사가 거의 동시에 발명했다. 이후 사이펀 커피를 만드는 방식은 수십 년에 걸쳐 다각도로 개량됐지만, '물이 끓을 정도로 충분히 가열하면 수증기가 팽창한다'는 물리학에 근거한 기본 원리는 변하지 않았다.

사이펀 커피는 추출 방식 중 극적인 효과가 가장 뛰어나다. 일본식으로 빔히터를 사용해 사이펀 커피를 추출할 때면, 우리 바리스타들이 마치 로켓 발사 작업을 하는 것처럼 보인다. 블루보틀은 2008년 샌프란시스코에 있는 민트플라자 건물에 미국 최초로 일본식 사이펀 바를 열었다. 이곳에서는 사이펀 전문 바리스타가 만들어주는 싱글 오리진 커피를 주기적으로 바꿔가며 세 가지씩 선보인다. 나는 막 시작하는 사이펀 바에서 일할 직원들을 교육시키면서 그들에게 장난으로 '사이퍼니스타siphonista'라는 별명을 붙여줬다. 그런데 그것이 아예 사이펀 바리스타를 가리키는 용어로 굳어져, 전 세계 곳곳에서 이 용어를 상당히 많이 쓰고 있다(참고로 125쪽에 소개한 지브롤터 탄생 비화를 따라 해봤다거나 한 것은 결코 아니다).

앞에서 언급한 대로 우리는 2005년 1월에 첫 상설 매장인 린덴 스트리트 간이 매장을 열었다. 이 매장은 지저분한 동네에서 고급스러운 지역으로 급부상한 샌프란시스코 헤이즈밸리의 뒷골목 구석에 있는 창고에 자리를 잡았다. 처음에는 이 자리에 매장을 낸 것이 잘못된 판단처럼 보였고, 행위 예술을 하는 것처럼 보이는 에스프레소 머신으로 호기심을 자극해도 하루 매출은 200달러를 겨우 넘기는 수준이었다. 하지만 우리는 이곳에서 커피 만드는 일에 아주 진지하게 임했고, 곧 인근 주민들이 우리 매장을 찾기 시작했다. 그러더니 이웃 지역 사람들도 하나둘 오기 시작했고, 나중에는 다른 도시에 사는 사람들도 찾아와 어느 순간 파머스 마켓 블루보틀 카트 앞에 늘어섰던 줄처럼 손님들이 매장 앞에 길게 줄을 서기 시작했다.

2006년 중반, 나는 린덴 스트리트 매장과 달리 고객들이 비를 맞지 않고 기다릴 수 있는 카페 부지를 알아보러 다니던 중에 우연히 샌프란시스코 시내에 있는 프로비던트 로안 빌딩Provident Loan Building과 마주쳤다. 1906년 대지진이 있기 전부터 비어있었고 지진에도 무너지지 않은 자랑스러운 올드 민트 빌딩 바로 뒤쪽에, 1912년에 완공한 프로비던트 로안 빌딩은 샌프란시스코 '담보 대출' 협회가 계속 사용해오던 건물이다. 전당포 건물이라고 하진 마시라. 이 프로비던트 로안 빌딩 뒤에 있는 우리 매장은 린덴 스트리트 간이 매장과 마찬가지로 지린내가 풍기는 뒷골목을 마주하고 있다. 그래도 어쨌든 매장이 건물 안에 있다! 5.2m 높이의 천장, 건축 당시의 세부 장식이 그대로 살아있는 외관, 북향 창문에서 들어오는 빛이 보기 좋게 조화를 이루며 탁 트인 공간감을 준다. 이 매장은 우아한 구조와 현대적인 인테리어가 조화를 이뤄 사이펀이 꼭 있어야 할 장소 같은 느낌이 든다.

그 덕분에 샌프란시스코에서 가장 위험한 거리가 한 블록 사이에 있고 기본적으로 유동 인구가 전혀 없으며 가장 가까운 대로에서도 거의 눈에 띄지 않는데도 불구하고, 나의 무지한 믿음을 근거로 천진난만하게 임대 계약서에 사인을 했다. 나는 좀 더 영악한 사업가들이 보면 기겁하고 달아났을 장애물을 훌륭한 건축 양식과 사이펀 커피, 토스트로 극복할 수 있다고 믿었다. 일단 사이펀 커피와 아름답게 어울릴 것 같은 장소를 임대하고 나니, 바로 제이 에가미의 도움이 필요해졌다. 제이에게 너무 보잘것없는 현장을 보여주고 싶지는 않았지만, 건물 사진을 보여주며 사이펀 바에, 빈티지 에스프레소 머신으로 추출한 싱글오리진 에스프레소, 아침이나 점심 대용으로 먹을 만한 간단한 홈메이드 식사까지 커피에 관한 모든 서비스가 완벽하게 제공되는 카페 구상안을 설명했다.

놀랍게도 제이는 내 구상안이 괜찮다며 바로 사이펀 바를 주문하는 것이 좋겠다고 말했다. 우리는 사이펀을 연습할 시간을 최대한 확보해야 했다. 나조차도 성공할 거라 확신할 수 없었기에, 이 계획을 많은 사람들에게 알리고 싶지는 않았다. 성공할 수 있을지 확인하려면 거금을 쓰고 기다려보는 수밖에 없었다.

마침내 사이펀 기구가 도착했다. 제이가 트럭에서 커다란 상자 몇 개를 내리자, 우리는 로스터리 카운터 위에 사이펀을 설치했다. 증기구처럼 생긴 다섯 개의 황동 버너, 강렬한 불호박[4]색 빛을 비추며 300mL의 물을 90초 안에 끓일 정도로 광도가 센 라이트, 십여 개의 버튼 이름이 일본어로만 적힌 후지Fuji사의 터치패드, 초 단위로 시간을 잴 수 있는 타이머, 내가 기대했던 세심한 기능들이 손색없이 갖춰진 그 기구를 보고 있으려니, 마치 노틸러스호[5]를 꺼내온 것 같았다. 나는 오르간을 연주하는 대신 사이펀 바에서 커피를 만드는 민트플라자의 네모 선장이 될 것이다!

우리는 사이펀을 로스터리에 보관하면서 로스팅할 때 먼지가 쌓이지 않도록 천으로 덮어두었다. 어느 일요일 오후, 로스팅하는 날이 아니라서 아무도 없는 로스터리에 갔더니 조금은 평화롭고 조용한 분위기에서 새로 구입한 사이펀을 볼 수 있었다. 나는 태연한 자태로 맛이 훌륭한 사이펀 커피를 잇달아 만드는 모습을 상상했다. 나는 상상 속에서 사이펀으로 추출한 커피를 커핑하고 만족스러움이 묻어나는 깊은 한숨을 내쉰 후, 다시 믿을 수 없을 정도로 훌륭한 커피를 만들었다. 그리고 실제로 첫 번째 사이펀 커피를 만들기 시작했다. 사이펀 유리 용기에 담긴 커피가루를 막대로 저을 때는 조금 어설프게 만지작거렸고, 전체적으로 조금 천천히 추출을 진행했다. 그런데 그 라이트 불빛! 그것은 정말 화려한 볼거리였다!

사이펀을 개시할 때 즐기려고 특별히 아껴뒀던 훌륭한 에티오피아산 워시드 원두로 추출을 끝낸 후, 숨을 깊이 들이마시며 커피의 향을 맡았다. 그런데 어라……. 다이너 커피[6]의 향이 났다. 어리둥절해진 나는 커피를 한 모금 마셔봤다. 그 맛은…… 다이너 커피의 맛이었다. 같은 커피로 다시 한 번 사이펀 커피를 추출했다. 또 다이너 커피. 이번에는 질 좋은 브라질산 원두로 내려봤다. 결과는? 역시 다이너 커피. 내추럴 가공한 에티오피아 커피로도 시도해봤지만 역시나 다이너 커피였다.

사이펀 커피를 제대로 추출하려면 배워야 할 것이 많았다. 주의하지 않으면 커피가 너무 뜨거워지는데, 나는 매번 본연의 맛을 찾을 수 없을 정도로 커피를 태우고 있었던 것이다.

사이펀 커피를 일본식으로 추출하는 방법을 제대로 숙달하기란 머리를 쥐어뜯게 될 만큼 어려울 수도 있다. 일본의 사이퍼니스타들은 사이펀 추출에 수년간 매진하고 긴 수습 기간을 거치며, 사이펀 상부 용기(로드)에 담긴 물을 대나무 막대로 세밀하게 젓는 방법을 배워서 커피를 태우지 않는다. 일본에서는 전국의 사이퍼니스타가 모여 사이펀 커피를 제일 잘 추출하는 사람을 선발하는 대회가 있다. 우리 블루보틀에서도 한 번 사이펀 커피 경연대회를 연 적이 있는데, 절로 겸손해지는 인상 깊은 경험이었다.

나는 로드에 커피 없이 물만 넣은 채 막대로 젓는 연습을 반복한 끝에 맛있는 사이펀 커피 기술을 터득했다. 카페 문을 열기 전에 몇 시간씩 연습한 결과였다. 그리고 나는 민트플라자 카페에서 일할 바리스타가 다년간의 훈련이나 수습 기간 없이도 사이펀 커피를 잘 만들 방법을 알아냈다. 우리 블루보틀은 낭만은 조금 떨어지지만 균일한 결과를 내기에 더 좋은 그 방법을 선택했다. 다음 페이지에서 정통 일본식 방법과 함께 그 방법을 소개하겠다.

---

4 빛깔이 매우 붉은 장식용 호박
5 쥘 베른의 소설 『해저 2만리』에 등장하는 네모 선장이 직접 설계한 잠수함
6 저렴한 간이식당에서 나오는 싸구려 커피

사이펀 커피

하리오 TCA2: 1잔 분량, 약 240mL
하리오 TCA3: 1.5잔 분량, 약 360mL

사이펀은 제품 종류가 다양하다. 아래 레시피는 여러 사이펀 제품 중에 하리오 TCA2 또는 하리오 TCA3 제품을 기본으로 한다. 전반적인 원리는 다른 제품에도 적용할 수 있지만 우리의 기술은 하리오를 쓸 때 더 빛을 발하므로 다른 제품을 쓰면 결과가 달라질 수도 있다. 하리오에서 나온 제품이라 하더라도 제품 종류가 미묘하게 다르면 같은 결과가 나온다고 보장할 수 없다.

하리오에도 있지만 어떤 사이펀은 물을 가열할 때 변성 알코올을 연료로 쓰는데, 개인적으로 이는 훌륭한 커피를 만들기에 적합하지 않다고 생각한다. 최상의 결과물을 내고 싶다면 야마 브랜드의 제품처럼 부탄가스를 연료로 쓰는 분젠형 버너를 찾아보자. 부탄가스는 보통 철물점에서 구입할 수 있다.

사이펀 커피를 내릴 때 필요한 준비물
- 사이펀 필터
- 상부 용기(로드)
- 여과기(필터 틀)
- 그램 저울
- 원두 20~31g
- 그라인더
- 하부 용기(플라스크)와 스탠드
- 뜨겁게 가열한 질 좋은 물 1컵(240mL)
- 부탄가스 버너

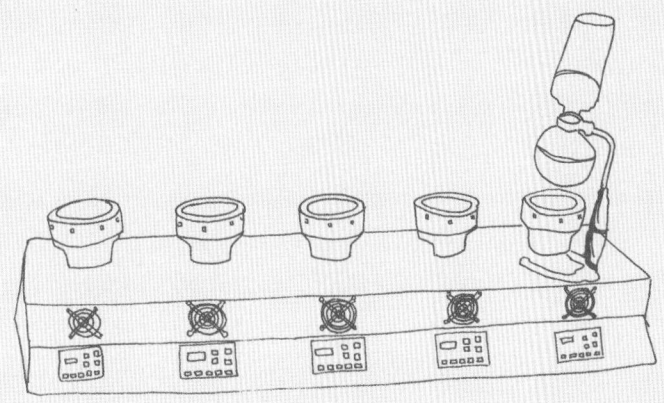

- 열전대 온도계 또는 일반 온도계
- 대나무 막대

미국식 방법 사이펀 필터를 따뜻한 물에 5분 동안 담가둔다. 로드 중앙에 필터를 집어넣은 후 체인을 끌어당겨 필터를 고정시키고 로드 하단부에 고리를 걸어준다.

원두는 무게를 달아서 덜어놓는다. 원두의 양은 원하는 추출 비율에 따라 정하면 된다(73쪽 참고). 원두를 중간 굵기로, 프렌치프레스용 원두보다 조금 더 곱게 분쇄한다(83쪽 참고).

사이펀 스탠드에 달린 플라스크에 뜨거운 물을 붓는다.

가스버너를 점화한다. 버너의 불꽃이 플라스크 중심부에 오도록 놓고 모든 물이 플라스크에서 로드로 올라갈 때까지 기다린다. 로드에 올라온 물의 온도를 측정하고 87℃를 유지하도록 불꽃의 열기를 조절한다.

로드에 있는 뜨거운 물 위에 커피가루를 붓는다. 나무 막대로 커피가루의 윗부분을 문질러서 커피가루와 뜨거운 물의 상층부를 부드럽게 섞어준다. 이때 시간은 30초를 넘기지 않으며, 먹음직스럽게 구워진 토스트 한쪽에 차가운 버터를 펴 바르는 느낌으로 문지른다. 물이 뜨거워서 모든 커피가루가 30초 안에 축축해질 것이다.

커피가 추출될 수 있도록 20~40초 동안 그대로 둔다.

커피 추출액이 든 로드에 나무 막대를 넣고 12회 이하로 회전하며 젓는다. 목표는 최대한 적은 회전수로 최대한 빠르고 깊은 소용돌이를 일으키는 것이다.

막대로 저어준 뒤 열원인 버너에서 사이펀 플라스크를 뺀다. 이때 플라스크를 버너에서 멀리 놓기만 하지 말고, 버너의 전원을 꼭 끄도록 한다. 30~45초 안에 커피 추출액이 로드에서 플라스크로 내려올 것이다. 만약 45초보다 더 오래 걸리면 원두를 너무 곱게 간 것이다.

로드를 플라스크에서 분리할 때는 돌리면서 앞뒤로 부드럽게 흔들어 잡아 뺀다. 필터는 세제를 쓰지 않고 물로 씻은 뒤 마른 행주로 닦아준다. 깨끗하고 축축한 사이펀 필터는 지퍼백에 담아 냉장고에 보관하면 된다. 사이펀 커피를 자주 내려 마시지 않는다면 뚜껑이 있는 용기에 물과 에스프레소 전용 세제 4분의 1티스푼을 섞어서 담은 뒤, 그 안에 필터를 넣고 보관한다. 이렇게 보관해둔 필터는 커피를 한 번 추출해서 버린 후 두 번째 추출하는 커피부터 마셔야 한다. 로드와 플라스크는 세제 없이 손으로 씻는다. 플라스크는 스탠드를 분리하지 않아도 세척할 수 있다.

일본식 방법 사이펀 필터를 따뜻한 물에 5분 동안 담가둔다. 로드 중앙에 필터를 집어넣은 후 체인을 끌어당겨 필터를 고정시키고 로드 하단부에 고리를 걸어준다.

원두는 무게를 달아서 덜어놓는다. 원두의 양은 원하는 추출 비율에 따라 정하면 된다. 원두를 중간 굵기로, 프렌치프레스용 원두보다 조금 더 곱게 분쇄한다. 로드에 준비해둔 커피가루를 넣는다.

사이펀 스탠드에 달린 플라스크에 뜨거운 물을 붓는다.

가스버너를 점화한다. 버너의 불꽃이 플라스크 중심부에 오도록 놓고 물이 끓을 때까지 기다린다. 플라스크에 로드를 올리면 필터에 달린 체인이 물에 닿는다. 이 체인의 움직임으로 물의 온도를 확인한다. 체인이 물에 들어갔을 때 기포가 올라오면 적당한 온도라는 뜻이지만 움직임이 너무 격렬하면 버너의 불을 끄고 플라스크를 시계 반

대 방향으로 빙빙 돌려서 기포를 빼준다.

다시 버너의 불꽃 위에 플라스크가 오도록 놓고 로드를 제대로, 그렇지만 곧 다시 빼야 하므로 부드럽게 장착한다.

일단 로드에 물이 2.5cm 정도 차오르면 나무 막대로 커피가루가 물에 푹 젖게끔 저어준다. 커피가루가 물에 잘 섞일 수 있도록 로드의 가장자리 벽을 긁어내는 느낌으로 막대를 움직인다. 휘젓고 싶은 유혹은 꾹 참아야 한다.

버너로 플라스크를 가열하면서 30초 동안 그대로 둔 후 계속 가열하는 상태에서 막대로 커피가루와 물을 시계 반대 방향으로 휘젓는다. 휘젓는 횟수가 12회를 넘지 않도록 한다. 목표는 최대한 적은 회전수로 최대한 빠르고 깊은 소용돌이를 일으키는 것이다(이 기술을 익히는 가장 좋은 방법은 로드에 커피가루를 넣지 않고 물만 휘젓는 연습을 하는 것이다). 커피를 서로 붙어 있고 싶어하는 물고기 떼라고 생각하고, 그 떼를 갈라놓지 않도록 주의한다.

열원인 버너에서 사이펀 플라스크를 멀찍감치 뺀다. 이때 버너의 전원을 꼭 끄도록 한다. 30~90초 안에 커피 추출액이 로드에서 플라스크로 내려올 것이다. 만약 90초보다 더 오래 걸리면 원두를 너무 곱게 간 것이다.

로드를 플라스크에서 분리할 때는 돌리면서 앞뒤로 부드럽게 흔들어 잡아 뺀다. 필터는 세제 없이 물로만 세척한 뒤 미국식 방법에서 설명했던 대로 보관한다. 로드와 플라스크는 세제 없이 손으로 씻는다. 플라스크는 스탠드를 분리하지 않아도 세척할 수 있다.

터키식 커피

터키식 커피Turkish coffee는 북아프리카, 아라비아, 중동 일대에서 널리 애용하는 추출 방법이다. 이 커피를 만들어 마시는 모든 국가에서 터키식 커피라는 말을 사용하지는 않는다. 그러므로 아르메니아나 그리스에 가서 터키식 커피가 있냐고 물어보지는 말자. 어쨌든 이 책에서는 이 커피를 터키식 커피라 부르기로 한다. 그리고 터키식 커피를 만들 때 쓰는 커피포트에 대해서는, 터키에서 체즈베cezve라는 명칭을 더 흔하게 사용하긴 하지만 아랍어를 쓰는 국가에서 부르는 대로 이브릭ibrik이라고 부를 것이다. 터키식 커피는 애석하게도 커피 애호가들의 인정을 제대로 받지 못하고 있다. 하지만 오후에 에스프레소를 마시는 사람이 그날따라 단골 카페에 갈 수는 없는데 또 잘 모르는 카페는 가고 싶지 않다면, 잘 만든 터키식 커피가 에스프레소의 괜찮은 대안이 될 수도 있다. 터키식 커피는 집에 있거나 여행 중이거나 직장에 있을 때라도 스토브만 있으면 손쉽게 만들 수 있다.

터키식 커피는 손잡이가 길고 목 부분이 가늘게 생겼으며 구리나 황동 소재로 만든 이브릭이 있어야 만들 수 있다. 가느다란 목 부분은 팽창하는 수증기에 압력을 줘서 실제로는 커피가 끓지 않았는데 거품이 생기게 한다. 터키식 커피는 전통적으로 굉장히 많은 양의 설탕과 함께 카르다몸cardamom 같은 향신료를 넣어 마시지만, 커피의 품종을 잘 선택해서 제대로 우려내면 커피 본연의 특성을 상당히 정직하게 보여주어 딱히 설탕이나 카르다몸을 넣지 않아도 충분히 훌륭한 커피를 즐길 수 있다. 터키식 커피는 향미가 진하고 강하기 때문에 한 잔에 약 92mL만 담아서 마시기를 권한다.

터키식 커피는 에스프레소와 마찬가지로 한 가지 유형으로 마시는 커피가 아니라 조합하는 방법에 따라 다양하게 마실 수 있다. 갓 볶아서 신선하고, 너무 진하게 로스팅하지 않았으며, 추출하기 직전에 분말처럼 아주 곱게 분쇄한 원두라면 모두 사용할 수 있다. 블루보틀에서는 터키식 커피를 만들 때 밀도가 높고 내추럴 가공한 커피를 선호한다. 아라비아에서 처음 이런 유형의 커피를 마시던 시기에는 아마 지금의 예멘 지역에 있는 산에서 채취해 자연 그대로 내추럴 가공한 원두를 사용했을 것이다. 원래는 뜨거운 숯불 위에 모래를 가득 담은 트레이를 얹어놓은 뒤 그 위에 이브릭을 올려놓고 커피를 추출한다. 이렇게 추출하면 모래가 뜨거운 열을 훨씬 강하게 전달하는 역할을 하겠지만, 현대적인 전기레인지나 가스레인지로도 충분히 잘 우려낼 수 있다.

터키식 커피

적정량은 한 잔에 약 92mL

이브릭 종류가 다르면 추출할 수 있는 용량도 다르다. 먼저 가지고 있는 이브릭 몸통의 목이 가장 좁은 지점 바로 아래까지 물을 채운다. 그리고 그 물의 무게를 측정한 후 8대1의 추출 비율로 커피의 무게를 산출한다. 이때 한 가지 중요한 점은 터키식 커피에 적합한 정도로 원두를 가루처럼 곱고 균일하게 분쇄하려면 좋은 버 그라인더(74쪽 참고)가 필요하다는 것이다.

터키식 커피를 내릴 때 필요한 준비물
- 질 좋은 찬물
- 이브릭
- 그램 저울
- 커피 원두
- 버 그라인더

이브릭에 정확한 양의 찬물을 붓는다(이브릭 몸통의 목이 가장 좁은 지점 바로 아래까지). 원두의 무게를 달아서 덜어 놓은 뒤 아주 곱게 분쇄한다. 분쇄한 원두의 질감이 옥수수가루와 비슷해야 한다.

물 위에 커피가루를 넣는다. 물에 뜬 커피가루는 젓지 않는다.

가스레인지의 가장 작은 화구에 이브릭을 올려놓고 중불로 가열한다. 이브릭 크기에 따라 걸리는 시간이 조금씩 다르지만, 가열하고 2~3분이 지나면 거품이 올라와야 한다. 거품이 올라오기 직전, 표면에 뜬 커피가루 밑에서 수증기가 압력을 가해 커피가 부글거리는 모습을 볼 수 있다. 그러면 곧 거품이 생기기 시작하고 커피가 끓는 것처럼 보인다. 거품과 함께 커피가 끓어오르면 이브릭을 곧바로 불에서 내려 식힌다.

커피가 가라앉으면 이브릭을 다시 불 위에 올려놓고 끓인다. 두 번째 끓일 때는 아까보다 훨씬 더 빨리 거품이 끓어오른다. 거품이 올라오면 다시 이브릭을 불에서 내린다.

세 번째도 똑같이 반복한다. 세 번째에는 거품층이 커피 표면에 상당히 오랫동안 남아있을 가능성이 높다. 세 번째 올라온 거품을 조심스럽게 떠서 준비한 커피 잔에 똑같이 나눠 담는다(전통적으로 커피 거품은 좋은 환대의 척도이므로, 모든 손님의 커피에 거품을 올려줄 수 있도록 똑같은 양으로 잘 나누는 것이 중요하다). 거품이 꺼지지 않도록 조심하면서 커피가 잔 가장자리를 타고 흘러내리도록 따른다. 커피를 잔에 담자마자 손님에게 바로 낸다.

고운 모래 같은 커피가루가 컵 바닥에 가라앉으므로 마지막 몇 모금은 마시지 않도록 조심하자.

에스프레소

에스프레소는 터키식 커피와 마찬가지로 원두의 종류나 로스팅 정도에 구애받지 않는다. 에스프레소는 커피를 추출하는 방법 중 하나로, 추출 비율 1.5:1로 약 9bar의 압력을 가해 30~40mL(6~8티스푼) 정도의 향기로운 커피 농축액을 추출한다. 에스프레소를 추출할 때는 어떤 원산지에서 왔고 어떤 강도로 로스팅했는지와 관계없이 모든 원두를 분쇄해서 쓸 수 있다. 하지만 한결같이 훌륭하게 맛있는 에스프레소를 추출하는 것은 예술의 경지라고 할 수 있을 만큼, 완벽하게 숙달하기가 쉽지 않은 기술이다. 그러니 에스프레소 머신을 구입하러 가기 전에 자기 자신에게 한 가지 근본적인 질문을 던져봐야 한다. 정말 집에서 에스프레소를 추출해 마시고 싶은가?

가정용 에스프레소 머신

수지 오먼Suze Orman은 잘못 알고 있다. 사람들이 가정용 에스프레소 머신을 산다고 해서 돈이 절약되지는 않을 것이다. 오히려 돈이 더 나갈 것이다. 사람들로 북적이는 단골 카페에 가서 커피를 사오는 것보다 시간이 절약되지도 않을 것이다. 집 근처에 괜찮은 카페가 없는 경우를 제외하면, 집에서 추출한 커피가 카페보다 더 나은 맛을 내지도 못할 것이다.

다양한 사회과학적 연구 결과, 인간의 자기기만self-deception[7] 능력은 계속 진화해온 것으로 밝혀졌다. 진화론적인 관점에서 보면 자기기만 능력은 우리 인간이라는 종족이 우리 자신이나 우리의 번식 능력에 해를 끼칠지도 모르는 욕구나 동기를 감지했을 때 살아남을 수 있게 해주는 면이 있다. 낙관주의, 자신감, 패기. 이 세 가지는 자기기만 능력이 진화하면서 더불어 생긴 즐거운 현상이다. 그래서 우리는 에스프레소 머신 같은 물건을 구입한다. 낙관적으로.

아마 사람들은 이렇게 생각했을 것이다.

'스타벅스에 가지 않으면 일 년에 832달러를 절약할 수 있어!'
'내가 직접 배우면 그 커피보다 더 맛있게 만들 수 있어!'
'커피 사는 줄이 그렇게 길지 않았다면 지하철을 놓치지 않았을 텐데!'

현실적으로 집에서 에스프레소를 만들려면 돈도 많이 들고 시간도 꽤 걸리며 힘들다. 하지만 어떤 일이든 더 잘하려고 고심하고 애쓰다 보면 우리는 더 나은 사람으로 성장한다. 부모 노릇하기, 대학 졸업하기, 마라톤 완주하기, 내 손으로 직접 집짓기. 모두 힘든 활동이지만 단순히 힘들어서 그만둔다는 사람은 아무도 없다. 그리 대단한 시도는 아니지만 진정으로 훌륭한 에스프레소를 추출하는 일은 여러분이 완벽하게 해내지는 못하더라도 직접 시도해보면서 기쁨을 얻을 수 있는 활동이다. 다시 말해서 직접 에스프레소를 추출하는 일은, 우리의 시간과 자원과 기력을 소모할 가치가 있을지도 모른다. 열정적인 마니아층이 에스프레소 머신에 매력을 느끼는 이유 중 하나는

---

[7] 스스로를 속인다는 뜻으로 자신의 신조나 양심에 벗어나는 일을 무의식중에 행하거나 의식하면서도 강행하는 경우를 이르는 말

다른 기계에 비해 비교적 단순한 구조로 되어있는데도 굉장히 복잡한 느낌을 주기 때문이다. 사실 집에 있는 전자레인지나 사람들이 차고 다니는 시계가 훨씬 더 복잡하다. 하지만 에스프레소 머신은 섹시하고 신비롭다. 그리고 무엇보다, 커피를 만들어준다.

추출 과정과 머신 이해하기 만일 에스프레소 추출이 처음이라면, 이제부터 이야기할 에스프레소 머신과 세부 과정에 대한 내용을 명확하게 알아듣지 못할 수도 있다. 다음은 이해를 돕고자 에스프레소 추출의 기본 단계를 간단하게 요약한 것이다.

- 에스프레소 머신을 예열한다.
- 포터필터를 천천히 돌려가면서 분쇄한 커피를 담아준다.
- 포터필터에 담긴 커피 표면을 고르게 다지고 살짝 눌러준다.
- 포터필터를 그룹헤드에 결합한다.
- 포터필터 밑에 컵을 놓는다.
- 펌프를 작동시켜 샷을 추출한다.

에스프레소 머신은 기본적으로 보일러, 펌프, 그룹헤드, 포터필터 이렇게 네 부분으로 구성되어있다.

보일러 보일러 내부에는 물을 데워서 온도를 일정하게 유지시켜주는 발열 장치가 있다. 물 온도가 올라가면서 그와 비례해 보일러 내부의 압력이 5bar 정도까지 올라간다(부피가 일정할 때 기체의 절대 온도는 압력에 정비례한다는 게이뤼삭의 법칙이 떠오를 것이다). 보일러가 제 역할을 잘한다면, 물이 끓는점보다 낮은 온도에서 카푸치노 우유 거품을 낼 때 필요한 수증기(일명 스팀)를 만들어낼 것이다.

펌프 펌프는 보일러에서 받은 뜨거운 물을 가압해 압력을 약 9bar까지 끌어올린다. 압력은 펌프의 회전이나 진동을 통해 기계적으로 주입하거나 레버를 당겨 일으킬 수 있다.

그룹헤드 그룹헤드는 보일러를 통해 펌프가 공급한 뜨거운 물을 받은 후 그 물을 미세한 구멍 사이로 흘려 포터필터에 최대한 고르게 분사시켜준다.

포터필터와 필터 바스켓 포터필터는 대다수 에스프레소 머신에서 쓰는 분쇄한 커피가루를 담아놓는 기구이다. 이 가운데 바텀리스 포터필터bottomless portafilter는 바스켓 바닥에 금속판이나 추출구인 스파웃spout이 없는 포터필터이다. 우리 블루보틀에서는 오른쪽에 보이는 바텀리스 유형의 포터필터를 직원 교육용으로 사용한다. 바텀리스 유형을 쓰면 에스프레소가 머신에서 나올 때 커피가 골고루 잘 분산돼 나오는지, 추출 시 에스프레소가 어떤 모습인지 눈으로 직접 확인할 수 있다. 금속(스파웃)과의 접촉이 줄어드는 만큼 에스프레소가 확실히 진하게 뽑히기 때문에, 우리는 고객을 위한 에스프레소를 만들 때도 바텀리스 포터필터를 애용한다.

발열 장치와 보일러와 펌프는 멋진 스테인리스스틸 재질의 상자 안에 숨겨져 있고, 겉으로 보이는 외부에는 스팀노즐과 포터필터, 그룹헤드, 몇 가지 유용한 스위치가 있다.

에스프레소 머신의 구조

에스프레소 머신은 정교하게 조정한 부품을 짜임새 있게 구성한 것이므로, 눈으로 봤을 때 확인하기 힘든 구성 요소들이 많다. 이 세부 조립도에서는 우리가 쓰는 바텀리스 유형의 포터필터를 볼 수 있다.

바텀리스 포터필터는 커피가루를 담고 에스프레소가 분사되는 모습을 바리스타가 정확하게 확인할 수 있도록 '개조한' 포터필터로, 바닥에 미세한 구멍이 뚫린 금속 재질의 필터 바스켓을 얹고 커피가루를 담아 그룹헤드에 장착한다. 보통 에스프레소 머신에는 1컵용 필터 바스켓이 구성품으로 들어있다. 일반적으로 1컵용 필터 바스켓은 커피가루 7g을 담을 수 있는 크기이며, 2컵용 필터 바스켓에는 22g을 담을 수 있다. 블루보틀에서는 절대 1컵용 필터 바스켓을 쓰지 않는다. 그룹헤드는 보일러에서 밸브를 타고 흘러온 고온고압의 물이 모습을 드러내며 에스프레소용으로 분쇄한 커피가루와 만나는 종착역이다.

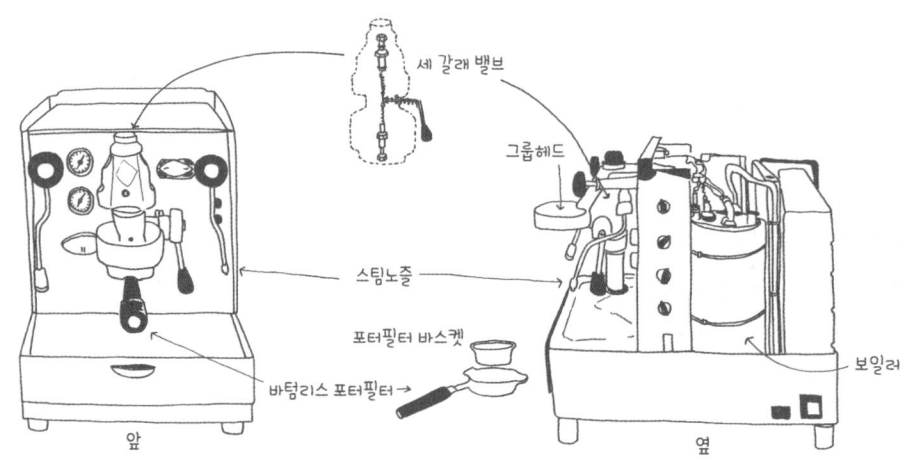

에스프레소 그라인더의 구조

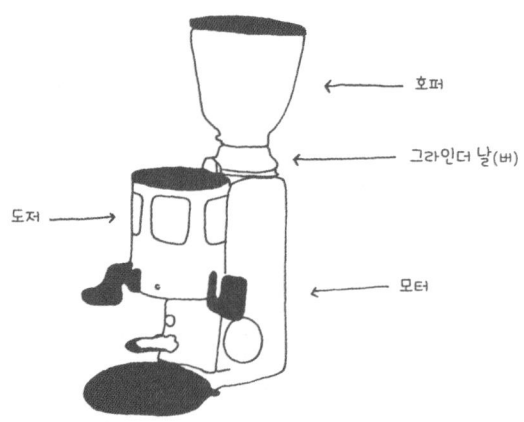

머신 가격을 현실적으로 따져보기   집에서 에스프레소를 만들어 마시기 위해 얼마나 많은 돈을 쓸 용의가 있는지 생각해보라. 이제 생각한 가격에 2를 곱한다. 그리고 그 가격의 두 배를 준비하라. 이유가 뭐냐고? 가장 품질이 뛰어난 유럽산 에스프레소 머신은 가격이 비싸다(가격에 대한 이야기는 109쪽에서도 다룬다. 하지만 그 외에도 부수적인 비용이 많이 든다는 사실을 명심할 것). 만약 저렴한 제품을 구입한다면, 머신 조작이 어렵고 답답할 것이며 추출한 커피의 품질이 높지 않을 것이다. 물론 비싼 제품을 구입해도 머신을 조작하기가 어렵고 답답할 것이며 추출한 커피의 품질이 높지 않을 수도 있다는 사실을 명심해야 한다. 그러니 정신을 차리고 계속 책을 읽어보자.

먼저 그라인더 구입하기

어떤 바리스타든 에스프레소를 추출하는 과정에서 가장 중요한 도구를 하나만 꼽아달라고 하면 그라인더라고 대답할 것이다. 그러므로 그라인더를 먼저 구입하자.

나는 초기에 어떻게 분쇄해야 커피 표면에 뜨거운 물을 더 많이 닿게 할 수 있을지 여러모로 검토했었다. 용매 역할을 하는 뜨거운 물은 커피 표면에 닿아 커피 입자와 향미 화합물을 뽑아낸다. 커피가 뜨거운 물에 닿는 시간이 짧을수록, 최적의 추출을 이끌어내기에 적합한 크기로 분쇄하는 일이 더 중요해진다. 적합하게 분쇄하지 않으면 뜨거운 물이 커피에 닿았을 때 어떤 부분에서는 과소 추출이 일어나고 어떤 부분에서는 과다 추출이 일어난다. 에스프레소는 커피를 추출하는 방법들 중 가장 높은 압력에서 뜨거운 물을 사용하고 추출 시간이 가장 짧기 때문에, 다른 모든 추출법에 비해 적절한 그라인더로 분쇄하는 작업이 훨씬 더 중요하다.

사람들은 보통 원두 입자를 전부 같은 크기로 고르게 분쇄하는 것이 에스프레소 그라인더의 가장 중요한 점이

지옥에서도 특별석으로 배정해야 할 캡슐커피

몇 번 얘기하지만, 사람의 입맛은 주관이다. 사람마다 선호하는 커피가 다를 수 있고 사실 그럴 공산이 크며, 합리적인 사고방식을 가진 사람들이 내가 주장하는 커피를 비롯한 여러 이야기에 동의하지 않을 수도 있다. 하지만 나는 한 가지 의견을 단정적으로 이야기하겠다. 캡슐커피pod coffee*는 형편없고, 문제가 있다. 캡슐커피 머신으로는 절대 맛있는 음료를 추출할 수 없기 때문에 형편없고, 대량 생산 제품을 수제인 척하면서 구매를 유도하고 나중에 쓰레기통에 버려야 할 부분이 거의 70%를 차지한다는 점에서 문제가 있다.

먼저 로스팅 측면에서 살펴보자. 좋은 로스터는 사람들에게 봉투 안에 든 커피가 어떤 유형의 원두인지 설명해준다. 판매한 커피가 블렌딩이라면 배합한 원두 정보를, 싱글오리진이라면 원산지를 비롯해 다양한 정보를 구체적으로 알려준다. 좋은 로스터라면 그 커피가 로스팅된 장소를 알려주고 봉투에 '유통기한'이 아닌 로스팅 날짜를 적어준다. 캡슐커피를 구입하면 이런 자세한 정보를 전혀 알려주지 않는다. 명목상 원산지 정보를 적어놓은 캡슐커피가 있지만 그마저도 매우 드물다. 소비자는 그 커피가 언제 로스팅됐는지, 어디서 로스팅됐는지, 심지어 언제 분쇄됐는지도 알지 못한다.

큐리그K-CUP나 네스프레소 같은 캡슐커피 브랜드는 커피 만드는 기술이나 맛과는 전혀 무관한 고급스러운 언어와 상징적인 표현으로 소비자를 우롱한다. 큐리그 캡슐에는 원두가 8g 정도씩 들어 있고, 네스프레소 캡슐에는 약 5.5g씩 들어있다. 원두 8g으로 355mL 용량의 커피가 나오는 것이면, 추출 비율이 무려 44대 1이다! 더군다나 캡슐커피 머신으로 내리면 추출 시간이 60초를 넘어가지 않고, 소비자가 추출 온도나 물줄기 패턴을 자유자재로 조절할 수 없으며, 그렇게 캡슐커피로 내린 커피는 결정적으로 절대 맛있을 수가 없다.

어떤 사람들은 큐리그 캡슐커피가 커피포트에 내려 마시는 커피보다 쓰레기가 덜 나온다고 주장하는데, 그것은 본인이 마실 커피만 내리기 때문이다. 455g 상당의 원두를 구매할 때마다 약 83개의 에스프레소 알루미늄 캡슐 또는 57개의 큐리그 플라스틱 캡슐 용기가 낭비된다. 빈 캡슐의 무게가 완제품 캡슐 무게의 3분의 2 정도이므로 455g의 커피를 추출할 때마다 약 285g의 쓰레기가 배출되는 것이다. 이런 캡슐커피를 구매하는 행위는 대개 캡슐커피 제조사가 일반적으로 구입하는 일반 상업용 커피보다 훨씬 좋은 고급 커피를 쓰면서, 재활용이 되거나 자연 분해되는 봉투에 커피를 담아주는 책임감 있는 로스터에게서 원두를 구매하는 것과는 차원이 다르다.

그래서 캡슐커피는 추출이 간편하고 주변이 지저분해지는 일이 없다는 점을 강조하며 사람들을 유혹한다. 그리고 정말 맛없는 캡슐커피를 즐길 수 있는 멋진 부티크 매장을 내서 구매 욕구를 자극하거나, 형편없는 캡슐커피를 즐길 수 있는 아름다운 부티크 매장에 있고 싶게 만드는 세련된 광고를 내는 데 중점을 둔다. 캡슐커피 제조사들은 우리가 알지만 눈감고 넘어가는 거짓말을 우리에게 이야기한다. 버튼 하나만 누르면 노력하지 않아도 훌륭한 결과물을 얻을 수 있다고, 조리대 위에 전시해둔 반짝거리는 플라스틱 캡슐 한 개가 좋은 카페에서 손수 내려주는 커피를 마시며 친구들과 함께 어울리는 경험을 충분히 대체할 수 있다고 말이다.

---

* 우리나라는 펄프 소재의 파드에 분쇄한 원두를 담은 파드커피와 캡슐커피를 명확히 분류하지만 미국에서는 파드커피pod coffee라고 하면 캡슐커피도 포함한다.

라고 생각하지만 실제로는 그렇지 않다. 비교적 좋은 에스프레소 그라인더는 대부분 가루처럼 작은 입자(미분)와 큰 입자가 섞여 나올 수 있도록 세심하게 고안된 버burr를 장착하고 있다. 미분은 벽돌 같은 큰 입자 사이를 마치 모르타르처럼 매워서, 뜨겁고 압력이 센 물에 적절히 저항할 수 있게 해준다. 보통 대다수 가정용 그라인더는 플랫

버flat burrs(평면형) 모델이지만 코니컬버conical burrs(원추형)가 장착된 가정용 그라인더도 있다.

코니컬버는 일반적으로 칼날 교체 비용이 더 든다. 하지만 에스프레소에 폭신폭신한 질감을 불어넣고 커피의 향미를 더 섬세하게 살려주는 분쇄도 때문에 높이 평가된다. 코니컬버를 장착한 그라인더는 플랫버 그라인더보다 가격대가 높은 편이고, 칼날의 회전이 느리다. 두 가지 유형의 그라인더 모두 에스프레소용 원두를 분쇄하기에 적합하다. 사람들은 보통 묵직하고(그라인더가 묵직할수록 모터가 크고 플라스틱 자재보다 금속 자재가 많이 들어갔다는 뜻이다), 평면형 버라면 지름이 50mm 이상, 원추형 버라면 길이가 36mm 이상 되며, 분쇄도를 아주 미세하게 조절할 수 있는 그라인더를 바란다. 앞에서 언급한 대로 스텝리스 그라인더는 분쇄도를 자유자재로 조절할 수 있다.

집에 조리대 공간이 협소한가? 아쉽게도! 좋은 그라인더는 덩치가 크고, 좋은 에스프레소 머신은 그라인더보다 더 몸집이 크기 때문에 조리대 공간이 좁다면 이제부터 양파는 다른 곳에서 썰어야 할 것이다. 200~300달러 이하의 금액으로 괜찮은 그라인더를 찾을 가능성은 거의 없으며, 대다수 가정용 모델의 가격은 700달러 이상이다. 품질이 어느 정도 보장된 브랜드로는 메저Mezer, 컴팍Compak, 란실리오Rancilio, 바라짜Baratza를 꼽을 수 있다. 좋은 그라인더를 들이면 직접 만든 에스프레소의 질이 바로 만족스럽게 변한다는 점이 가장 좋다. 게다가 좋은 그라인더는 최소한의 유지 보수만 해줘도 수년간 끄떡없이 쓸 수 있다. 단, 그라인더를 깨끗하게 관리하고 원두를 135~180kg 정도 분쇄한 후에는 버 칼날을 교체해줘야 한다. 관리는 그것으로 충분하다.

다른 추출법으로 마실 원두를 분쇄할 때 에스프레소용으로 쓰는 그라인더를 쓸 수 있을 거라고 생각하지 말자. 에스프레소용으로 쓰는 그라인더는 에스프레소를 만들 때만 사용해야 한다. 무조건! 그라인더의 분쇄도 조절 눈금을 에스프레소 추출에 딱 맞게 조절하는 일은 생각보다 까다롭다. 대형 그라인더의 눈금을 에스프레소용에 맞췄다가 프렌치프레스용으로 조정했다가 하면, 다시 에스프레소용으로 눈금으로 조정할 때 십여 잔 이상의 샷을 버리게 된다. 선택할 수 있는 한 가지 방법은 에스프레소가 아닌 커피를 만들 때 사용할 비교적 저렴한 수동식 버 그라인더(74쪽 참고)를 장만하는 것이다.

에스프레소 머신의 종류

좋은 에스프레소 그라인더를 골랐다면 이제는 에스프레소 머신을 사도 되는지 궁금할 것이다. 대답은 "아직 아니다"이다.

에스프레소 머신에도 여러 종류가 있으니, 먼저 에스프레소 머신에 대해 배워야 한다.

- 전자동 에스프레소 머신Super-automatic
- 자동 에스프레소 머신Automatic
- 반자동 에스프레소 머신Semiautomatic
- 수동식 에스프레소 머신Manual
- 전문가용 에스프레소 머신Professional

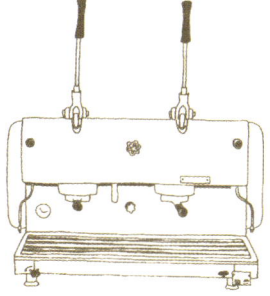

전자동 에스프레소 머신 전자동 에스프레소 머신에는 에스프레소를 만드는 모든 기술이 장착되어있다. 머신이 알아서 원두를 분쇄하고 담아서 탬핑하고 커피를 추출한다. 우유를 데워 스팀을 내서 자동으로 부어주기도 한다. 매혹적이지 않은가? 우리 집에서 나만의 바리스타 로봇이 팁을 주지 않아도 계속해서 기꺼이 캐러멜 마키아토를 만들어준다고 상상해보라. 가정용 전자동 에스프레소 머신은 저렴한 부품을 쓰는 경우가 많아서 고장이 잘 난다. 하지만 정말 맛없는 커피를 힘들이지 않고 쉽게 마실 수 있게 해준다.

자동 에스프레소 머신 또는 캡슐커피 머신 106쪽에서 캡슐커피에 대해 이야기했다. 더 이상은 캡슐커피에 대해 말할 일이 없기를 바란다.

반자동 에스프레소 머신 반자동 에스프레소 머신은 좋은 에스프레소를 뽑을 수 있는 머신이다. 가정용 반자동 에스프레소 머신에는 분쇄한 커피를 담아서 그룹헤드에 장착하는 포터필터와 스팀피처에 정확한 양의 우유를 담아 정확한 기술로 거품을 낼 때 쓰는 스팀노즐이 달려있다.

반자동 머신 중에서 '프로슈머prosumer' 머신이라는 종류가 있다. 여기에서 프로슈머란 반자동 머신에 큼직한 구리나 황동 보일러, 58mm 크기의 포터필터, 회전하는 펌프, 앞뒤로만 움직일 수 있는 노즐이 아닌 360도로 움직이는 관절형 스팀노즐 같은 전문가용 머신의 좋은 기능들이 많이 들어갔다는 의미이다. 이런 프로슈머 머신에는 대부분 금속 재질인 무거운 부품들이 들어가며, 소비자가 표준 전압 110V에 수도배관을 머신 안에서 연결할 필요는 없다고 얘기하면 그 요구에 맞춰 머신을 구성해준다. 프로슈머 머신은 커피머신 중에서도 가장 비싼 축에 속하는 편이지만, 잘 사용하면 최상의 커피 맛을 낼 수 있고 장비도 아주 오랫동안 사용할 수 있다.

수동식 에스프레소 머신 레버식 커피머신이라고도 하는 수동식 에스프레소 머신은 펌프가 아닌 레버를 이용해 압력을 가한다. 이 머신은 외형이 멋있어 보이는데, 실제로도 멋있다. 많은 에스프레소 입문자들이 레버 손잡이가 달린 라바포니La Pavoni 머신을 갈망하는 눈빛으로 살펴본 후 자신의 주방에 놓고, 이안 플레밍 스타일의 원룸 은신처에서 놀라운 표시를 발견한 것 마냥 바라본다. 하지만 막상 써보면 실용성이 떨어지고 사용하기가 몹시 까다롭다. 애초에 맛있는 음료가 나올 수 없게끔 만들어진 전자동 머신과 달리 수동식 에스프레소 머신은 맛있는 음료를 만들 수 있다. 다만 너무너무 어려울 뿐이다. 사실상 소비자가 직접 펌프 역할을 하기 때문에 원두 입자의 크기, 도징, 포터필터에 고르게 담긴 정도 같은 추출에 영향을 미치는 요소들이 한층 더 중요해진다. 대다수 가정용 수동식 머신에는 장전된 압력을 풀어주는 세 갈래 밸브가 없다. 만약 구입한 머신이 세 갈래 밸브가 없는 모델이라면, 머신에 남아있는 압력이 떨어질 때까지 머신에서 포터필터를 빼지 말고 기다려야 한다. 섣불리 포터필터를 빼면 뜨겁게 젖은 커피가루가 사방으로 튀는 위험을 감수해야 할 테니 말이다.

블루보틀의 일부 매장에서는 싱글오리진 원두로 에스프레소를 뽑을 때 레버식 머신을 사용한다. 하지만 우리가 사용하는 업소용 레버 머신 내부에는 용수철이 있어서, 추출 압력을 가할 때 대다수 가정용 레버 머신처럼 레버를 아래로 내리는 것이 아니라 위로 올려준다. 포터필터를 정확하게 맞춰서 장착하지 않으면 레버가 수백 kg의 압력으로 솟구쳐 올라서, 절대 그래서는 안 되겠지만 운이 나쁘고 미숙한 바리스타라면 머리에 맞아 뇌진탕을 일으키거나 턱이 깨지는 경우도 생길 수 있다. 그래서 레버식 머신 앞에 서면 조금 더 긴장하게 된다.

전문가용 에스프레소 머신　블루보틀에서는 주로 라마르조코에서 생산한 전문가용 에스프레소 머신(111쪽 참고)을 사용하는데, 훌륭한 에스프레소를 빠르고 일관성 있게 추출할 수 있도록 황동과 스테인리스스틸로 제작해 거대하고 육중한 괴물처럼 보인다. 그 괴물에는 220V에서 40~50A의 전류가 흐르고, 켜놓기만 해도 한 달에 전기세가 몇백 달러씩 나간다. 우리가 쓰는 머신은 보통 한 번에 세 군데에서 세 개의 포터필터로 에스프레소를 뽑을 수 있는 3그룹 머신이고, 스팀 온수 전용 보일러와 추출 보일러를 분리해서 쓰는데 추출 보일러는 통합으로 한 개를 쓰거나 각 그룹별로 조절할 수 있게 분리된 모델을 쓰기도 한다.

에스프레소 머신 선택하기

너무 단순하다 싶겠지만, 괜찮은 에스프레소 머신인지 알아볼 수 있는 가장 중요한 요소는 바로 머신의 무게이다. 보통 무거운 머신이 가벼운 머신보다 더 나은 추출 능력을 보여준다. 머신의 무게가 무겁다면 플라스틱보다 금속 재질 부품이 많이 들어가고 보일러가 스테인리스스틸이 아닌 황동 재질이며 그룹헤드의 크기가 크고 가정용보다 업소용 등급에 가깝다는 사실을 의미한다.

그러므로 머신을 고를 때 인터넷 검색에 무수히 많은 시간을 투자하지 않을 거라면 '무게가 18.1kg 이상 나가는 반자동 에스프레소 머신에 2천 달러 정도를 쓴다'는 단순한 기준을 마음속에 새기자. 그러면 몇 달 동안 지루한 채팅방에 잠복해 정보를 얻은 후 구입하는 것만큼이나 좋은 결정을 내릴 수 있다.

머신의 주요 사양을 더 자세히 따져보고 싶을 때 살펴볼 만한 핵심 요소로는 58mm 크기의 업소용 포터필터, 회전하는 펌프, 관절형 스팀노즐, 세 갈래 밸브, 용량이 355mL 이상인 구리나 황동 재질의 보일러, 보일러 압력 게이지 등이 있다. 온도는 압력에 비례하므로 보일러 압력 게이지를 보면 추출 온도를 알 수 있고 어떻게 조정하느냐에 따른 변화를 알 수 있게 해준다. 또, 동일한 레버나 버튼으로 펌프를 켰다가 끌 수 있게 되어있어야 한다. 자동 도징 기능은 없어도 된다. 보일러나 저수탱크에 물이 고갈될 경우 발열 장치의 전원을 차단하는 센서를 제외하면, 자동 기능은 필요 없다.

2천 달러가 너무 비싸게 들린다면 스테인웨이 피아노, 바이킹 가스레인지, 키친에이드 믹서, 비타믹스 블렌더 등 자리만 차지하고 날마다 쓰지도 않는 모든 과시용 물품들을 생각해보라. 에스프레소 머신과 그라인더는 자주 쓰고, 들이는 시간과 돈을 기쁨과 맛으로 고스란히 보상해주는 물건이다. 이 말은 그 정도 돈이 수중에 있다면 구입을 망설일 필요가 없다는 뜻이다.

물론 적당히 쓸 만한 에스프레소 머신을 구입하려고 2천 달러까지 지불할 필요는 없다. 란실리오나 가찌아 Gaggia에서 출시한 머신 중에 비교적 큰 보일러와 업소용 포터필터를 장착해 무겁고 단순하면서 가격이 700달러 정도로 적당한 모델이 두어 가지 있다. 이 가운데 하나를 골라 좋은 그라인더와 함께 쓰면 딱 좋을 것이다.

더 필요한 기구들

자, 이제 그라인더와 에스프레소 머신을 장만했다. 아마 바로 에스프레소를 만들 수 있을지 궁금할 것이다. 하지만 아직은 아니다.

꼭 있어야 할 기구가 몇 가지 더 남았다. 이 단계에서 대충 넘어가려고 하는 사람들이 있는데, 그것은 멋진 차를 뽑아놓고 바퀴를 세 개만 구입해서 비용을 절약하겠다고 하는 것이나 마찬가지이다. 이제 거의 다 왔으니 제대로 마무리하자. 다음 장에 나올 청소용품 외에 필요한 부속 도구들은 다음과 같다.

- 그램 저울(62쪽 참고). 그램 저울은 베이킹이나 요리를 할 때도 쓸모가 있다.
- 구입한 에스프레소 머신에 맞는 사이즈의 바텀리스 포터필터
- 구입한 포터필터에 맞는 2컵용 필터 바스켓
- 스톱워치(핸드폰 타이머를 사용해도 된다)
- 만들 음료 양의 두 배를 넘지 않는 용량의 스테인리스스틸로 된 스팀피처. 예를 들어 본인이 보통 180mL의 카푸치노를 마신다면 355mL 용량의 피처를 준비한다. 옆면은 곧게 뻗고 주둥이 부분이 확실히 뾰족하게 나와있어야 한다.
- 포터필터 바스켓 안에 딱 들어맞는 묵직한 금속 재질의 탬퍼. 탬퍼 하단이 평평한 제품도 있고 약간 불룩한 제품도 있다. 어떤 제품을 쓰든 바스켓에 끼지 않고 편안하게 딱 맞아야 한다.
- 적당한 컵. 에스프레소용 컵은 용량이 90mL를 넘으면 안 되고 열을 빼앗기지 않도록 컵이 두꺼워야 한다. 카푸치노용 컵은 180~210mL가 적당하며 라테용 컵은 355mL를 넘으면 안 된다.

커피와 우유를 사는 데에도 만만치 않은 비용이 들어갈 것이란 점을 생각해야 한다. 에스프레소와 스팀밀크를 처음 배울 때는 아마 자신이 만든 결과물을 대부분 버려야 할 것이다. 아침마다 그라인더의 분쇄도 조절 눈금을 돌려가면서 에스프레소를 한두 잔 버리게 될 수도 있다. 비용이 늘어나긴 하지만, 에스프레소를 배우기 위해서는 필요한 과정이다.

라마르조코와 이탈리아의 에스프레소

우리는 커피 재배자부터 무역 중개인, 유제품 회사, 커피 기구 제조업자에 이르기까지 블루보틀에서 쓰는 물품의 생산자가 누군지 알아가는 것에 늘 흥미를 갖고 있다. 우리는 블루보틀에서 쓰는 친환경 종이컵과 뚜껑이 어떻게 생산되는지 확인하기 위해 대만 공장에 직접 가보지는 못했지만, 누가 디자인했고 누가 생산하는지는 알고 있다. 이탈리아 피렌체에서 30km 떨어진 곳에 위치한 에스프레소 머신 제조사인 라마르조코에서 일하는 사람들에 대해서도 마찬가지이다.

우리는 수년간 블루보틀 매장에 놓거나 도매 거래처들에 대리 구매를 해주면서 수십 대의 라마르조코 머신을 구입해왔다. 얼마 전 나와 케이틀린은 라마르조코 매장에 직접 가보기로 결심했다. 라마르조코는 일 년에 3,500여 대의 머신을 생산하는데, 분위기가 마치 페라리 공장과 비슷하다. 공장에 들어서면 곧바로 그곳에서 뭔가 세련되고 고급스러우며 기능적이고 아름답고 비범한 제품이 만들어지고 있다는 느낌이 온다. 우리가 라마르조코 R&D연구소에 도착했을 때, 창업자의 아들인 일흔여덟의 피에로 밤비가 개수대를 닦고 있었다. 피에로와 몇몇 직원들은 어떤 머신을 갖고 씨름하고 있었는데, 모두들 세척 작업으로 분주했다. 이날 피에로가 스트라다 엠피Strada MP 머신으로 내려줬던 에스프레소는, 지나고 보니 이탈리아에서 마셨던 커피 중에 정말 맛있는 축에 속하는 커피였다.

피에르가 개수대에 허리를 숙이고 있는 모습은 지금까지 라마르조코가 걸어온 노선과 딱 맞아 떨어지는 이미지이다. 피에르의 아버지인 주세페 밤비는 할아버지가 운영하는 주석 세공 매장에서 견습생으로 일을 시작했다. 항상 본인이 장인이라는 마음가짐으로 살던 주세페는 1927년에 형 부르노와 함께 회사를 설립했는데, 이 회사는 디자인과 기술에서 항상 업계의 우위를 점하게 된다. 기업명은 회사를 처음 설립한 곳인 피렌체를 상징하는 '사자'의 이름을 따서 라마르조코라고 지었다. 라마르조코는 피렌체라는 도시가 지닌 장인 문화의 계보를 이어 머신 한 대 한 대를 수작업으로 제작했으며, 지금도 수작업을 고집한다.

이탈리아 최초의 에스프레소 머신은 19세기로 넘어가던 무렵에 출시되었지만, 바에서 커피를 마시는 것이 자연스러운 일이 된 것은 그로부터 몇십 년이 지나고 나서였다. 초기에 나온 에스프레소 머신은 우유를 데우거나 에스프레소를 추출할 때 머신에 달린 꼭지를 돌려서 작동하는 수직형 보일러를 사용했다. 당시 열원으로 전기를 쓰는 보일러도 있었고 가스를 쓰는 보일러도 있었으며 심지어 보일러 밑에 석탄 서랍을 달아 석탄으로 가열하는 보일러도 있었다. 석탄 보일러를 쓸 때는 적절한 순간에 석탄을 주입해 보일러의 온도를 조절하는 일도 바리스타의 몫이었다. 초기에 나왔던 이런 머신들은 틀림없이 제어하기가 굉장히 어려웠을 것이다.

밤비 형제는 1939년, 수평형 보일러를 처음 장착한 에스프레소 머신인 마루스Marus로 특허를 받았다. 마루스는 바리스타가 한 번에 여러 잔을 추출할 수 있게 해주었고, 끊임없이 바뀌는 에스프레소 머신 디자인의 표준이 되었다. 라마르조코측 얘기에 따르면 제2차 세계대전 동안 강철과 철을 가져다 쓰기 위해 수많은 에스프레소 머신을 녹이는 바람에 마루스 모델은 전부 사라졌으나, 원본 특허증의 복사본은 지금도 남아있다고 한다.

에스프레소의 진정한 전성기였던 제2차 세계대전 전후 시기에 라마르조코는 미학적인 기준에 초점을 맞춰 놀라울 정도로 세련

피렌체 근처 본사 공장에서 수작업으로 조립 중인 라마르조코 머신

된 제품을 창조하며 머신의 디자인 혁신을 거듭했다. 라마르조코는 1970년도에 GS 시리즈를 출시했다. GS 시리즈 머신은 일체형이었던 보일러를 스팀으로 우유를 데우는 보일러와 추출에만 집중하는 커피 보일러로 분리시킨 듀얼 보일러 시스템을 장착하며 새로운 시대를 열었다. 머신에 듀얼 보일러를 장착하면 추출 온도를 한층 더 안정적으로 유지할 수 있다.

최근 라마르조코는 에스프레소를 더 정확한 환경에서 뽑아낼 수 있도록 추출 보일러의 온도를 제어할 수 있는 PID시스템을 최초로 개발했다. PID는 비례proportional, 적분intergral, 미분derivative의 머리글자를 딴 것이며, 이 세 단어가 머신에 장착한 추출 보일러의 온도가 0.06℃까지 정확하게 제어되는 방식을 수학적으로 정확하게 설명해준다. 일반적인 에스프레소 머신은 기계로 작동하는 온도 조절 장치로 온도를 제어한다. 하지만 온도 조절 장치에는 '불감대dead band' 영역이 있어서 온도 변화의 폭이 2.2℃ 이하일 때는 반응하지 않는다. 블루보틀은 시애틀에 있는 에스프레소 비바체Espresso Vivace 카페에 이어 미국에서 두 번째로 PID시스템을 장착한 라마르조코 에스프레소 머신을 쓰는 로스터이다.

라마르조코는 2009년 피렌체 외곽에 있는 더 크고 좋은 건물로 본사를 이전한 후로도 에스프레소 제조 기술의 진보를 거듭했지만 이상하게도 대다수 머신이 이탈리아가 아닌 미국이나 일본, 이탈리아를 제외한 유럽 지역으로 수출되었다. 최고급 커피 시장은 물론 라마르조코 공장 내에서조차 이탈리아 커피의 질에 대한 불평이 심심치 않게 들려온다.

이탈리아 커피의 품질이 하락하는 요인은 크게 두 가지로 볼 수 있다. 먼저 이탈리아 정부가 에스프레소 한 잔의 가격을 1유로 선으로 규제하고 있다. 이렇게 낮은 금액으로 제한을 두니, 커피를 파는 사람들이 품질이 뛰어난 생두를 구하거나 한 잔의 샷을 뽑으려고 커피를 7g 이상 담으려는 마음을 갖기가 어렵다. 또한 대다수 커피바가 대형 로스터에서 제공하는 에스프레소 머신을 쓰기 때문에, 전반적인 커피 문화가 커피를 상품화하는 쪽으로 깊이 자리 잡았다. 그리고 이탈리아에서는 가격이 비싼 커피보다 싱글 에스프레소를 주문하는 비율이 굉장히 높기 때문에 수익성 있는 카페를 운영하려면 낮에는 에스프레소를, 밤에는 칵테일을 많이 팔아야 한다. 나와 케이틀린은 이탈리아의 피렌체, 볼로냐, 베니스를 여행하며 싱글오리진 커피를 파는 카페나 다루기 힘들지만 품질이 뛰어난 머신으로 커피를 뽑아주는 카페를 찾아다녔지만 그런 카페는 생각보다 훨씬 적었다.

현재 이탈리아 커피가 처한 상황을 비판하는 사람들이 자주 지적하는 부분은 가격 규제 정책으로 국가가 얻는 이익이 없으며 거의 모든 사람에게 보편타당한 가격은 존재하지 않는다는 것이다. 이탈리아에서는 어떤 카페를 가든 커피 맛이 아무리 나빠도 적당히 마실 만한 수준이 되며, 좋을 때는 정말 끝내주게 훌륭하다고 보면 된다. 빈말이 아니라, 사실 이탈리아 커피의 수준은 굉장히 훌륭하다. 이 지구상에서 어디를 가도 그 정도 수준을 유지하는 나라는 찾기 어렵다. 이탈리아 여행을 마치고 돌아올 때 나는 피렌체 공항에서 에스프레소 한 잔을 마신 후 프랑크푸르트 공항에서 한 잔을 더 마셨다. 두 잔 다 일리 원두를 쓰고 동일한 라심발리La Cimbali 머신으로 추출한 커피였다. 하지만 피렌체에서 마신 커피는 불쾌한 향미가 전혀 우러나오지 않아서 만족스럽게 마셨던 반면, 프랑크푸르트에서 마신 커피는 맛이 엉망이었다. 고작 비행기로 45분 거리였지만 커피 맛은 천지 차이였다.

이탈리아에서 카페가 아주 능숙하고 순조롭게 돌아가는 모습을 바라보노라면 가슴이 두근거린다. 카페에 나이가 지긋한 노부인이 들어와 쇼핑백을 내려놓고 그 자리에서 에스프레소를 마시는 모습만 봐도 그렇다. 이탈리아 손님들은 카페에서 무엇을 주문해야 하며 어떻게 행동해야 할지 알고 있다. 이탈리아인들에게 카페에서 커피를 마시는 일은 그들의 삶에 깊숙이 뿌리내린 전통이다. 미국에서 이탈리아 카페의 풍경을 똑같이 재현할 수는 없다. 더구나 일부 미국 카페들이 목표로 하는 뛰어나게 훌륭한 수준에 도달하려고 애쓰는 이탈리아 카페는 거의 없다. 그렇지만 우리는 그들의 전통은 배울 수 있다.

라마르조코는 세계 고급 커피 시장의 요구에 즉각적으로 대응하는 능력이 놀라울 정도로 뛰어나다. 이들은 자국 커피 업계의 흥미를 끌지는 못하더라도, 커피 추출 기술 발전의 끝을 보고 싶어한다. 기술의 진보를 위해 부분적으로 미국식 경영 방식을 채택하고, 미국 내 고급 커피를 취급하는 업체와 제휴 관계를 맺고 있지만 그럼에도 라마르조코는 여전히 피에르 밤비가 구현하는 전통적인 독창성과 장인 정신에 많은 부분을 의지한다.

에스프레소 머신 청소하기

오래된 커피로 추출한 커피는 맛과 향이 좋지 않다. 그러므로 커피 머신에 낀 오래된 커피는 남김없이 전부 제거해야 한다. 먼저 에스프레소용 세정제와 전용 솔이 필요하다. 에스프레소 머신에 세 갈래 밸브가 장착되어있다면 커피를 25~35번 추출할 때마다 물을 역류시켜 세척할 필요가 있다. 역류 세척은 세정제가 그룹헤드와 배관을 타고 넘어가 솔이 닿지 않는 부분을 세척할 수 있도록 해준다. 머신 제조사마다 해당 머신의 역류 세척 방법을 알려준다. 중요한 것은 제조사가 알려주는 대로 실천하는 것이다.

역류 세척을 한 후 뜨거운 물에 푼 에스프레소 전용 세정제와 솔로 그룹헤드를 꼼꼼하게 닦는데, 이때 커피 찌꺼기가 낀 부분을 집중적으로 신경 써서 닦아낸다. 샤워 스크린이 쉽게 떨어진다면 그룹헤드에서 분리한 다음, 세정제 설명서에 나온 비율대로 뜨거운 물에 세정제를 풀어서 거기에 담가두었다가 솔로 스크린을 문질러 닦는다. 포터필터에서 필터 바스켓을 꺼낸 후 포터필터와 바스켓을 세정제를 푼 뜨거운 물에 몇 분 동안 담가두었다가 잘 문질러 닦아 모든 찌꺼기를 없앤다. 에스프레소용 세정제는 맛이 좋지 않으므로 청소가 끝나면 에스프레소를 한 잔 추출해서 버리고, 세정제 없이 뜨거운 물로 모든 기구를 잘 헹군다. 자, 이제 25가지 이상의 커피를 만들 준비가 끝났다.

머신의 열 안정성 이해하기

에스프레소 머신은 계속 켜두는 것이 좋다. 열 안정성은 좋은 에스프레소를 꾸준히 추출하려 할 때 무엇보다 중요한 요소이다. 에스프레소 머신의 열용량은 추출 온도를 조절할 수 있도록 도와주는 열 흡수원heat sink 역할을 한다. 하지만 가정집에서는 머신을 예열한 상태로 계속 유지하기가 힘들다. 사람들은 아침에 눈을 뜨면 제일 먼저 커피를 마시고 싶어하면서도, 전기를 낭비할까 봐 머신의 전원을 밤새도록 켜두는 것은 꺼린다. 그렇다고 머신을 예열하려고 두 시간 전에 일어나고 싶지도 않을 것이다. 머신의 열 안정성을 유지하는 가장 손쉬운 방법은 철물점에서 간단한 타이머 장치를 구입해 머신에 연결하는 것이다. 타이머 장치를 이용해 잠에서 깨어나기 한두 시간 전에 전원이 켜지도록 설정해두자.

머신 제조사에서는 보통 20분 정도 예열하기를 권장한다. 어떤 머신은 보일러가 적절한 온도와 압력에 이르면 표시등에 불이 들어오는데, 일반적으로는 내가 추천하는 최적의 열 안정성을 보이는 상태보다 훨씬 더 빨리 불이 들어온다. 커피 맛의 차이는 제대로 예열하지 못한 머신과 완벽하게 예열한 머신 사이에서 시작된다.

에스프레소 추출하기

책으로 에스프레소를 어떻게 추출하는지 알려주는 것은 사실 바보 같은 짓이다. 이 책은 조금 더 자신감을 갖고 에스프레소를 만들 수 있도록 도와주는 길잡이에 불과하다. 책을 다 읽고 나면, 일어나서 원두 2.3kg을 사온 뒤 핸드폰 전원을 끄고 에스프레소 100잔을 추출해보라. 아마 4~5시간 정도 걸릴 것이다. 같은 방식으로 다음 주에도 해보고 그 다음 주에도 해보라. 에스프레소를 추출할 때마다 냄새를 맡아보고, 열 번 내리면 그중 한 번은 조금씩 마셔본다. 에스프레소는 커피라는 농산물과 에스프레소 머신으로 나타내는 의지와 노력과 갈망의 표현, 곧 육체적인 행위이다. 아마 에스프레소를 추출할 때마다 맛과 향이 조금씩 다를 것이다.

    추출 과정에 익숙해지는 것이 가장 중요하다. 여러분의 추출 실력은 머신과 함께할 때 발전할 것이다. 처음에는 추출하는 과정들이 손에 익지 않아서 어색하게 느껴진다. 그룹헤드에 포터필터를 장착하거나 스팀노즐로 우유를 데울 때 받는 확신할 수 없는 신체적 느낌은 단번에 사라질 리 없지만, 몇백 번 추출을 해보면 없어질 것이다. 추출에 익숙해지고 자신감이 생기는 것은 궁극적으로 반복해서 연습하면 해결되는 간단한 문제이다. 여러분의 몸과 미각이 커피를 천 번 아니 만 번 추출해본 후에 어떤 경지에 이르게 될지 상상해보라.

준비하기 적어도 1시간, 가능하면 2시간 전에 에스프레소 머신을 켜서 예열해둔다(바로 앞에서 언급한 '머신의 열 안정성 이해하기' 참고). 이때 포터필터와 바스켓을 머신에 결합한 상태로 예열해야 한다.

    그라인더에 남아있는 이전에 분쇄한 원두 찌꺼기를 깨끗하게 털어낸다. 포터필터 안에는 갓 분쇄한 커피만 담아야 한다.

    바로 다음 과정에서 도징 과정을 장황하게 써놓긴 했지만, 실제로는 가급적 신속하게 효율적으로 수행해야 한다. 최상의 추출을 하려면 포터필터를 따뜻한 상태로 유지해야 하므로, 그룹헤드에서 분리되는 시간이 최대한 짧아야 한다. 더군다나 바텀리스 포터필터는 일반 포터필터(추출구가 달린 포터필터)보다 부피가 작기 때문에 더 신경을 써서 그룹헤드에서 분리하는 시간을 최소화해야 한다.

포터필터에 커피가루 담기(도징) 머신에서 포터필터를 분리한 다음 필터 바스켓을 마른 수건으로 가볍게 닦는다.

    도징 과정을 완전히 습득할 때까지는 매번 같은 양의 커피를 정확하게 담을 수 있도록 포터필터를 그램 저울 위에 놓고 영점을 맞춘다. 일반적으로 판매하는 크기의 포터필터라면 2컵용 바스켓double basket에 커피가루 16~20g 정도를 담는다(1컵용 바스켓single basket은 절대 쓰지 말고 갖다 버리든지, 두 살짜리 아이가 있다면 장난감으로 주는 것이 좋겠다). 바스켓에 담는 양을 항상 일정하게 유지한다. 18.5g씩 담기로 했으면, 만족스럽게 추출할 때까지 계속 18.5g을 담아서 추출한다. 에스프레소를 한 번 추출할 때 한 가지 변수만 바꾸는 것이 가장 좋다.

    미리 무게를 달아놓은 포터필터를 그라인더 밑에 대고 3시에서 9시 방향으로 천천히 돌리며 분쇄되는 커피가루를 받는다. 그래야 포터필터 바스켓에 커피가루가 고르게 분포되며 담긴다.

    정확한 양을 담았는지 아까 포터필터로 영점을 맞춰둔 저울에 올려 무게를 확인한다. 커피가루는 봉긋한 언덕 모양으로 포터필터 테두리 높이보다 중앙이 올라오도록 담아야 한다.

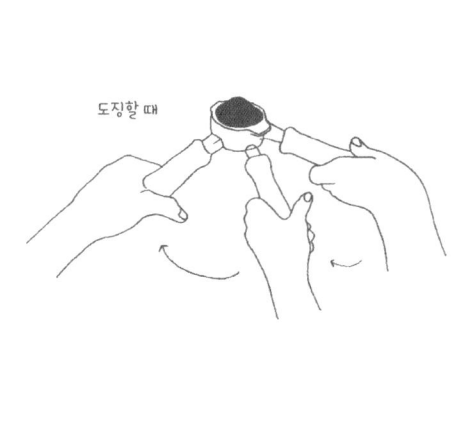
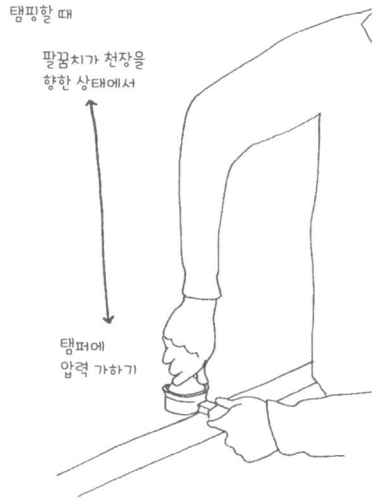

커피가루가 밑으로 내려가며 자리를 잡을 수 있게 포터필터를 조리대에 재빨리 탁탁탁 세 번 쳐준다. 이 과정을 세틀링settling이라고 부른다.

커피가루 표면을 고르게 다듬어서 탬핑하기 이제부터 설명할 과정을 보통 추출 과정 중에 가장 까다롭고 섬세한 작업으로 간주한다. 안타깝게도 이 과정이 말로 설명하기도 가장 어렵다. 먼저 커피가루 18.5g을 포터필터 바스켓에 고르게 펴주어야 한다. 포터필터 안에 담긴 커피가루의 수평과 밀도를 최대한 고르게 맞춰주지 않으면 고온고압의 물이 밀도가 낮은 부분으로 더 빠르게 흐르면서 균열이 발생해 그 부분에서 과다 추출이 일어난다. 그렇게 되면 제대로 추출한 커피보다 맛이 떨어진다.

오른손잡이라면 오른손을 들고 엄지와 검지를 좌우 반전된 L자 모양으로 벌린다. 그리고 포터필터 위에 손을 갖다 대어 엄지와 검지 사이에 있는 살이 도톰한 부분이 바스켓 위로 솟은 커피가루에 닿도록 한다. 그 상태에서 포터필터 손잡이를 잡고 있는 왼손을 5시에서 9시 방향으로 돌리며 자연스럽게 오른손으로 테두리 위로 솟은 커피가루를 밀어준다. 이 작업을 3번 반복한다. 포터필터를 한 번씩 돌려줄 때마다 봉긋이 솟아있던 부분이 깎여나가야 한다. 작업이 잘 이루어졌다면 커피가루의 표면이 거의 평평하게 맞춰졌을 것이다.

탬퍼를 커피가루 표면 위에 가볍게 올리는데, 이때 반드시 수평을 유지한다. 포터필터를 부엌 조리대 같은 평평한 판 위에 놓고 손목과 팔이 일자가 되게 펴고 팔꿈치는 천장을 향하게 한 상태에서 탬퍼를 강하게 눌러준다. 이때 커피가루에 13.5~18kg 정도의 강도로 압력을 가한다. 포터필터를 체중계에 올리고 탬핑을 하면 커피가루에 충분한 압력을 가했는지 여부를 확인할 수 있지만, 개인적으로 나는 조리대에 체중계bathroom scale를 올려놓은 모습이 좋은 풍경은 아니라고 생각한다. 이건 각자 알아서 결정하면 된다.

압력을 가해서 누른 후 힘을 가볍게 풀고 탬퍼를 180도로 돌려서 커피가루 표면을 다듬어준다. 이제 포터필터 안에 밀도가 높고 표면이 평평하고 깔끔한 퍽puck[8]이 완성되었다. 커피가루를 압축해서 다져놨기 때문에 포터필터를 뒤집어도 퍽이 포터필터에서 떨어지지 않는다.

적절한 추출 온도를 유지할 수 있도록 보일러에서 넘어온 추출수를 60mL 정도 흘려버린다. 에스프레소 머신에 포터필터를 다시 장착한다. 에스프레소 잔을 그램 저울에 달아 영점을 맞춘 후 포터필터 밑에 놓는다.

추출 여러분이 기다리던 순간이다. 이제 에스프레소를 추출해보자.

먼저 타이머 시작 버튼을 누르고 펌프를 작동시킨 후 무릎을 꿇고 앉아 밑에서 바라보면 고온고압의 물이 커피가루를 만나 에스프레소로 추출되는 모습을 볼 수 있다. 포터필터에 커피가루를 담고, 고르게 펼치고, 탬핑하는 작업을 정확하게 수행했다면 포터필터 바스켓 바닥 전체에서 동시에 균일한 갈색 에스프레소가 새어나오는 모습을 보게 될 것이다(103쪽 사진 참고). 하지만 앞 과정을 제대로 수행하지 못했다면 어떤 부분에서는 굉장히 밝은 갈색으로, 어떤 부분에서는 아주 어두운 갈색으로 추출되는 모습을 보게 될 것이다. 밝은 갈색으로 추출되는 부분은 밀도가 낮다는 의미이므로 그 부분에서 제일 먼저 에스프레소가 흘러나온다.

에스프레소를 추출할 때는 대략 초당 0.75mL 또는 7초당 1티스푼의 추출 속도를 목표로 삼는다. 모든 추출 과정이 계획에 따라 잘 진행되고 있다면 에스프레소 추출액이 몇 초 안에 필터 바스켓 바닥으로 모인 후 처음에는 한 방울씩 떨어지다가 나중에는 얇게 한 줄기로 내려온다. 성공적인 추출이라면 아름다운 적갈색의 에스프레소가 내려오다가 20~30초가 지난 후부터 색이 밝아질 것이다. 색이 변하는 순간이 펌프의 작동을 멈추고 타이머를 끄고 컵을 빼야 한다는 신호이다. 아까 영점을 맞춰둔 그램 저울에 컵을 올리고 추출한 에스프레소의 무게를 측정한다. 에스프레소의 무게는 약 35g이 적당하며, 이는 에스프레소 35mL를 의미한다.

에스프레소가 적갈색의 크레마crema(118쪽 참고)가 뜬 아름다운 자태에 정말 좋은 커피 향을 풍긴다면 한 모금 마셔보자.

문제점 해결하기 에스프레소 35mL가 10~15초 안에 나올 정도로 추출 속도가 너무 빠르면 분쇄한 원두 입자가 너무 굵은 것이다. 그라인더 분쇄도를 조절해서 다시 시도해보라.

반대로 에스프레소 35mL가 45~50초 안에 나오거나, 아예 양이 그만큼 되지 않는다면 원두를 너무 곱게 분쇄한 것이다. 입자가 굵어지는 방향으로 그라인더 분쇄도를 조절해서 다시 시도해보라.

이것이 에스프레소 추출에 관한 문제 해결책의 전부이다. 에스프레소 추출은 불가사의한 작업이 아니다. 단지 매우 어려울 뿐이다. 신선한 고품질의 원두를 쓰고, 추출 직전에 분쇄하고, 포터필터에 정확한 양을 담고, 바스켓에 든 커피가루를 균일하게 펼쳐주고, 적절한 시간 안에 추출하고, 에스프레소 무게까지 정확하게 맞췄다면 변수는 분쇄 입자의 굵기와 머신의 추출 온도밖에 없다. 추출 온도를 조절하는 방법은 머신마다 다르기 때문에 이 책에서 이야기할 수 있는 유일한 변수는 그라인더 조정이다. 그러니 커피 맛을 개선하고 싶다면 모든 요소를 일정하게 고정해두고, 분쇄도를 굵게 혹은 가늘게 조절한다.

---

8 퍽은 아이스하키에서 공처럼 치는 고무 원반이다. 미국에서는 탬핑해서 뭉쳐진 커피가루 덩어리를 보통 퍽이라고 부른다.

한 번 완벽한 에스프레소를 추출할 수 있도록 그라인더 분쇄도를 조절했다 하더라도 그 밖의 다른 요소가 달라지면 완벽한 에스프레소가 추출된다고 보장할 수 없다. 로스팅한 지 오래된 원두를 쓸 때는 분쇄도를 약간 굵게 조절해야 한다. 날씨 상황이 바뀌어도 분쇄도를 바꿔줘야 한다. 가령 파티 때문에 주방에 사람이 가득해 주변이 습해졌다면 분쇄도를 평소보다 굵게 조절해줘야 한다. 에스프레소를 내릴 때는 추출에 영향을 주는 요소에 주의를 기울이며 연습하고, 연습하고, 또 연습하는 것이 중요하다.

블루보틀 에스프레소

블루보틀에서는 블렌딩 에스프레소를 위한 목표와 싱글오리진 에스프레소를 위한 목표를 다르게 설정하고 있다. 우리는 이 두 가지 목표가 객관적으로 정확하다고는 할 수 없지만 객관적으로 설명 가능한 가치가 있다고 생각한다. 우리가 지향하는 목표는 추출하는 사람에 따라 조금씩 다르며, 우리가 에스프레스를 추출해온 몇 년 사이에 계속 발전해왔다. 그리고 정통 이탈리아식 에스프레소보다는 현대 미국 에스프레소를 개척한 사람 중 한 명이자

크레마 이야기

우리는 크레마의 색과 농도, 질감, 향을 통해 그 에스프레소가 어떤 맛을 내는지 파악할 수 있다. 보통 크레마의 상태를 진단해보면 에스프레소의 특징이 잘 드러난다. 에스프레소에 뜬 크레마를 봤을 때, 어두운 마호가니 색에 호랑이 무늬처럼 얼룩덜룩한 짙은 갈색 무늬를 띤 거품이 두툼하고 진하게 덮여있다면 우리는 맛있게 잘 뽑아낸 에스프레소가 나왔다고 생각한다(이런 크레마의 거품은 기포가 육안으로는 확인이 어려울 정도로 아주 미세하다). 마치 그릴에 구운 스테이크에 까맣게 탄 숯 자국이 그어져 있으면 훌륭한 음식이 나왔다고 생각하는 것과 비슷하다. 에스프레소 위에 뜬 크레마는 유화된 기름과 당분과 단백질로 구성된 물질로, 아주 자잘한 기포가 모여 거품의 형태를 띤다. 각각의 기포에는 굉장히 미세한 감각 정보들이 있어서, 크레마가 있는 커피를 마시면 크레마가 없는 커피보다 단위부피당 훨씬 많은 감각을 느낄 수 있다. 크레마는 세 가지 중요한 역할을 하는데, 에스프레소의 상태를 진단하는 것은 그중 한 가지일 뿐이다. 크레마는 '모자' 역할도 한다. 우리가 커핑을 할 때 커피가루가 추출한 커피 위를 덮어 중요한 가스를 그 안에 가둬놓는 것과 마찬가지이다. 또 크레마는 그 자체로도 굉장히 많은 가스를 함유하고 있어서 크레마가 없는 커피보다 더 많은 감각 정보를 지닌다. 그러므로 크레마를 걷어낸 에스프레소는 크레마가 덮인 에스프레소보다 향미가 떨어진다고 할 수 있다.

시애틀에 있는 에스프레소 비바체 카페의 CEO인 데이비드 쇼머식 에스프레소와 더 닮아있다. 쇼머는 1988년 시애틀에서 커피 노점으로 사업을 시작했는데, 달콤한 디저트와 비율이 잘 잡힌 리스트레토Ristretto 샷, 그리고 미국에서 처음으로 선보인 라테아트로 유명해졌다.

리스트레토는 제한 추출한 커피라는 뜻의 '레스트릭티드 에스프레소restricted espresso'라고도 부르며, 커피가루 7g으로 30mL의 에스프레소를 추출하는 정통 이탈리아식보다 더 높은 추출 비율로 샷을 뽑는다. 일반적으로 추출 비율이 1:1에서 1:1.5일 때 리스트레토 추출로 본다. 쇼머는 몇 년에 걸쳐 에스프레소 추출에 관여하는 변수를 측정하고 조절하는 작업에 점점 더 빠져들었고, 그 과정에서 미국인들의 커피에 대한 인식을 바꿔놓았다. 미국 커피 업계에서 추출 변수를 측정하고, 기록을 잘 정리하고, 최상의 커피를 만들기 위해 노력하고 있는 사람이라면 쇼머에게 상당히 큰 신세를 지고 있는 것이다.

블루보틀에서는 보통 네 가지 블렌딩 에스프레소를 제공한다. 우리가 블렌딩한 에스프레소 원두는 모두 특정 장소와 머신에 맞춰 개발했지만 준비할 때뿐만 아니라 추출한 결과에서도 몇 가지 공통점이 있다. 대개 우리가 에스프레소 블렌딩을 할 때 추구하는 향미는 진하고 캐러멜 같은 단맛이 있으며 여러 맛과 향이 복합적으로 어우러지고 산미가 과하거나 부족하지 않으면서 적당히 산뜻한 것이다. 우리는 블루보틀에서 블렌딩한 에스프레소가 친근하고 바디감이 있으며 버터처럼 풍부해서 누구나 좋아하는 맛이길 바란다. 블루보틀의 모든 블렌딩 에스프레소에는 저마다 중요한 의도가 있다. 우리는 그에 맞춰 블렌딩하고 로스팅하고 추출하는 환경을 미세하게 조정하면서 매년 매일 같은 품질을 유지하려고 애쓴다.

예를 들어 블루보틀의 헤이즈밸리 에스프레소Hayes Valley Espresso는 초콜릿에 살짝 담근 오렌지 껍질 같은 풍미를 의도한 것이다. 헤이즈밸리 에스프레소에 들어가는 원두는 로스팅할 때 절대 2차 크랙까지 진행하지 않지만, 보통 구성 원두 중 두 가지는 거의 2차 크랙에 가깝게 볶는다. 이는 매우 진하게 로스팅한 원두라서, 우리는 보통 로스팅하고 3~6일 정도 지난 후부터 추출하는 것을 선호한다. 만일 로스터가 헤이즈밸리 에스프레소 커피에 들어가는 구성 원두를 기준보다 약하게 로스팅했다면 고객에게 제공하기 전에 일주일 이상 휴지기를 갖는다. 우리 블루보틀은 헤이즈밸리 에스프레소의 진한 농도를 살리기 위해 2컵용 바스켓과 바텀리스 포터필터를 사용하고, 매장에서 쓰는 라마르조코 에스프레소 머신의 PID시스템(111쪽 참고)을 이용해 추출 온도를 92~93.6℃ 사이로 맞춰 추출한 에스프레소를 제공한다. 또 머신의 종류, 계절, 바리스타의 직감, 날씨, 원두의 로스팅 날짜를 고려해 포터필터에 커피가루를 보통 18.5g에서 21g 정도 담으며, 더블 리스트레토로 에스프레소 30mL를 약 34초 동안 길게 추출한다. 이렇게 추출하면 대개 헤이즈밸리 에스프레소 블렌딩이 추구했던 의도가 달성된다. 궁극적으로 추출은 생두 바이어, 로스터, 교육 부서, 매장 관리자, 바리스타 그리고 우리 커피를 찾아주시는 고객들이 모두 함께 이루어낸 합작품이다.

싱글오리진 에스프레소를 뽑을 때는 되도록 우리의 의도를 개입시키려 하지 않고, 커피 자체의 특성을 더 자연스럽게 살리려 한다. 펌프로 작동하는 현대적인 에스프레소 머신은 에스프레소를 추출하는 내내 감탄스러울 정도로 일정한 수준의 압력을 생산한다. 이 압력을 그래프로 그려보면 초반에는 그래프 선이 9bar까지 가파르게 올라가고 커피를 추출하는 30초 동안은 평평하다가 펌프 작동이 멈추면 급격히 떨어지는 모습을 볼 수 있다. 그에 비해 레버식 에스프레소 머신이 생산하는 압력의 추이는 훨씬 '부정확'하다. 그런데 압력이 9bar까지 느긋하게 올라갔

다가 마찬가지로 느긋하게 내려가는 것이 희한하게도 싱글오리진 커피의 맛을 감미롭게 해주기 때문에, 블루보틀에서는 싱글오리진 에스프레소를 추출할 때 레버식 머신을 선호한다. 우리는 펌프로 작동하는 현대적 머신이 보여주는 직선에 가까운 압력 곡선과 달리, 종 모양의 완만한 곡선으로 압력을 가해 추출하면 에스프레소의 단맛과 부드러운 질감이 더 살아난다는 사실을 알아냈다. 게다가 레버식 빈티지 에스프레소 머신은 지금까지 나온 머신 중에 가장 매력적인 외형을 자랑한다. 1950년대까지 거슬러 올라갈 정도로 오래전에 제작한 매력 넘치는 머신을 보유한다는 것은 멋진 일이며, 이 머신들은 우리 블루보틀 매장에서 부활해 추출 작업을 완벽하게 해내고 있다. 보통 블루보틀에서 싱글오리진 에스프레소를 추출할 때는 커피가루를 정량보다 조금 덜 담고, 추출 속도를 조금 더 빠르게 조절하며, 그룹헤드에서 나오는 추출량을 40mL까지 늘려서 커핑 테이블에서 가장 호평받았던 품질을 구현하고자 노력한다.

여러분도 커피를 수백 잔 뽑아보고 장시간의 연습을 통해 기본기가 제대로 잡히면 각 커피가 가진 좋은 성분을 뽑아낼 수 있다. 상황에 따라 도징, 추출 온도, 추출 시간, 추출량을 다르게 조절해보라. 그러다 보면 본인이 의도한 향미를 끄집어낼 수 있을 것이다. 블렌딩이든 싱글오리진이든 각각의 커피는 저마다 다른 속성을 지니고 있다. 열심히 노력해 추출 기술을 익히면 본인의 입맛에 맞으며 흥미로운 커피의 특징이 드러나게 하는 법을 깨우칠 수 있다.

스팀밀크 만들기

에스프레소를 추출하고 스팀밀크 만드는 법을 배우려면 연습이 좀 필요하다. 그 지역에서 생산된 질 좋고 신선한 우유를 11L 정도 준비한다. 균질화와 저온살균 처리를 거친 우유는 괜찮지만 멸균우유는 안 된다. 우유를 사 왔다면 바로 냉장고에 넣어두고 차가워질 때까지 기다린다. 찬 우유가 따뜻한 우유보다 스팀을 내기 쉽다. 이제 다시 핸드폰 전원을 끄고 연습에 몰두할 시간이다. 집중적으로 연습하며 우유를 많이 마셔보게 될 테니, 밥은 꼭 조금만 먹고 연습에 들어가자.

좋은 스팀피처는 스테인리스스틸 소재로 옆면이 곧게 쭉 뻗어 있고 손잡이가 있으며 주둥이 부분이 확실히 뾰족하게 나와 있어야 한다. 피처 용량은 데우려는 우유 양의 두 배를 넘지 말아야 한다. 355mL의 카페라테를 만든다면 590mL 용량의 피처를 써야 하며, 180mL의 카푸치노를 만든다면 355mL 용량의 피처를 써야 한다.

우유를 스팀피처에 주둥이가 나와있는 부분에서 1.3cm 정도까지 오게 붓는다. 나중에 한결같은 기술을 구사하려면 연습할 때 매번 이 정도까지 우유를 채우고 성공하는 것을 목표로 삼는 것이 좋다.

뜨거운 물이 뿜어져 나오도록 스팀밸브를 틀었다가 잠근다. 이것을 퍼징purging(물 흘리기)이라고 부른다. 매번 스팀하기 전후로 스팀노즐에서 물을 빼줘야 한다. 그리고 스팀 작업을 한 후에는 노즐에 우유가 남아서 굳지 않도록 젖은 행주로 깔끔하게 닦아준다. 우유가 딱딱하게 엉겨 붙은 스팀노즐은 그저 그런 카페로 전락하게 만드는 가장 암울한 원인이다. 우유가 엉겨 붙은 스팀노즐은 이렇게 얘기하는 주인의 마음을 보여준다. "난 청결에 신경 쓰지 않아. 닦는 게 어려운 일은 아니지만 하지 않겠어." 나는 우유가 엉겨 붙은 스팀노즐을 보면 그 카페의 다른 기물은 또 얼마나 더러울지 궁금해진다. 그러니 머신에 달린 스팀노즐은 깨끗하게 닦아주자.

스팀밀크를 만들 때 데울 때 한 가지만 기억하자. 우유를 회전시킬 것. 먼저 스팀피처 손잡이를 한 손으로 잡는다. 그래야 나머지 한 손의 손가락을 피처 옆면에 대보며 온도를 확인할 수 있다. 피처에 담긴 찬 우유에 스팀노즐을 6mm 정도 담근 뒤 피처를 잡고 있지 않은 손으로 스팀밸브를 강하게 틀어준다. 그리고 스팀노즐의 끝이 담긴 상태로 스팀피처의 바닥이 조리대와 평행하게 위치를 조정한 후 우유에 스팀을 줘서 거품이 소용돌이치게 한다. 우유가 회전하고 있다! 아주 작은 기포들(이상적으로는 너무 작아서 눈으로 보이지 않는 정도가 가장 좋다)이 회전하는 우유 속으로 주입된다. 스팀으로 정확하게 데운 우유를 마셔보면 거품 덕분에 단순한 방법으로 데운 우유보다 훨씬 더 맛이 좋고 단맛이 확연히 더 난다. 스팀피처에 손가락을 대본다. 이때 편안한 정도를 넘어서 손가락이 약간 뜨겁다 싶은 정도인 62℃에서 스팀밸브를 잠그고 스팀피처와 스팀노즐을 분리한 후 스팀을 잠깐 열어서 노즐의 물을 빼준다! 그러고 나서 젖은 수건으로 스팀노즐을 닦아준다.

이제 끝났다. 스팀밀크를 만들 때는 우유가 스팀피처 안에서 최대한 빨리 회전하게 해야 한다. 목표는 걸쭉하고 달콤하며 윤기가 흐르는 고운 우유를 만드는 것이다. 스팀밀크는 초콜릿 푸딩처럼 윤기가 흐르며, 스팀피처에서 하얀 페인트처럼 흘러나와야 한다. 그리고 봄비가 그친 후 야외에 나가 풀을 뜯는 젖소들에게서 맛볼 수 있는 우유처럼 달콤하고 따뜻해야 한다.

이런 스팀밀크를 만들려면 연습이 필요하다. 스팀밀크의 기포가 너무 크다면 노즐을 우유 속에 충분히 집어넣지 않은 것이다. 반대로 우유에 스팀을 줄 때 소용돌이가 치지 않거나 완성된 스팀밀크에서 윤기가 흐르지 않는다면, 다시 말해서 거품은 없고 뜨겁게 데운 우유만 완성되었다면 스팀노즐을 너무 깊게 담근 것이다. 스팀밀크 만들기를 백 번 정도 연습하면서 만들 때마다 냄새를 맡아보자. 너무 오래 익힌 커스터드 냄새가 난다면 온도가 너무 높은 상태로 스팀을 준 것이다. 이때는 찬물로 피처를 헹군 후 다시 연습한다. 거품을 낸 스팀밀크에 윤기가 자르르 흐르면 데미타세 잔에 조금 따라서 한 모금 마셔본다. 입안에 풍부한 질감이 감돌면서 기분 좋은 단맛이 날 것이다. 거품을 내는 연습을 하며 10L가 넘는 우유를 썼다면, 이제 에스프레소에 스팀밀크를 부어보고 싶겠지만 알아두어야 할 점이 몇 가지 더 있다.

스팀밀크를 따르는 기본적인 방법 스팀밀크를 따를 때, 많은 홈 바리스타들이 엉뚱한 길로 잘 빠진다. 이들은 단골 카페에서 바리스타가 그려준 하트나 튤립, 나뭇잎을 많이 봤지만 정작 본인은 그렇게 할 수 없다는 사실에 좌절한다. 홈 바리스타들은 스팀밀크를 따를 때마다 라테아트로 친구들의 마음을 흔들며 바리스타로서의 능력을 인정받고 싶어한다. 라테아트에 신경을 끄면 그냥 맛있게 잘 뽑은 커피를 즐길 텐데, 오히려 그 즐거움을 라테아트가 방해하는 꼴이다. 여러분은 기분이 나빠지려고 이삼천 달러를 지불한 것이 아니라 행복해지려고 에스프레소 머신을 구입한 것이다. 그러니 조급하게 굴지 말고, 에스프레소를 완벽하게 잘 뽑아내고 부드럽고 달콤한 스팀밀크를 만드는 일에 집중하라. 우유가 제대로 회전할 수 있게 노력하고 스팀밀크의 맛을 자주 보라. 모양을 내는 일은 전문가에게 맡기고 커피 맛에 공을 들여라.

스팀밀크에 작은 기포들이 남아 있고 질감이 거칠어 보이면 스팀피처를 조리대에 두세 번 강하게 쳐준다. 예전에 파머스 마켓에서 일할 때는 카트에서 스팀피처를 내리칠 때마다 튄 수십 개의 우유 방울 자국이 묻은 안경을 그대로 쓰고 퇴근하곤 했다. 스팀피처를 탁탁 바닥에 쳐서 비교적 큰 기포를 없앤 후, 좋은 보르도 와인을 입에 대기 전에 잔을 휘휘 돌려주는 것처럼 피처에 든 우유를 크게 돌려준다. 그러면 스팀밀크 표면에 있는 거품이 더 매끄러워진다.

우유를 따를 준비가 끝나면 스팀피처의 뾰족하게 나온 주둥이를 에스프레소 표면에 최대한 가까이 가져다 댄다. 이때 오른손잡이라면 왼손으로, 왼손잡이라면 오른손으로 에스프레소가 든 잔을 잡고 더 능숙하게 쓸 수 있는 손으로 스팀피처를 잡는다. 잔을 시계라고 생각하고, 부어주는 위치는 오른손잡이라면 3시에서, 왼손잡이라면 9시에서 시작한다. 우유를 빠르게 붓지 않으면 피처 표면에 있는 밀도가 가벼운 거품이 먼저 떨어져 완벽하게 완성할 기회를 망치게 되므로, 과감히 빠르게 붓는다. 그리고 빠르게 중앙을 지나 오른손잡이라면 9시 방면으로, 왼손잡이라면 3시 방면으로 끝까지 이동한다.

우유가 크레마 표면을 뚫고 들어가 크레마 바로 밑에 우유층을 형성할 수 있을 정도로 빨리 부어줘야 크레마가 잔 위에 계속 떠있을 수 있다. 우유를 따르는 시작 지점에서 중앙 지점을 지나갈 때, 부드럽고 폭신한 어린이용 글러브로 라이벌의 따귀를 때린다고 상상하며 팔은 고정한 채 손목만 움직여준다. 우유의 양을 정확하게 측정해서 제대로 스팀밀크를 만들었다면, 스팀밀크를 따르는 지점이 컵의 맞은편에 다다랐을 때 우유가 모두 소모되었을 것이다. 설명한 대로 우유를 부었다면 크레마에 어떤 모양이 나타날 수도 있다. 모양이 나왔다면 훌륭하게 잘한 것이다. 하지만 모양이 나오지 않아도 걱정할 필요는 없다. 다시 맛에 집중하라. 맛에 집중하다 보면 언젠가는 예쁜 라테아트를 그릴 수 있다.

에스프레소 응용 메뉴

마키아토와 카푸치노, 카페라테의 차이는 무엇일까? 블루보틀에서는 매장에서 일하는 바리스타들에게 이 세 가지 음료를 주로 비율의 차이로 가르친다. 마키아토는 80mL 용량의 데미타세 잔에 우유(스팀밀크를 내기 전의 양)와 에스프레소를 1:1 비율로 하며, 카푸치노는 180mL 용량의 잔에 우유와 에스프레소를 4:1 비율로, 카페라테는 355mL 용량의 잔에 우유와 에스프레소를 8:1 비율로 한다. 여기에서 알아둬야 할 중요한 점은 '적절한' 마티니 비율이 얼마인가에 대한 정의만큼이나 마키아토나 카푸치노나 카페라테를 만드는 '적절한' 비율에 대한 정의도 많다는 사실이다. 블루보틀에서는 모든 직원이 내부 기준에 맞춰 스팀밀크를 내고, 에스프레소를 추출하고, 브루잉 커피를 내려, 고객들이 어떤 매장에서 어떤 바리스타가 제조하든 일정한 품질의 음료를 마실 수 있다는 것을 인식하며 그 가치를 인정해주는 것을 중요하게 생각한다. 우리는 지방이 함유된 일반 우유를 사용한다. 지방의 비율이 그렇게 높지는 않은데, 한번 먹어보면 지방이 들어간 우유로 만든 커피가 맛있다. 만일 지방 함유량 때문에 마시기가 꺼려진다면 우유의 양이 비교적 적은 마키아토나 카푸치노를 선택해서 맛있게 즐기자.

지브롤터 블루보틀에서는 지브롤터 커피를 리비 글라스Libbey Glass에서 만든, 아랫부분이 비스듬한 팔각형 모양인 135mL 용량의 락스 잔rocks glass에 제공한다. 지브롤터 커피의 구성 비율은 보통 에스프레소 37mL에 스팀밀크 75mL로, 마키아토와 카푸치노의 딱 중간이라고 보면 된다. 지브롤터는 추출하자마자 바로 벌컥벌컥 마시라고

커피를 마시다 / 123

만드는 커피이므로 스팀밀크를 너무 뜨겁지 않게, 그리고 밀도가 낮고 입자가 곱게 내어 얹어준다. 서둘러 가야 하는 바쁜 고객들도 바 앞에서 지브롤터를 마시며 바리스타와 가볍게 인사를 주고받는 일을 무리없이 60초 안에 다 해치운 후 자리를 뜬다. 우리는 앙증맞고 매력적인 잔에 지브롤터를 담아주는데, 이 잔은 들고 있는 사람까지 멋있어 보이게 한다. 절대 나쁘지 않은 잔이다.

우리는 린덴 스트리트에서 간이 매장 개점을 준비하던 시기에 이 유리잔을 들여왔다. 한 직원이 이 잔을 커핑용으로 쓸 만한 크기로 착각해서 주문했는데, 받아보니 커핑용으로는 너무 작아서 배송될 때 담겨온 상자에 다시 넣어 한쪽 구석에 두었다. 그 상자에는 대문자로 크게 지브롤터GIBRALTAR라고 인쇄되어 있었다. 우리는 간이 매장에 들여온 에스프레소 머신을 테스트하면서, 이 상자를 선반에서 다시 꺼냈다. 크레마 상태를 확인해야 했는데, 샷을 평가하는 데에는 투명하고 작은 그 유리잔이 제격이었다. 우리가 신규 매장에 들여온 에스프레소 머신은 무슨 프랑켄슈타인 박사처럼 다소 예민한 데가 있어서, 추출한 샷을 평가하는 일이 매우 중요했다. 그것은 캘리포니아 지역에서 최초로 시도하는 PID시스템을 장착한 라마르조코 에스프레소 머신(111쪽 참고)이었는데, 당시 PID시스템뿐만 아니라 레버가 아닌 펌프로 작동하는 머신 자체가 생소해서 고통스러울 정도로 연구 개발 과정이 굉장히 길었다.

우리가 간이 매장을 열었을 당시 린덴 스트리트는 상당히 지저분한 거리였다. 그런데 바로 옆 건물에 다크가든

Dark Garden이라는 매장에서 일하는 코르셋 제작자들이 몇 명 있었다. 곧 그들은 밖으로 나와 우리가 간이 매장에서 무슨 일을 하는지 구경하기 시작했다. 우리는 라마르조코 머신에서 좋은 샷을 추출한 날이면, 다크가든 직원들에게 에스프레소를 내려줬다. 하지만 대다수 가드너(우리는 다크가든 직원들을 이렇게 불렀다)들은 입이 고급이라 우리 기준에 괜찮은 에스프레소를 줘도 귀엽게 코를 찡그리며 이렇게 외쳤다. "커피가 너무 진해요!" 그래서 우리는 가드너들에게 커피를 줄 때 마치 미니 라테처럼 에프스레소 위에 스팀밀크를 살짝 부어서 줬다. 마침내 간이 매장을 개점한 후 우연히 지나가던 사람이 그 커피를 보더니 이름이 뭐냐고 물었고, 재치 있는 직원 하나가(그 직원은 커피 업계에서 지금도 성공적으로 경력을 쌓고 있다) 능글맞게 웃으며 이렇게 말했다. "아, 이 커피 이름은 지브롤터예요."

그 후 사람들이 갑자기 그 커피를 주문하기 시작했다. 간이 매장의 플라스틱 메뉴판을 이미 찍은 뒤였기에, 우리는 의도치 않게 메뉴판에 없는 유명 메뉴를 갖게 되었다. 지브롤터는 스페인 에스프레소 바의 대표 메뉴인 코르타도cortado와 닮았다. 코르타도는 비교적 적은 양으로 부드럽게 거품을 낸 우유로 심하다 싶을 만큼 강하게 로스팅한 스페인식 에스프레소의 쓴맛을 완화시켜 귀여운 유리잔에 담아낸다. 하지만 우리가 지브롤터를 처음 만들 때는 코르타도라는 커피에 대해 알지 못했다.

매우 당황스럽게도 우리가 지브롤터를 팔기 시작한 후 다른 커피숍에서도 이내 지브롤터를 메뉴에 넣어 팔기 시작했고, 요즘은 유럽과 일본에서도 지브롤터를 주문할 수 있다. 나는 우리가 가드너들을 위해 만들어낸 음료가 135mL짜리 에스프레소 음료의 흥행에 절대적인 역할을 했다고 생각하지는 않는다. 하지만 지브롤터 덕분에 우리가 사람들의 인정을 받았고 예전에는 수요층이 불분명했던, 추출한 장소에서 바로 마시는 소량의 농축 에스프레소 음료를 원하는 사람이 늘어났다고 생각하고 싶다.

카페모카와 핫 초콜릿

블루보틀에서 파는 주요 에스프레소 음료는 에스프레소, 마키아토, 카푸치노, 카페라테, 이 네 가지이지만 우리는 고품질의 핫 초콜릿도 자랑으로 여기고 있다. 우리는 파머스 마켓에서 장사할 때도 원재료인 카카오가 초콜릿으로 판매될 때까지 모든 과정을 직접 관리하는 샌프란시스코의 초콜릿 전문 회사 티시에이치오 TCHO에서 초콜릿을 받아, 초콜릿 음료에 들어가는 가나슈를 만든 후 스팀밀크를 부어 핫 초콜릿을 만들었다.

그렇게 우리에게는 언제나 쓸 수 있는 초콜릿 가나슈와 에스프레소가 있었기에, 핫 초콜릿에 에스프레소 샷 하나면 완성되는 카페모카를 찾는 고객들의 요청을 거절하는 것은 실례를 범하는 것이나 다름없었다. 게다가 커피에 초콜릿, 우유나 크림을 섞어서 마시는 전통은 18세기 토리노에 있는 알 비체린al Bicerin 카페에서 탄생한 이후 지금까지 이어져온 것이다. 카페모카가 아무것도 섞지 않고 만드는 순수한 음료는 아니지만, 제대로 된 기술이 있어야 진정성과 자부심을 가지고 만들어 제공할 수 있는 음료라고 믿는다. 게다가 우리는 카페모카가 강하고 쏩쓸한 커피에 익숙하지 않은 사람들이 나중에 다른 커피 메뉴를 마실 수 있도록 '관문' 역할을 해준다는 사실도 알고 있다.

핫 초콜릿과 카페모카에 들어가는 가나슈

2~3잔을 만들기에 충분한 분량

물을 섞어서 만드는 이 가나슈는 우리가 핫 초콜릿이나 카페모카를 만들 때 기본 재료가 된다. 교육 부서의 다각적인 테스트를 통해 우리는 우유나 크림대신 물에 초콜릿을 녹인 가나슈를 썼을 때 가장 풍부하고 맛있는 음료가 나온다는 사실을 알아냈다. 운 좋게도 우리 동부와 서부 매장 인근에 각각 우리에게 맞는 초콜릿을 만들어주는 초콜릿 회사가 있다. 샌프란시스코에서는 티시에이치오에서 만든 마시는 초콜릿을 쓰고, 뉴욕에서는 마스트 브라더스Mast Brothers에서 만든 단일 원산지의 카카오로 만든 싱글오리진 다크 초콜릿을 쓴다. 독자들이 쓰는 초콜릿 종류에 따라 가나슈의 강도가 달라지므로, 기호에 따라 양을 조절해야 할 수도 있다.

- 굵게 다진 다크 초콜릿 85g
- 끓는 물 ¼컵(60mL)

작은 볼이나 2잔 용량의 계량컵에 다진 초콜릿을 넣는다. 초콜릿에 끓는 물을 부은 후 초콜릿이 부드러워질 때까지 저어주며 녹인다. 핸드 블렌더가 있다면 그것을 이용해 물과 초콜릿을 완전히 섞어준다. 완성한 가나슈를 밀폐용기에 넣어서 냉장고에 보관하면 1주일까지 쓸 수 있다. 사용할 때는 전자레인지에 넣고 부드럽게 녹여서 쓴다.

카페모카

1잔 분량

카페모카는 흔히 다른 커피 음료로 넘어가는 관문 역할을 한다. 정말이다. 기호가 바뀌기까지 비교적 오랜 시간이 걸리는 사람들이 일부 있을 뿐이다. 헤이즈밸리 간이 매장의 초창기 단골 중 한 명은 카페모카 맛에 완전히 중독돼 한창 때는 하루에 다섯 잔씩 마시는 통에 파이브 모카 데이비드Five Mocha David*라는 별명까지 얻었다. 나중에 데이비드는 결국 첨가물이 없는 순수한 블랙커피로 돌아섰지만, 초콜릿 음료를 좋아하던 시절에 붙은 별명은 떨칠 수 없었다. 가나슈는 굉장히 걸쭉하고 따뜻한 상태로 음료에 들어가기 때문에, 우리 블루보틀에서는 아이스 카페모카 주문을 받으면 정중하게 거절한다. 우리는 초콜릿 음료를 차갑게 만들거나 얼음을 넣으면, 초콜릿 방울이 보기 흉하게 뭉쳐서 풀리지 않는다는 사실을 확인했다.
참고로, 이 레시피에서 에스프레소를 생략하면 놀랍게도 핫 초콜릿이 완성된다.

- 핫 초콜릿이나 카페모카를 만들 때 쓰는 가나슈 3테이블스푼
- 우유나 두유로 만든 스팀밀크 1컵(240mL)
- 리스트레토 2샷(119쪽 참고)

가나슈를 280mL 용량의 도자기 컵에 담는다. 에스프레소를 뽑자마자 바로 가나슈 위에 부은 다음, 컵에서 위로 30~50cm 떨어진 지점에서 스팀밀크를 붓는다. 스팀밀크가 떨어지며 그 중력이 가나슈와 우유를 휘저어 완전히 섞이게 해준다. 따로 저을 필요는 없다. 완성된 카페모카를 바로 낸다.

---

* 카페모카를 다섯 잔 마시는 데이비드라는 의미이다.

커피에 곁들여 먹다

EAT

2002년에 제임스와 처음 만났을 때, 그는 블루보틀 사업을 막 시작한 참이었고 나는 멕 레이, 리즈 던과 공동으로 미에트를 개업해 일 년 정도 운영하던 중이었다. 우리 둘 다 샌프란시스코 연안 파머스 마켓의 노점상으로 사업의 첫발을 내딛었다. 제임스는 금요일마다 올드 오클랜드 마켓에서 원두를 팔고, 나는 토요일마다 버클리 마켓에서 케이크를 팔았다. 당시 미에트에는 귀여운 핑크색 차양을 씌운 커피 카트가 있었다. 나는 매주 덜그럭거리며 그 카트를 버클리 파머스 마켓에 끌고 가 케이크 매대 옆에 세워두고 커피를 팔았다. 우리 미에트는 제임스가 두 번째로 뚫은 원두 거래처였다. 제임스는 받아들이기 힘들겠지만 사실 우리가 제임스의 원두를 선택한 이유는 전적으로 그가 가져온 커피 봉투가 마음에 들어서였다. 고백하건대 당시 내 커피 추출 실력은 완전히 재앙 수준이었다. 그래도 귀엽게 차려입고 수줍은 미소를 지으며 "커피랑 같이 드시도록 쿠키 하나 드릴까요?"라고 생기발랄하게 말을 건네면 대개 잘 넘어갈 수 있었다. 게다가 그때까지만 해도 다행히 블루보틀이 초창기여서, 그 커피가 제대로 추출하면 얼마나 맛있는 커피인지 아는 사람이 거의 없었다.

나는 이 상황을 개선하고 싶어서, 제임스에게 토요일마다 버클리 마켓에 와서 커피 내리는 일을 도와달라고 요청했다. 그러다 아예 우리 카트를 넘겨받으라고 애원하기에 이르렀다. 다행히 제임스는 내 요청을 받아들여 카트를 인수했고, 나의 전속 맛 평가단(175쪽의 파리지앵 초콜릿 마카롱 이야기 참고)이자 사랑받는 마켓의 새 인물이 되어 계속 내 옆자리를 지킬 수 있었다. 2004년에 연인이 되기까지 우리는 오랫동안 멋진 친구 사이로 지내면서 각자의 분야에서 최선의 결과물을 내기 위한 직업의식과 결단력, 미적 감각과 헌신을 서로 이해하며 존경했다.

그리고 2008년 10월 29일, 우리는 결혼했다. 샌프란시스코 시청에서 소박한 결혼식을 올린 후, 나는 웨딩드레스를 입은 채 헤이즈밸리 간이 매장에서 친구들과 가볍게 커피 한잔을 마셨다. 그러고는 바로 택시를 타고 변호사 사무실로 달려가 미에뜨에 투자했던 지분을 처분한다는 서류에 사인을 했다. 나의 새로운 인생은 그렇게 시작됐다. 운 좋게도 결혼 후 첫 3개월간 안식 휴가를 가질 수 있었다. 나는 휴가가 끝나면 블루보틀 안에서 작은 페스트리 부서를 시작해 나중에는 나만의 파이 가게를 차릴 계획이었다. 안식 휴가 세 달 중 마지막 한 달은 친구들에게서 가정식 레시피를 수집하고, 커피와 잘 어울릴 것 같은 향신료를 다양하게 조합해보고, 헤이즈밸리 간이 매장과 민트플라자 카페의 첫 페스트리 메뉴를 개발하면서 시간을 보냈다.

블루보틀 페스트리 부서는 원래 사랑하는 우리 남편을 잠시 돕기 위한 단기 프로젝트로 시작했지만, 블루보틀이 샌프란시스코 현대 미술관SFMOMA 옥상에 있는 조각 정원에 신규 매장을 내면서 절대 버리고 싶지 않은 일이 되어버렸다. 과거 미술을 공부하던 시절, 케이크를 그린 웨인 티보Wayne Thiebaud의 작품들은 내 상상력을 자극하고 나를 페스트리 셰프로 이끌어준 원천이었다. 미술관에 전시되는 작품에서 받은 영감 덕분에, 나는 새로 문을 연 블루보틀 카페에서 내 예술적인 배경 지식을 디저트로 승화해 주기적으로 새로운 메뉴를 출시할 수 있었다. 그렇게 개발한 디저트 중에는 당연히 웨인 티보의 그림에서 영감을 얻은 케이크도 있다. 블루보틀은 내가 일하기 시작한 2009년부터 급속히 성장했다. 지금 내가 지휘하는 페스트리 부서는 블루보틀 카페 네 곳에 쿠키와 케이크를 공급하는 오클랜드 로스터리, 샌프란시스코 현대미술관에 있는 소형 주방, 그보다 더 작은 브루클린 로스터리에 있는 주방까지 세 곳이다. 각 주방마다 생산하는 메뉴도 다르고, 맛있는 메뉴를 만드는 직원도 각각 다르지만 한 가지 공통점이 있다. 그것은 우리의 모든 메뉴는 커피 한잔에 곁들여 먹기에 아주 잘 어울리도록 만든다는 점이다.

계속 읽어나가면 알 수 있겠지만, 이번 장에서는 아침 식사 대용식부터 언젠가 제임스를 소름 돋게 한 마카롱까지 여러 가지 페스트리 레시피를 소개하고 있다. 또 우리 친구들이 블루보틀 커피를 활용해서 만든 독창적인 레시피 몇 가지와 함께 민트플라자 매장에서 아침과 점심 메뉴로 판매하는 맛깔스러운 요리도 엄선해서 수록했다.

커피를 만들 때와 마찬가지로 요리를 할 때에도 조리 기법부터 시작해 도구, 재료, 측정 방법까지 결과물에 영향을 미치는 작은 변수들이 무수히 많다. 요리를 시작하기 전에 몇 가지 알아둬야 할 점부터 짚고 넘어가자.

-케이틀린 프리먼

베이킹 도구

이 책에 소개한 모든 레시피는 스탠드 믹서가 있다는 전제하에 썼다. 그렇지만 이중 대부분을 핸드믹서로, 일부 레시피는 믹싱볼과 나무 스푼을 가지고 만들어봤을 때 결과물이 모두 상당히 만족스러웠다. 스탠드 믹서가 없다면 자신의 직감과 경험을 발휘해 맞는 도구를 찾아 쓰면 된다.

오븐도 성능이 제각각이기 때문에, 독자들 주방에 있는 모든 오븐에 맞는 조리 시간을 정확하게 제시하기란 거의 불가능하다. 이 책에 나오는 메뉴들은 각자의 집에서 레시피를 검증해준 우리 테스터들 덕분에 우리 집에 있는 구식 웨지우드 오븐레인지부터 온도를 정확하게 맞춰주는 신형 오븐, 컨벡션 오븐, 심지어 토스트용 오븐에 이르기까지 다양한 오븐으로 테스트를 마쳤다. 예상한 대로 최적의 조리 시간은 오븐마다 제각기 달랐다. 그러므로 오븐을 쓸 때는 육안으로 다 구워졌는지 확인하면서 조리하는 것이 실패하지 않는 가장 확실한 방법이다.

내가 홈 베이킹에서 짜릿하게 성장한 순간을 꼽아보자면, 케이크를 굽는 팬의 종류나 쿠키의 크기를 굳이 레시피에 나온 대로 따를 필요가 없다는 사실을 깨달았을 때였다. 이 책에 수록한 레시피는 실제로 블루보틀에서 쓰고 있거나 독자들이 집에서 가장 쉽게 따라할 수 있겠다고 생각한 것들이다. 그러므로 제대로 익히고 싶다면, 처음에는 내가 알려주는 레시피대로 만들어보기를 권한다. 하지만 일요일 날 정원에서 브런치를 먹으려고 친구들을 불렀는데 케이크를 일일이 잘라서 나눠주기 번거로운 상황이라면, 망설이지 말고 과일 버클을 작은 컵케이크 크기로 만들어 각자 가져다 먹을 수 있게 하자. 레시피와 다르게 작은 크기로 만들려면 당연히 그에 맞게 굽는 시간도 조절해야 한다. 하지만 레시피대로 큰 팬에 만들어본 적이 있다면, 작은 팬에 구울 때도 육안이나 다른 단서를 활용해 적당히 익었는지 쉽게 확인할 수 있다. 확인할 수 있는 단서를 잘 살피면서 요리에 집중한다면 쿠키나 베이킹 팬의 크기가 달라져도 상관없고, 본인이 쓰는 오븐의 특성에 맞춰 유연하게 대응할 수 있다.

여러분이 마련해두면 좋을 최고의 주방 기구 중 하나는 열전대 온도계이다(사진 참조). 열전대 온도계는 오븐이나 에어컨 온도를 점검하기 위해 과학계나 산업계에서 흔히 사용하는 전자 온도 센서로, 철물점에서 구입할 수 있다. 가격이 상당히 저렴하고 온도를 굉장히 정확하게 측정해주며 사용하기 쉽고 위생적으로 청결하다. 나는 오븐 온도를 확인하거나, 홈메이드 요거트(141쪽)처럼 온도에 민감한 레시피나 시럽의 온도를 잴 때 열전대 온도계를 사용한다. 이 온도계는 매우 유용해서 베이킹을 하거나 커피를 추출할 때 쓰기에 투자할 만한 가치가 있다.

무게 계량

나는 온도를 0.1도 단위까지 알려주는 열전대 온도계를 애용하는데, 내게 있는 몇몇 그램 저울의 경우 무게를 0.01g 단위까지 계량해주기 때문에 훨씬 더 자주 애용한다. 우리 블루보틀의 페스트리 주방 세 곳에는 각각 세 가지 유형의 디지털 저울이 구비되어 있다. 하나는 최대 5kg까지 계량할 수 있고 다른 하나는 0.01g 단위로 2kg까지 계량할 수 있다. 그리고 나머지 하나는 140g까지밖에 계량할 수 없지만 향신료처럼 소량을 계량할 경우에는 이 저울로 재는 것이 가장 정확하다. 계량의 중요성을 알려주는 전설적인 책 『더 케이크 바이블The Cake Bible』의 저자인 로즈 레비 베런바움Rose Levy Beranbaum은 1g의 차이가 베이킹 결과에 미치는 영향에 대해 이렇게 말했다. "'고작 1g이 결과에 영향을 미치겠어?'라는 안이한 자세로 시작하면 그 마음가짐이 계량은 물론 다른 작업에까지 영향을 미쳐 실제로 베이킹 결과가 달라집니다. 정확하게 계량하는 습관은 베이킹뿐 아니라 일상에서도 좋은 길잡이 역할을 해줍니다."

정확하게 계량하는 것이 좋긴 하지만, 나는 이 책에서 소량의 재료는 무게로 표시하지 않았다. 가정용 레시피에서 소량은 웬만한 저울보다 티스푼이나 테이블스푼으로 계량하는 것이 더 낫다. 하지만 티스푼이나 테이블스푼으로 계량할 양이 아닌 경우에는 모두 무게 단위를 수록했다. 베이킹을 할 때 재료를 무게 단위로 계량한다면 최상의 결과를 얻는 데 확실히 도움이 된다. 로즈의 『더 케이크 바이블』에 나온 단위 환산표는 사람들이 쓰는 무게-부피 변환의 기준이 되었다. 그리고 내가 이 책에서 설명한 계량에 관한 이야기는 그녀에게서 배운 것이다.

밀가루를 부피로 계량할 때 유의할 점

밀가루는 이 책에 나오는 모든 재료 중에 가장 정확하게 계량하기 어려운 재료이지만 베이킹에서 빠질 수 없는 가장 중요한 재료이기도 하다. 나는 다목적용 밀가루를 계량할 때 1컵을 140g으로 변환해 사용한다. 이는 로즈가 쓰는 1컵에 135g보다 조금 더 많은 양이다. 내가 변환한 밀가루 한 컵의 무게는 퍼서 깎아주는 방법을 기준으로 정했다. 컵을 밀가루 포대에 바로 집어넣어 밀가루를 퍼 담은 후 컵 위로 올라온 밀가루를 칼로 깎아주는 것이다. 이렇게 담으면 밀가루를 스푼으로 떠서 담은 컵보다 밀가루가 20g 이상 더 들어간다.

컵에 터무니없는 양을 담을까 봐 두려운 마음이 당장 디지털 그램 저울을 사올 정도까지는 아니라면, 설거지할 그릇이 줄어든다는 점을 따져보라. 그램 저울이 있다면, 재료를 계량할 때 필요한 것은 그릇 한두 개와 저울뿐이다. 가루용 계량컵이나 액체용 계량컵을 여러 개씩 더럽힐 필요도 없고 견과류를 계량하기 전에 다져야 하는지 말아야 하는지 질문할 필요도 없다. 거트루드 스타인Gertrude Stein이라면 이렇게 말했을지도 모른다. '그램은 그램이라서 그램이다.'[1]

---

[1] 반복적이고 긴 문장으로 유명한 작가, 거트루드 스타인이 쓴 "장미가 장미인 것은 장미가 장미니까rose is rose is rose is rose."라는 시행을 비유한 것이다.

재료

레시피에 별다른 언급이 없다면 모든 재료, 그중에서도 버터와 달걀은 특히 실온 상태로 준비해야 한다. 차가운 버터를 빠르게 실온 상태로 만들려면 작게 잘라서 주방의 따뜻한 자리에 10분 정도 두면 된다. 달걀을 빠르게 실온 상태로 만들 때는 32~38도 사이의 미지근한 물에 달걀을 넣어놓고 약 10분간 기다린다. 부드럽게 푼 버터에 설탕을 넣고 섞다가 달걀을 넣고 섞으라는 레시피가 나왔을 때, 실온 상태의 버터와 달걀을 써야 완벽하게 유화된 반죽이 나올 수 있다.

달걀은 껍질을 깨고 휘젓지 않은 상태로 쟀을 때 50g 정도 나가는 조금 큰 달걀을 쓴다. 초콜릿은 카카오가 60% 이상 함유된, 그냥 먹기에도 맛있는 다크 초콜릿을 선택한다. 소금에 대해서라면, 나는 흔히 알갱이가 큰 소금을 사용해서 씹다 보면 한번씩 생각지도 못했던 소금 맛이 나는 짭짤한 디저트를 좋아한다. 이렇게 알갱이가 큰 소금이 어울리는 레시피에는 코셔 소금Kosher salt보다는 맬든Maldon 브랜드에서 나온 소금이 적당하다(소금의 종류별 차이점과 레시피에 나온 소금이 찬장에 없을 때 다른 소금으로 대체하는 방법을 알고 싶다면 165쪽 참고).

나머지 재료는 전적으로 여러분이 결정하면 된다. 나는 집에서든 블루보틀 주방에서든 베이킹을 할 때는 유기농 유제품, 달걀, 밀가루를 사용하고 가능하면 해당 지역의 식자재 업체를 이용하려고 노력한다. 비용이 조금 더 많이 들기는 하지만 유기농이나 그 지역 식자재를 쓰면 더 좋은 결과물이 나온다고 믿는다. 나는 이 책에서 소개한 레시피에 향신료를 첨가하거나 다른 재료로 대체해서 실험해보기를 적극 권장하며, 본문에서 이와 관련한 힌트를 제안할 것이다. 163쪽에 취향에 맞춰 레시피를 간단하게 수정하는 방법을 소개하고 있으니 꼭 확인해보자.

이제 시작이다. 굽고 익혀서 커피와 함께 먹어보자! 여러분이 완성된 음식뿐 아니라 음식을 만드는 과정까지 즐길 수 있게 되길 바란다. 이것이 나의 가장 큰 소망이다.

황설탕과 겨울에 어울리는 향신료가 들어간 그래놀라 / 138

홈메이드 요거트 / 141

리에주 와플 / 142

자흐테 와플 / 144

레몬 피스타치오 스트로이젤을 얹은 딸기 버클 / 145

피칸 캐러웨이 스트로이젤을 얹은 흑맥주 커피 케이크 / 148

수란 토스트 / 152

익힌 채소와 토마토 소스를 곁들인 카탈로니아식 수란 요리 / 154

블루보틀 베네딕트 / 155

황설탕과 겨울에 어울리는 향신료가 들어간 그래놀라
Brown Sugar and Winter Spice Granola

12~15인분 / 손으로 조리하는 시간: 25분
총 조리 시간: 2시간 30분

블루보틀 그래놀라를 건강식이라고 부르기에는 다소 과장된 측면이 있다. 황설탕 시럽으로 단맛을 내고 시나몬과 넛메그로 살짝 풍미를 낸 블루보틀 그래놀라를 큼직하게 부숴 먹으면 달달하면서 짭짤한 맛이 어우러진다. 이 레시피에서는 굵은 소금을 다소 넉넉하게 넣어 맛을 살렸다. 이 그래놀라는 우유와 잘 어울리고 요거트(특히 141쪽의 홈메이드 요거트)에 얹어 먹으면 환상적이며, 과일에 곁들여 먹기에도 일품이다. 그래놀라 재료를 저온에서 천천히 오래 구우면 귀리와 견과류가 부드럽게 익어서 씹기 쉬우면서도 바삭바삭한 그래놀라가 완성된다. 오븐에서 구울 때 견과류와 시나몬과 넛메그가 섞여 황홀한 냄새를 풍기기 때문에 자꾸 그 주변을 서성이게 되겠지만, 그래놀라가 바삭바삭하게 건조해질 때까지 뒤적이지 말고 참을성 있게 기다리며 계속 구워야 한다.

이 레시피대로 만들면 상당히 크기가 큰 그래놀라 한 판이 나온다. 만들기 쉽게 양을 반으로 줄일 수도 있지만, 한 번 구울 때 2시간 이상 걸리고 오랫동안 보관할 수 있다는 점을 고려하면 오히려 크게 한 판을 만드는 편이 낫다고 생각한다.

- 꾹 눌러 담은 황설탕 1½컵(325g)
- 물 ⅓컵(80mL)
- 으깬 귀리 4컵(400g)
- 굵게 다진 호두 1½컵(170g)
- 굵게 다진 피칸 1½컵(170g)
- 갓 빻은 계피 1티스푼
- 갓 빻은 넛메그 1티스푼
- 맬든 소금 ¾티스푼(165쪽 참고)
- 카놀라유 ⅓컵(80mL / 71g)
- 바닐라 익스트랙 2½티스푼

오븐을 120℃로 예열한다.

작고 묵직한 소스팬에 황설탕과 물을 넣고 섞는다. 소스팬을 중불에 올리고 설탕이 다 녹아서 끓을 때까지 계속 저어주며 시럽을 만든다. 상온에서 식힌다.

큰 볼에 귀리, 호두, 피칸, 계피, 넛메그를 넣고 소금을 뿌린 후 잘 섞어둔다.

황설탕 시럽에 카놀라유와 바닐라 익스트랙을 넣고 완전히 섞은 후 귀리 혼합물에 붓는다. 고른 질감이 나올 때까지 손으로 잘 버무려준다. 지저분해지겠지만 이 작업을 할 때는 손이 최고의 도구이다.

버무린 혼합물을 가로세로 33×46cm의 테두리가 있는 베이킹 팬에 옮겨 담은 후 손으로 톡톡 두드려서 평평하게 다듬어준다. 혼합물이 두툼하긴 해도 팬의 테두리보다 위로 올라오게 해서는 안 된다.

예열한 오븐에 혼합물을 넣고 75분간 굽는다. 오븐에서 꺼낸 후 가능하다면 커다란 그래놀라가 부서지지 않도록 주의하며 큰 금속 스패출러로 뒤집어준다. 뒤집은 그래놀라를 다시 오븐에 넣고 완전히 건조되어 씹어도 무른 식감이 전혀 나지 않을 때까지 60분간 굽는다. 완성된 그래놀라는 식힌 후 낸다.

그래놀라를 밀폐용기에 넣어서 상온에 보관하면 2주간 먹을 수 있다.

홈메이드 요거트 Homemade Yogurt

약 8인분 / 손으로 조리하는 시간: 30분
총 조리 시간: 10시간 30분

제임스와 나는 새콤한 홈메이드 요거트를 매우 좋아해서 매주 2L 정도씩 만들어 놓고 아침으로 먹는다. 일상적인 우리 집 아침 식탁이란 뉴욕타임스 신문이 펼쳐져 있고, 블루보틀 파자마 차림의 제임스 앞에는 카푸치노 한 잔, 내 앞에는 찻주전자에 우린 차, 그리고 커다란 볼에 둘이 함께 먹을 요거트가 있는 것이다. 우리는 보통 그 요거트 위에 홈메이드 그래놀라(138쪽 참고)나 파머스 마켓에서 사온 신선한 과일과 다진 아몬드를 토핑으로 얹어 먹는다. 매주 요거트 만드는 일은 어렵지 않지만 반드시 오븐이나 그 외의 따뜻한 장소를 6시간 동안 쓸 수 있을 때 만들어야 한다.

    요거트를 만들 때는 아주 간소한 도구만 있으면 되지만, 제대로 성공하려면 온도를 정확하게 맞춰주는 것이 굉장히 중요하므로 주방용 온도계가 꼭 필요하다. 액체인 우유를 걸쭉한 요거트로 만들어주는 유산균은 온도가 49℃ 이상 올라가면 죽는다. 그러므로 우유에 요거트 유산균을 넣은 후에는 혼합물의 온도를 무조건 49℃ 이하로 유지해야 한다.

    홈메이드 요거트에는 유화제나 겔화제가 들어있지 않기 때문에 시판용 요거트에 비해 질감이 균일하지 않다. 하지만 순수하고 간단하며 새콤한 맛이 내가 지금까지 먹어본 그 어떤 시판용 요거트보다도 만족스러웠다.

- 우유 4컵(945mL / 968g)
- 배양균이 살아있는 플레인 요거트 2테이블스푼

중간 크기의 묵직한 소스팬에 우유를 붓고 중불에서 끓기 바로 직전인 82~88℃ 사이 온도가 될 때까지 가열한다. 불을 끄고 우유를 43℃까지 식힌다.

    작은 볼에 요거트를 넣고 43℃로 식힌 우유를 ¼컵 부은 후 매끄럽게 섞일 때까지 휘젓는다. 여기에 남은 우유를 모두 넣고 충분히 휘젓는다.

    요거트 혼합물을 메이슨자 Mason jar 유리병 같은 뚜껑이 있는 내열용기나 요거트 메이커 용기에 붓는다. 메이슨자 유리병은 945mL짜리 한 개를 쓰거나 더 작은 용량을 여러 개 써도 괜찮다.

    요거트 메이커를 쓴다면 사용설명서에 따라 요거트를 만든다. 요거트 메이커를 쓰지 않는다면 요거트 혼합물을 점화용 보조 버너만 켜놓은 가스 오븐에 넣어두거나 전기장판 위에 놓고 온도를 중간 정도로 맞춘 후 수건을 덮어주는 식으로 따뜻한 장소에 둔다. 이상적인 온도는 38~41℃ 사이이다. 요거트 메이커를 쓰지 않는다면 한번씩 혼합물의 온도를 확인해서 49℃가 넘어가지 않도록 주의한다. 약 6시간 동안 그대로 둔다. 6시간보다 짧게 두면 새콤한 맛이 덜하고, 6시간보다 오래 두면 새콤한 맛이 더 강해진다.

    완성된 요거트를 먹기 전에 냉장고에 4시간 이상 넣어 차갑게 식힌다. 이때 하룻밤 보관해둔 뒤에 먹는 것이 이상적이다. 요거트를 밀폐용기에 넣고 냉장고에 보관하면 1주일간 먹을 수 있다.

리에주 와플 Liège Waffles

약 6개 / 손으로 조리하는 시간: 30분
총 조리 시간: 2시간

블루보틀 페리 빌딩 카페에서는 이 벨기에식 와플을 주문받으면 그때부터 구워 따끈따끈한 와플을 낸다. 바삭한 설탕 옷을 입혀 시럽을 곁들일 필요가 없게 만든 리에주 와플은 간편하게 들고 다니며 먹기 좋은 아침 식사 또는 달콤한 간식이다. 이 리에주 와플 레시피는 맛있는 메뉴를 조언해주는 우리의 좋은 친구 스튜어트 브리오자 Stuart Brioza가 블루보틀에서 먼지 쌓인 벨기에산 와플 기계를 발견하고서 개발해준 것이다.

대체 가능 재료 바닐라 빈은 바닐라 익스트랙 1티스푼으로, 박력분 pastry flour은 다목적용 밀가루(중력분)로 대체할 수 있다.

- 활성 드라이 이스트(분말 이스트) 1¼티스푼 또는 생 이스트 1½티스푼
- 온도 32~38℃의 미지근한 물 ¼컵(60mL)
- 무염버터 ½컵(113g)
- 박력분 ¾컵(105g)
- 다목적용 밀가루(중력분) ⅔컵(91g)
- 입자가 굵은 설탕 granulated sugar[2] 1테이블스푼 + 반죽 위에 뿌려줄 적당량
- 맬든 소금 ½티스푼(165쪽 참고)
- 실온 상태의 달걀 5개(250g)
- 바닐라 빈 1개
- 펄슈가 pearl sugar 3테이블스푼(아래 NOTE 참고)

작은 볼에 이스트와 미지근한 물을 넣고 섞은 후 5분간 그대로 둔다.

버터를 녹인 후 46℃ 정도로 식힌다. 두 가지 밀가루와 설탕을 각각 체에 쳐 큰 볼에 내리고 소금을 넣고 섞는다.

중간 크기의 볼에 달걀을 깨 넣는다. 바닐라 빈을 반으로 갈라 씨를 긁어낸 후 달걀이 든 볼에 넣고 세게 휘저어 잘 섞는다. 여기에 밀가루 혼합물과 물에 푼 이스트와 녹인 버터를 넣고 매끄러운 반죽이 될 때까지 휘젓는다.

볼에 든 반죽을 랩으로 씌우고 두 배로 부풀 때까지 1시간 동안 휴지시키거나 냉장고에 하룻밤 넣어둔다.

두 배로 부푼 반죽에 펄슈가를 넣고 살살 섞은 후 15분간 그대로 둔다. 벨기에식 와플 메이커를 중불보다 약간 센 불에 올리고 예열한다.

반죽을 ½컵(120mL)에서 ¾컵(150mL) 정도 떠서 와플 메이커에 붓고 그 위에 설탕을 약간 뿌려준다(반죽이 들어가는 양은 와플 메이커에 따라 다를 수 있다. 얼마만큼 부어야 완벽한 와플이 나오는지 확인할 때까지는 다소 적은 양을 붓는다). 와플 메이커의 표시등이 꺼질 때까지, 혹은 와플이 노릇노릇하고 바삭해질 때까지 굽는다. 완성된 와플은 따뜻할 때 바로 낸다.

NOTE 펄슈가는 사탕무에서 추출한 설탕을 압축한 것으로 암염과 다소 비슷하게 생겼다. 녹는점이 매우 높아서 반죽에 넣고 구워도 모양을 그대로 유지하며 와플의 바삭한 식감을 살려준다.

---

2 '그래뉴당'이라고 부르는 입자가 굵은 설탕이다.

자흐테 와플 Zachte Waffles[3]

6~7개 / 손으로 조리하는 시간: 30분

총 조리 시간: 30시간

우리는 버터향이 물씬 풍기는 이 커다란 와플을 민트플라자 카페에서 판매한다. 들고 다니며 먹을 수 있게 만든 리에주 와플(142쪽 참고)과 달리 이 폭신하고 부드러운 와플은 여유로운 주말 아침에 테이블에 앉아 커피를 마시며 버터와 메이플 시럽을 듬뿍 발라 먹는 와플이라 할 수 있다. 카페에서 와플을 제공하자는 아이디어는 일본에 갔을 때 들렀던 다나카 바 Tanaka bar에서 얻었다. 믿기 어렵겠지만 다나카 바는 24시간 영업하는 사이펀 커피 전문 카페로, 커피 메뉴판 옆에 와플 메뉴 사진이 붙어있다. 난 새벽 6시에 다나카 바에서 본 한 젊은 일본인 남성만큼 기품이 넘치는 취객을 지금까지 본 적이 없다. 그 남성은 파란색 양복과 넥타이 차림으로 와플을 먹고 커피를 마셔가며 출근 지하철을 타기 전에 술기운에서 벗어나려고 노력하고 있었다.

대체 가능 재료　바닐라 빈은 바닐라 익스트랙으로 대체할 수 있다.

- 다목적용 밀가루 2½컵(350g)
- 설탕 ½컵(100g)
- 베이킹파우더 2티스푼
- 코셔 소금 ½티스푼
- 실온 상태의 달걀 2개(100g)
- 하프앤하프 크림 2컵(475mL / 484g)
- 바닐라 빈 ½개
- 녹인 무염버터 7테이블스푼(100g)+와플에 곁들여 낼 부드러운 버터 적당량
- 곁들여 낼 메이플 시럽 적당량

큰 볼에 밀가루, 설탕, 베이킹파우더, 소금을 넣고 잘 섞는다.

　중간 크기의 볼에 달걀과 하프앤하프 크림을 넣고 잘 혼합될 때까지 세게 휘젓는다. 바닐라 빈을 갈라 긁어낸 씨를 달걀 혼합물에 넣고 바닐라 씨가 고루 분포될 때까지 섞어준다. 여기에 밀가루 혼합물을 넣고 날가루가 보이지 않을 때까지만 잘 섞어준 후 녹인 버터를 넣고 부드럽게 저어준다.

　와플 메이커를 중불보다 조금 센 불로 예열한다. 반죽을 넣고 와플 메이커의 표시등이 꺼질 때까지 또는 와플이 노릇노릇하고 바삭해질 때까지 굽는다. 완성된 와플은 부드러운 버터와 메이플 시럽을 곁들여 따끈할 때 바로 낸다. 와플은 막 구워 뜨거울 때가 제일 바삭하고 맛있다. 만일 많은 인원이 함께 먹는다면, 먼저 만든 와플은 모든 와플을 구울 때까지 93℃로 예열한 오븐에 넣어두었다가 함께 내면 따뜻하게 먹을 수 있다. 하지만 이렇게 오븐에 들어갔던 와플은 겉이 완벽하게 바삭바삭하지는 않다.

　와플이 남았다면 완전히 식혀서 지퍼백에 넣고 냉동실에 보관하면 한 달간 먹을 수 있다. 냉동시킨 와플을 토스터기에 데워 평일 아침식사로 간편하게 즐기자.

3　네덜란드어로 부드러운 와플이라는 뜻이다.

레몬 피스타치오 스트로이젤을 얹은 딸기 버클
Strawberry Buckle with Lemon-Pistachio Streusel

지름 23cm 크기의 케이크 1개: 6~8인분 / 손으로 조리하는 시간: 45분
총 조리 시간: 1시간 45분

제임스는 고객이 카페에서 먹고 마시는 모든 경험을 직접 조율할 수 있다는 점에서 블루보틀에 페스트리 부서가 있다는 사실을 매우 자랑스럽게 생각한다. 그래서인지 그가 블루보틀 페스트리 진열장에 평범한 머핀은 진열하지 않겠다며 유난을 떠는 바람에, 아침으로 머핀을 생각하고 방문한 손님들이 진열장에 머핀과 비슷한 음식이 아무것도 없다며 실망하는 일들이 생겼다. 나는 '머핀'이 '아침으로 먹는 케이크'를 돌려서 표현한 말임을 충분히 깨달은 후, 아침 식사용 케이크를 내놓기로 결심했다. 그리고 버터향이 물씬 풍기는 과일 케이크를 개발해 우아한 종이 머핀 컵에 담아서 진열했다.

버클buckle은 커피에 곁들여 먹는 미국 전통 케이크로 본래 과일, 그중에서도 주로 블루베리를 넣어서 만드는 케이크를 뜻한다. 전통적인 방식대로 케이크 위에 스트로이젤을 듬뿍 얹어 구우면 과일과 스트로이젤이 반죽 사이에 골짜기를 만들어 케이크가 울퉁불퉁해진다고 한다. 나는 집에서 이 레시피로 만들 때 좀 더 울퉁불퉁해지기 쉽도록 한 판으로 크게 만들어 굽는 것을 좋아한다. 그래야 제임스에게도 머핀이 아니라 케이크라고 안심시킬 수 있고 말이다.

대체 가능 재료 우리는 버클 덕분에 계절 과일이 들어간 메뉴를 선보일 수 있다. 봄에는 전통적인 바닐라 아몬드 스트로이젤을 올린 블루베리 버클을, 여름에는 레몬 피스타치오 스트로이젤을 올린 라즈베리 복숭아 버클을, 가을에는 호두 스트로이젤을 올린 호박 버클을, 겨울에는 피칸 스트로이젤을 올린 구운 귤 버클을 판매하는 식이다. 재료의 양만 맞춰준다면 딸기 대신 어떤 과일이든 넣을 수 있고 피스타치오 외에 다른 견과류를 넣어도 되며, 시트러스 계열의 과일이라면 어떤 것이든 제스트[4]로 스트로이젤에 넣을 수 있다. 호박 버클의 경우, 과일 대신 늙은 호박이나 겨울 호박winter squash[5]을 구워서 만든 퓌레(NOTE 참고) ¾컵을 넣고, 밀가루에 넛메그 가루와 계피가루를 각각 ¼티스푼씩 넣어 케이크를 만든다.

스트로이젤 재료
- 차가운 무염버터 6테이블스푼(85g)
- 다목적용 밀가루 1컵(140g)
- 설탕 ½컵((100g)
- 코셔 소금 ¾티스푼
- 레몬 1개의 제스트
- 껍질을 까고 굵게 다진 무염 피스타치오 ½컵(76g)

케이크 재료
- 다목적용 밀가루 1컵(140g)
- 베이킹파우더 1티스푼
- 실온 상태의 무염버터 11테이블스푼(156g)
- 설탕 ¾컵(150g)
- 코셔 소금 ¾티스푼
- 실온 상태의 달걀 2개(100g)
- 바닐라 익스트랙 1티스푼
- 먹기 좋은 크기로 썬 딸기 1컵(133g)

---

4 껍질을 강판으로 잘게 간 것
5 늦가을에 익어 겨울에 먹는 서양 호박

스트로이젤을 만들 때는, 버터를 잘게 썰어서 5분간 상온에 둔다.

혼합기paddle를 끼운 스탠드 믹서[6]의 믹싱볼에 밀가루, 설탕, 소금, 레몬 제스트를 넣고 섞는다. 여기에 잘게 썬 버터를 넣고 혼합물이 해변의 굵은 모래처럼 거슬거슬해질 때까지 약 2분간 저속으로 혼합한다. 적당한 질감이 나오면 피스타치오를 넣고 굵은 자갈처럼 덩어리지기 시작할 때까지 섞는다. 이때 스트로이젤이 완전히 하나의 반죽이 되지 않도록 주의한다. 완성한 스트로이젤을 바로 쓰지 않을 경우 밀폐용기에 넣고 냉장실에서는 3일, 냉동실에서는 1달까지 보관할 수 있다.

케이크를 만들 때는, 오븐을 175℃로 예열한다. 지름이 23cm인 스프링폼팬springform pan[7]의 옆면과 바닥에 버터를 바른 후 밀가루를 뿌려준다.

밀가루와 베이킹파우더를 체 쳐서 작은 볼에 내린다.

혼합기를 부착한 스탠드 믹서의 믹싱볼에 버터를 넣고 매끄러운 상태가 될 때까지 저속으로 1~2분간 섞어 풀어준다. 여기에 설탕과 소금을 넣고 잘 혼합될 때까지 저속으로 섞어준다. 믹싱볼 옆면에 묻은 혼합물을 밑으로 깨끗이 긁어내린 후 중속으로 혼합물의 색이 밝아지고 질감이 폭신해질 때까지 4~5분간 돌려준다.

다른 작은 볼에 달걀과 바닐라 익스트랙을 넣고 세게 휘저어 잘 섞는다.

스탠드 믹서에 버터 혼합물이 든 믹싱볼을 놓고 달걀 혼합물을 일정한 속도로 아주 천천히 부으며 중속으로 약 30초 동안 돌려 잘 섞어준다. 믹싱볼 옆면에 묻은 혼합물을 밑으로 깨끗이 긁어내린 후 중속으로 30초간 더 돌려준다.

다시 볼 옆면에 묻은 혼합물을 긁어내린 후 체에 친 밀가루 혼합물을 붓는다. 그리고 저속으로 반죽의 질감이 균일해지도록 섞는다. 과일을 넣고 고르게 혼합될 때까지 고무 스패출러를 이용해 반죽을 퍼 올리는 느낌으로 살살 섞어준다.

케이크에 스트로이젤을 올려 구울 때는, 케이크 반죽을 준비해둔 스프링폼팬에 붓고 오프셋 스패출러나 고무 스패출러로 평평하게 정리한 후 그 위에 스트로이젤을 골고루 뿌려준다. 팬을 오븐에 넣고 55~60분간 굽는다. 이때 중간에 한 번씩 팬을 돌려가면서, 스트로이젤은 수분이 날아가 고슬고슬하면서도 노릇하게 익고 케이크는 탄탄하게 익어 중앙 부분을 부드럽게 누르면 본래 모양대로 다시 올라올 때까지 굽는다. 케이크를 팬째로 식힘망에 올려놓고 30분 동안 식힌 후 꺼낸다. 따뜻할 때 내거나, 식을 때까지 상온에 둔다. 뚜껑이 있는 용기에 넣고 상온에 보관하면 3일간 먹을 수 있다.

NOTE 호박 퓌레를 만들 때는 먼저 오븐을 190℃로 예열한다. 도토리처럼 생긴 호박이나 일본 단호박, 빨간 단호박, 버터넛 스쿼시 등 여러 식용 호박 중 한 가지를 골라 반으로 자른 후 씨를 긁어낸다. 기름을 칠한 베이킹 팬에 호박의 자른 단면이 아래로 가도록 놓고 오븐에 넣은 후, 호박이 푹 익어서 칼이 쉽게 들어갈 때까지 약 45분간 굽는다. 호박을 손으로 안전하게 손질할 수 있을 때까지 식힌 후 속을 파낸다. 호박을 부드럽게 으깨거나 푸드 프로세서에 넣고 곱게 갈아준다. 조리 시간을 단축하고 싶거나 만든 퓌레의 상태가 좋지 않다면 단맛이 적은 통조림 호박 퓌레를 써도 괜찮다.

---

6 스탠드 믹서에 부착할 수 있는 믹싱툴은 혼합기paddle, 반죽기bread hook, 거품기whisk 이렇게 3가지가 있다.
7 스프링폼팬(분리형 팬)은 바닥이나 옆면을 분리하여 내용물을 쉽게 들어낼 수 있는 금속 제빵 팬을 말한다.

피칸 캐러웨이 스트로이젤을 얹은 흑맥주 커피 케이크
Stout Coffee Cake with Pecan-Caraway Streusel

지름 23cm 크기의 케이크 1개: 6~8인분 / 손으로 조리하는 시간: 45분

총 조리 시간: 3시간 45분

2009년 블루보틀 연말 파티에서 샌프란시스코의 명소로 꼽히는 스테이트 버드 프로비전State Bird Provisions 레스토랑의 오너이자 내 친구인 니콜 크래신스키Nicole Krasinski 페스트리 셰프가 흑맥주와 귀리가 들어간 훌륭한 케이크를 만들어줬다. 우리는 니콜 덕분에 케이크에 맥주가 들어갈 수도 있다는 사실을 처음 알았다. 우리 직원들 대부분이 커피에 대해서는 전문가인 반면 맥주에 대해서는 문외한이었는데도 내가 만들어준 어떤 디저트보다 뜨거운 반응을 보이는 것을 보면서, 그 케이크가 커피와 잘 어울릴 수도 있겠다는 생각이 머릿속을 스쳤다. 나는 니콜에게 그 레시피를 수정해서 우리 카페에서 판매해도 될지 물었고, 니콜은 기꺼이 허락해줬다.

나는 거의 모든 빵류에 스트로이젤을 얹는 것을 좋아한다. 하지만 이미 여러 풍미가 조화를 이루고 있는 케이크에 추가적인 풍미를 더하려니 아이디어가 잘 떠오르지 않았다. 나는 내 영감의 원천인 향신료 서랍을 열고 살펴보다가, 디저트에 한번 사용해보고 싶었던 향긋한 캐러웨이 씨 봉투를 발견했다. 그래, 이거야! 함께 추가한 피칸은 캐러웨이를 고소한 맛으로 풍부하게 감싸주며, 황설탕은 케이크의 맛을 달달하면서도 편안하게 잡아준다. 이 케이크를 메뉴로 넣은 블루보틀 매장에서는 그 지역에서 생산하는 흑맥주를 사용한다. 샌프란시스코에서는 매그놀리아 브루어리에서 판매하는 스타우트 오브 서컴스탠스Stout of Circumstance 맥주를 쓰고 뉴욕에서는 브루클린 브루어리에서 판매하는 블랙 초콜릿 스타우트 Black Chocolate Stout 맥주를 쓴다. 나는 색이 어둡고 진한 스타우트stout[8]나 포터porter[9] 같은 흑맥주를 추천하며 가능하면 그 지역 맥주를 쓰라고 권하고 싶다.

이 케이크는 만들기 전에 귀리와 커런트[10]를 맥주에 2시간 동안 재워둬야 하므로, 계획을 잘 세워서 만들어야 한다.

스트로이젤 재료
- 차가운 무염버터 7테이블스푼(100g)
- 다목적용 밀가루 1컵(140g)
- 입자가 굵은 설탕 ¼컵(50g)
- 꾹 눌러 담은 황설탕 ¼컵(54g)
- 캐러웨이 씨 2티스푼
- 코셔 소금 ¾티스푼
- 다진 피칸 1¼컵(142g)

케이크 재료
- 흑맥주 1컵(240mL)
- 으깬 귀리 1컵(100g)
- 커런트 ¼컵(57g)
- 다목적용 밀가루 1½컵(210g)
- 베이킹소다 1티스푼
- 실온 상태의 무염버터 ½컵(113g)
- 입자가 굵은 설탕 1컵(200g)
- 꾹 눌러 담은 황설탕 1컵(217g)
- 코셔 소금 1¼티스푼
- 실온 상태의 달걀 2개(100g)

---

8 맥아를 검게 볶아 사용하여 검은색에 가까운 흑맥주
9 스타우트보다 색이 약간 연하며 맥아즙 농도와 발효도, 홉 사용량이 높아 맛이 강하고 진한 흑맥주
10 알이 작고 씨가 없는 건포도

스트로이젤을 만들 때는, 버터를 잘게 썰어서 약 5분간 상온에 둔다.

혼합기를 부착한 스탠드 믹서의 믹싱볼에 밀가루, 입자가 굵은 설탕, 황설탕, 캐러웨이 씨, 소금을 넣는다. 여기에 잘게 썬 버터를 넣고 해변의 굵은 모래처럼 거슬거슬해질 때까지 저속으로 약 2분간 혼합한다. 적당한 질감이 나오면 피칸을 넣고, 굵은 자갈처럼 덩어리지기 시작할 때까지 섞는다. 이때 스트로이젤이 완전히 하나의 반죽이 되지 않도록 주의한다. 완성한 스트로이젤을 바로 쓰지 않을 경우 밀폐용기에 넣고 냉장실에서는 3일, 냉동실에서는 1달까지 보관할 수 있다.

케이크를 만들 때는, 케이크 반죽을 만들기 2시간 전에 볼이나 뚜껑이 있는 용기에 흑맥주, 귀리, 커런트를 넣고 잘 섞은 뒤 뚜껑을 덮고 2시간 동안 상온에 둔다. 2시간 후, 혼합물에서 맥주를 따라내 건더기와 맥주를 따로 보관해둔다(맥주에 재우는 과정을 전날 미리 해도 괜찮다. 하루 전날 2시간 동안 맥주에 귀리와 커런트를 담가놓은 뒤 맥주를 따라낸다. 그리고 맥주와 건더기를 따로 뚜껑이 있는 용기에 담아서 냉장고에 넣어둔다).

오븐을 175℃로 예열한다. 지름이 23cm인 스프링폼팬의 옆면과 바닥에 버터를 바른 후 밀가루를 뿌려준다.

밀가루와 베이킹소다를 체에 쳐 작은 볼에 내린다.

혼합기를 부착한 스탠드 믹서의 믹싱볼에 버터를 넣고 저속으로 1~2분 동안 돌려 매끄러운 상태가 될 때까지 풀어준다. 여기에 입자가 굵은 설탕과 황설탕과 소금을 넣고 저속으로 섞어준다. 믹싱볼 옆면에 묻은 혼합물을 밑으로 깨끗이 긁어내린 후 혼합물의 색이 밝아지고 질감이 폭신해질 때까지 중속으로 4~5분간 돌려준다.

다른 작은 볼에 달걀을 넣고 흰자와 노른자가 완전히 혼합될 때까지 휘젓는다.

스탠드 믹서에 버터 혼합물이 든 믹싱볼을 놓고 달걀을 일정한 속도로 아주 천천히 부으며 약 30초간 중속으로 돌려 매끄럽게 잘 섞어준다. 믹싱볼 옆면에 묻은 혼합물을 밑으로 깨끗이 긁어내린 후 중속으로 30초간 더 돌려준다.

다시 믹싱볼 옆면에 묻은 혼합물을 깨끗이 긁어내린 후 스탠드 믹서를 저속으로 돌리며 밀가루 혼합물과 맥주를 번갈아 넣는다. 이때 밀가루 혼합물은 3회에 걸쳐, 맥주는 2회에 걸쳐 넣는데, 제일 처음과 끝에는 밀가루 혼합물을 넣어야 한다. 반죽에 날가루가 보이지 않고 잘 혼합될 때까지 섞는다. 귀리와 커런트를 넣고 고르게 혼합될 때까지 고무 스패출러를 이용해 반죽을 퍼 올리는 느낌으로 살살 섞어준다.

케이크에 스트로이젤을 올려 구울 때는, 케이크 반죽을 준비해둔 스프링폼팬에 붓고 오프셋 스패출러나 고무 스패출러로 평평하게 정리한 후 그 위에 스트로이젤을 골고루 뿌려준다. 오븐에 넣고 55~60분간 굽는다. 이때 중간에 한 번씩 팬을 돌려가면서, 스트로이젤은 수분이 날아가 고슬고슬하면서도 노릇하게 익고 케이크는 탄탄하게 익어 중앙 부분을 부드럽게 누르면 본래 모양대로 다시 올라올 때까지 굽는다. 케이크를 팬째로 식힘망에 올려놓고 30분간 식힌 후 꺼낸다. 따뜻할 때 내거나, 식을 때까지 상온에 둔다. 뚜껑이 있는 용기에 넣고 상온에 보관하면 3일간 먹을 수 있다.

수란 토스트 Poached Eggs on Toast

2~4인분 / 손으로 조리하는 시간: 15분

총 조리 시간: 15분

블루보틀을 개점하고 처음 6년간은 파머스 마켓이든 헤이즈밸리 간이 매장이든 야외에 서서 커피를 마셔야 했다. 샌프란시스코에서 유서 깊은 올드 민트 빌딩 뒤편에 있는 위험한 뒷골목에 첫 매장을 내게 되었을 때, 제임스는 일본식 커피 기구를 설치하고 수란 토스트를 중심으로 간단한 음식을 제공하는 세련된 공간을 계획했다. 결과적으로 제임스의 아이디어는 대성공을 거뒀다. 민트플라자 카페의 초소형 주방에서는 인덕션 두 개와 컨벡션 오븐 하나로 우리의 예상보다 많은 양의 수란 요리가 만들어져 나온다. 대충 계산해보니 민트플라자 지점을 내고 첫 3년 동안 그 엉성한 주방에서 블루보틀 요리사인 에인절 아르게요와 엔리케 아르게요 형제가 무려 6천 개가 넘는 수란을 완벽하게 만들어냈다. 아르게요 형제는 물이 막 끓기 시작했을 때 달걀을 깨 넣은 뒤 바로 불을 끄고 데치는 방식으로 수란을 만들기 때문에 달걀을 물에 넣고 익히는 과정을 계속 지켜볼 필요가 없다. 수란을 만들 때는 한꺼번에 너무 많은 달걀을 끓는 물에 넣지 않도록 주의한다. 한꺼번에 너무 많이 넣으면 온도가 훅 떨어지기 때문에 달걀이 제대로 익지 않는다.

수란 재료
- 달걀 4개
- 백식초 white vinegar 나 와인 식초 2테이블스푼
- 코셔 소금
- 실온 상태의 버터
- 두툼하게 썬 토스트용 빵 2~4조각 (NOTE 참고)
- 갓 빻은 흑후추

모든 달걀을 아주 작은 볼이나 램킨 ramekin 에 각자 한 개씩 깨 넣는다.

딱 맞는 뚜껑이 있는 넓고 깊은 소스팬에 바닥에서 10cm 높이까지 물을 붓는다. 팬에 식초 2테이블스푼과 소금을 약간 넣는다. 물을 펄펄 끓인 후 불을 끈다. 불을 끄자마자 바로 달걀을 조심스럽게 물속에 흘려 넣는다. 이때 달걀들 사이의 간격을 최소 5cm 정도는 확보해야 한다(공간이 충분하지 않다면 나눠서 익힌다. 달걀을 새로 넣기 전에는 물을 다시 끓인다). 팬 뚜껑을 닫은 다음 흰자는 익고 노른자는 터트리면 흘러나오는 상태가 될 때까지 3분에서 3분 30초 정도 그대로 둔다. 완성된 수란을 구멍이 뚫린 국자로 건져내 물기를 잘 빼준다.

빵에 버터를 발라 구운 후 빵 한 조각당 1~2개의 수란을 올려준다. 소금과 후추를 뿌려 간을 맞춘 뒤 바로 낸다.

NOTE 블루보틀 민트플라자 카페에서는 샌프란시스코 연안에 있는 애크미 브레드 컴퍼니에서 공수한 풍미와 질감이 부드러운 식빵을 사용한다. 하얀 기본 식빵을 두툼하게 썰어서 살짝 구우면 겉은 적당히 바삭하면서 속은 부드럽다. 나는 인근에서 구입한 갓 구운 식빵이나 바게트를 추천하지만 사실 어떤 빵이든 잘 어울리는 레시피이므로 본인이 좋아하는 빵을 사용하면 된다.

익힌 채소와 토마토 소스를 곁들인 카탈로니아식 수란 요리
Catalan Eggs with Braised Green and Tomato Sauce

4인분 / 손으로 조리하는 시간: 50분

총 조리 시간: 50분

블루보틀 민트플라자 카페에는 수란 토스트 외에도 특정 계절에만 제공하는 아침 식사용 수란 요리가 있다. 이 요리는 우리 아들 대실이 겨울만 되면 즐겨 찾는 음식이라서, 그 어떤 요리보다도 자랑스럽게 소개할 수 있다. 여덟 살짜리 아이가 암녹색 채소를 흡입하듯 먹는 광경은 분명히 이 세상 모든 부모들이 바라는 꿈이다.

토마토소스 재료
- 엑스트라 버진 올리브오일 3테이블스푼
- 다진 마늘 1쪽 분량
- 토마토 퓌레 통조림 1캔(400g) 또는 생 토마토로 낸 퓌레 1½컵(355mL)
- 코셔 소금
- 갓 빻은 흑후추

익힌 채소 재료
- 엑스트라 버진 올리브오일 ¼컵(60mL / 54g)
- 실온 상태의 무염버터 2티스푼
- 근대, 치커리, 케일, 꽃상추 혹은 이들을 섞은 것 680g(잎을 겹쳐서 돌돌 말은 후 대략 2.5cm 두께로 길쭉하게 썰어 준비)
- 코셔 소금
- 갓 빻은 흑후추

- 수란 4개(152쪽 참고)
- 파르메산이나 페코리노 로마노, 이디아자발 등의 경질 치즈 Hard cheese(장식용)

토마토 소스를 만들 때는, 중간 크기의 코팅 프라이팬을 중불보다 살짝 약한 불에 올려놓고 올리브오일을 두른다. 팬에 마늘을 넣고 마늘 향이 올라올 때까지 약 30초간 살짝 볶은 후 토마토 퓌레를 넣는다. 토마토 퓌레를 한 번씩 저어주면서 신맛이 줄어들고 단맛이 날 때까지 통조림 퓌레라면 약 20분, 생 퓌레라면 약 10분간 익혀준다. 소금과 후추로 간을 맞춘다.

채소를 익힐 때는, 중불보다 살짝 센 불에 큰 소스팬을 올리고 올리브오일을 두른 후 무염버터를 녹인다. 기름이 튀지 않도록 조심하며 팬에 채소를 조심스럽게 넣는다. 여러 채소를 함께 쓴다면 먼저 케일처럼 비교적 억센 채소를 먼저 넣고 볶다가 1~2분 후 조금 더 부드러운 근대 같은 채소를 넣는다(오히려 꽃상추는 근대보다 빨리 넣어야 한다). 먼저 넣은 채소를 달달 볶아 숨이 고르게 죽으면, 팬에 다른 채소를 넣을 공간이 생긴다. 녹색 채소가 선명한 진녹색이 되고 숨은 죽었지만 아삭한 질감은 살아있을 정도로 5~7분간 볶는다. 소금과 후추로 간을 한다.

마무리는, 볶은 채소를 4개의 접시에 나눠담는다. 먼저 각 접시에 새 둥지를 짓듯이 채소를 깔아준다. 채소 위에 수란을 올리고 소금과 후추로 살짝 간을 한 뒤 스푼으로 토마토소스를 떠서 모든 수란 위에 끼얹는다. 접시 위에 강판을 대고 준비한 치즈를 갈아서 뿌려준 후 바로 낸다.

블루보틀 베네딕트 Blue Bottle Benedict

4인분 / 손으로 조리하는 시간: 45분
총 조리 시간: 45분

블루보틀에서는 에그 플로렌틴eggs Florentine[11]이나 컨트리 베네딕트country Benedict[12], 우에보스 베네딕트huevos Benedict[13]처럼 베네딕트 레시피를 그 지역에 맞게 수정하는 전통에 따라 우리만의 베네딕트를 선보인다. 우리는 잉글리시 머핀 대신 두툼하게 썬 애크미 브레드의 부드러운 식빵을 사용하고, 홀랜다이즈 소스 대신 베샤멜 소스를 얹는다. 정통 에그 베네딕트와 컨트리 베네딕트의 중간쯤에 해당하는 블루보틀의 베네딕트는 이곳 샌프란시스코와 더할 나위 없이 잘 어울린다. 베샤멜 소스는 미리 몇 시간 전에 만들어 상온에 보관했다가 베네딕트를 만들 때 다시 살짝 데워서 사용해도 괜찮다.

베샤멜 소스 재료

- 실온 상태의 무염버터 5테이블스푼(70g)
- 깍둑썰기한 샬롯 1컵(198g)
- 화이트 와인 1테이블스푼
- 우유 1컵(240mL / 242g)
- 하프앤하프 크림 1컵(240mL / 242g)
- 월계수 잎 1장
- 코셔 소금
- 갓 빻은 후추
- 다목적용 밀가루 1½테이블스푼
- 약 4cm 두께로 두툼하게 썬 시골 빵county style bread 4조각
- 절인 햄 슬라이스 4장
- 장식용으로 쓸 강판에 간 그뤼에르 치즈 ½컵(57g)
- 수란 8개(152쪽 참고)

베샤멜 소스를 만들 때는, 중간 크기의 묵직한 소스팬에 버터 3테이블스푼을 넣고 중불보다 조금 약한 불에서 녹인다. 팬에 샬롯을 넣은 후 색이 반쯤 투명해지고 향이 올라올 때까지 3~5분간 볶는다. 여기에 와인을 넣고 눌러붙은 것을 녹인 후 1~2분간 끓여서 알코올 성분이 날아가게 한다. 우유와 하프앤하프 크림, 월계수 잎을 넣고 소금과 후추로 간을 맞춘다. 계속 저어주면서 뭉근하게 끓기 직전까지 가열한다. 이때 펄펄 끓이면 안 된다. 불을 약하게 줄이고 우유에 샬롯의 향이 우러나도록 10분 정도 간간이 저어준다. 고운체로 샬롯과 월계수 잎을 걸러내고 우유 혼합물을 한쪽에 보관해둔다.

같은 팬에 남은 버터 2테이블스푼을 넣고 버터의 수분이 다 졸아들 때까지 약한 불에서 약 5분간 가열한다. 여기에 밀가루를 넣고 응어리가 완전히 풀리도록 휘저은 후 소스가 갈색 빛이 돌 때까지 자주 저어주면서 3~4분간 끓인다. 타지 않도록 주의하면서 아까 만들어둔 우유 혼합물을 천천히 부어준다. 너무 급하게 붓거나 계속 저어주지 않으면 소스가 걸쭉해지지 않는다(만일 소스가 걸쭉하지 않다면 잠시 소스를 저어주면서 뭉근하게 끓인 후 불을 끈다). 소금과 후추로 간을 한다.

마무리는, 각 접시에 구운 빵을 놓고 슬라이스 햄 한 장과 수란 2개를 올린 후 베샤멜 소스를 고루 부어준다. 각 접시마다 그뤼에르 치즈를 2테이블스푼씩 뿌려준다. 완성한 베네딕트를 바로 낸다.

---

11 햄 대신 시금치를 데쳐 넣은 에그 베네딕트
12 잉글리시 머핀 대신 아메리칸 비스킷, 햄 대신 소시지 패티, 홀랜다이즈 소스 대신 그레이비소스를 뿌린다. 수란을 달걀 프라이로 바꿀 수 있다.
13 캐나다산 햄 대신 초리소나 일반 햄을 넣고 홀랜다이즈 소스 대신 살사를 얹는다.

사프란 바닐라 스니커두들 / 158

생강 당밀 쿠키 / 161

더블 초콜릿 쿠키 / 164

참깨 압생트 시가 / 166

비스코티 피제타 / 169

마들렌 / 172

파리지앵 초콜릿 마카롱 / 175

올리브오일을 바른 로즈마리 쇼트브레드 / 181

펜넬 파르메산 쇼트브레드 / 184

사프란 바닐라 스니커두들 Saffron-Vanilla Snickerdoodles

큼직한 쿠키 9개 / 손으로 조리하는 시간: 30분

총 조리 시간: 4시간

블루보틀의 사프란[14] 바닐라 스니커두[15]들은 정통 스니커두들과 확실히 다르다. 일반적으로 사람들이 생각하는 스니커두들은 타르타르 크림(주석산)[16]을 넣고 만든 반죽을 계피가루와 설탕에 굴려서 구운 비교적 평범한 쿠키이지만, 블루보틀의 스니커두들은 사프란과 황설탕, 바닐라가 어우러져 색다른 버터스카치[17] 같은 풍미를 내며 겉은 노릇노릇하고 속은 부드러우면서도 쫄깃하다. 나는 이 쿠키의 판매량을 늘리고 싶어서 스니커두들이라는 말을 갖다 붙였음을 고백한다. 처음에 바닐라 사프란 쿠키란 이름을 붙여놓았더니 쿠키가 거의 팔리지 않았다. 아마도 달콤한 디저트인 쿠키에 사프란이라는 단어를 갖다 붙여서 외면받는 것인가 싶었다. 그래서 사프란이 주는 선입견을 없애려고 스니커두들이라는 듣기 편하고 친숙한 이름으로 바꿔 사람들을 유혹하기로 결심했다. 아니나 다를까 이름을 바꾸니 쿠키가 잘 팔렸다. 유일한 문제는 스니커두들 애호가들에게 내 악의 없는 거짓말이 들통날 때마다 직접 나서서 변명해야 한다는 점이다!

대체 가능 재료   바닐라 빈이 없다면 바닐라 익스트랙의 양을 두 배로 늘려서 써도 된다.

- 사프란 약 30가닥 (빻았을 때 ¼티스푼 정도 분량, NOTE 참고)
- 바닐라 빈 ½개
- 우유 2테이블스푼
- 다목적용 밀가루 2컵(280g)
- 베이킹소다 1티스푼
- 실온 상태의 무염버터 ½컵(113g)
- 입자가 굵은 설탕 ½컵(100g)
- 눌러 담은 황설탕 ½컵(109g)
- 코셔 소금 1티스푼
- 실온 상태의 달걀 1개(50g)
- 바닐라 익스트랙 ½티스푼

절구에 사프란을 넣고 가루가 될 때까지 빻거나 향신료 분쇄기로 갈아준다. 아니면 사프란을 잘게 다져도 괜찮다. 곱게 다질수록 사프란의 색과 풍미가 쿠키에 진하게 우러나온다.

바닐라 빈을 반으로 갈라 씨를 긁어낸 후 작은 소스팬에 넣는다. 여기에 바닐라 빈 껍질, 우유, 사프란을 넣고 아주 약한 불에서 혼합물이 82~88℃ 정도의 온도로 가장자리에 기포가 올라오기 시작할 때까지 가열한다. 아니면 작은 전자레인지용 볼에 바닐라 씨, 바닐라 빈 껍질, 우유, 사프란을 넣고 섞은 뒤 전자레인지에 넣고 20~30초간 돌려 데운다. 소스팬이나 볼의 뚜껑을 닫고 10분간 그대로 둔다. 이때 우유가 샛노란 색으로 물들어야 한다.

---

14   세계에서 가장 비싼 허브 향신료인 사프란은 독특하고 은은한 향을 내서 요리의 맛을 한층 높여주고 물에 풀면 노란색을 띤다.
15   미국에서 크리스마스 때 많이 먹는 쿠키인 스니커두들은 계피가루와 설탕 때문에 겉은 바삭한 반면 굽는 시간이 짧아서 속은 촉촉하고 부드럽다.
16   빵이나 쿠키를 만들 때 제품을 팽창시켜 맛을 좋게 하고 연하게 해주는 식품첨가물. 보통 달걀흰자에 넣어 흰자 거품의 안정성을 높이고 부피를 볼륨감 있게 만드는 역할을 한다.
17   황설탕과 버터와 당밀 등을 조려 만든 과자류

밀가루와 베이킹소다를 체에 쳐서 중간 크기의 볼에 내린다.

혼합기를 부착한 스탠드 믹서의 믹싱볼에 버터를 넣고 매끄러운 상태가 될 때까지 저속으로 1~2분간 돌려 풀어준다. 여기에 입자가 굵은 설탕과 황설탕, 소금을 넣고 저속으로 잘 섞어준다. 믹싱볼 옆면에 묻은 혼합물을 밑으로 깨끗이 긁어내린 후 중속으로 혼합물의 색이 밝아지고 질감이 폭신해질 때까지 4~5분간 돌려준다.

바닐라 빈 껍질을 건져낸 후, 우유 혼합물 위에 대고 쭉 짜서 껍질에 붙어있는 씨와 액체를 다시 우유 혼합물에 섞어준다. 중간 크기의 볼에 우유 혼합물, 달걀, 바닐라 익스트랙을 넣고 세게 휘저어 섞는다.

스탠드 믹서에 버터 혼합물이 든 믹싱볼을 놓고 우유 혼합물을 일정한 속도로 아주 천천히 부으며 중속으로 약 30초간 돌려 매끄럽게 잘 섞어준다. 믹싱볼 옆면에 묻은 혼합물을 밑으로 깨끗이 긁어내린 후 중속으로 30초간 더 돌려준다.

다시 볼 옆면에 묻은 혼합물을 깨끗이 긁어내린 후 체에 친 밀가루 혼합물을 붓는다. 그리고 저속으로 반죽의 질감이 균일해질 때까지 섞는다.

고무 스패출러로 볼에 담긴 반죽을 깨끗이 긁어내 밀폐용기 안에 넣거나 랩 위에 올린다. 밀폐용기라면 뚜껑을 닫고, 랩 위에 올렸으면 반죽을 적당히 둥글납작한 모양으로 꽁꽁 싸서 최소 3시간에서 최대 5일까지 냉장고에 넣어둔다.

오븐을 175℃로 예열한다. 베이킹 팬에 유산지나 실리콘 매트를 깐다.

반죽을 ¼컵(60mL)씩 나눠서 공 모양으로 굴린 후 베이킹 팬 위에 5cm 이상 간격을 두어 나열한다(다른 크기로 만들고 싶다면 162쪽 '쿠키의 크기' 참고).

팬을 오븐에 넣고 중간에 한 번씩 팬을 돌려주면서 노릇노릇하지만 색이 너무 진해지지는 않을 때까지 16분 정도 굽는다. 이상적으로 잘 구운 쿠키는 크기가 커지고 중앙 부분이 살짝 덜 익어서 오븐에서 꺼낸 직후 울퉁불퉁하게 갈라진 모양이 생긴다(직접 해본 결과, 전기 오븐에 구울 때 울퉁불퉁한 모양이 가장 잘 나온다). 완성된 쿠키가 울퉁불퉁하지 않다고 걱정하지는 말자. 그래도 맛은 좋다.

쿠키를 팬에 둔 채로 10분간 식힌 후 꺼낸다.

이 쿠키는 오븐에서 꺼낸 후 따뜻할 때 바로 먹는 것이 가장 맛있긴 하지만, 밀폐용기에 담아 상온에 보관하면 최대 이틀까지 먹을 수 있다. 그리고 쿠키가 아닌 반죽 상태로 밀폐용기에 담아 냉장고에 넣어두면 최대 5일까지 보관할 수 있으므로, 먹을 만큼만 굽고 남은 반죽은 다음에 구울 수 있게 보관해두는 방법도 고려해보자.

NOTE 사프란은 보통 풍미가 살아있는 요리를 만들 때 많이 쓴다. 쿠키를 먹으면서 파에야[18]를 계속 떠올리고 싶지 않다면, 사프란을 반드시 신중하게 계량해야 한다. 적당량과 과도한 양은 종이 한 장 차이이다. 이 레시피로 사프란의 양을 정확하게 넣어 비스코티 쿠키를 만들면 꿀처럼 은은하면서도 깔끔한 단맛이 나고 노르스름한 색을 띠기 때문에 사프란이 들어갔다는 티가 확 나지 않는다.

---

18 스페인의 대표적인 쌀 요리인 파에야는 쌀 생산량이 높은 스페인 발렌시아 지방에서 탄생했으며 밑이 넓고 깊이가 얕은 팬에서 만드는 일종의 볶음밥이다. 해산물, 소고기, 돼지고기, 닭고기 등이 주재료이며 사프란을 넣어 독특한 향미를 더하는 것이 특징이다.

생강 당밀 쿠키 Ginger-Molasses Cookies

큼직한 쿠키 9개 / 손으로 조리하는 시간: 30분

총 조리 시간: 4시간

달콤한 간식을 가장 맛있게 즐길 줄 알았던 우리 아빠는 한밤중에 갑자기 먹고 싶어지는 순간을 대비해 쿠키를 침실에 몰래 쟁여두시곤 했다. 그중 나비스코에서 파는 진저스냅Ginger Snaps은 어른들이 가장 좋아하기도 했지만 다섯 살짜리 내가 제일 탐내던 쿠키이기도 했다. 내 기억 속 30년 전의 나비스코 생강쿠키는 믿을 수 없을 정도로 향긋하고 우유에 찍어 먹으면 잘 어울리는 맛으로 남아있다.

    나는 생강쿠키를 굉장히 좋아해서, 블루보틀 매장에 내놓을 쫄깃한 생강쿠키를 개발하고 싶었다. 새로 개발한 생강쿠키는 쫀득한 질감을 살리기 위해 당밀을 듬뿍 넣고 달걀은 뺐다. 또 일반적으로 생강쿠키에 많이 넣는 전통 크리스마스 향신료가 식상하다는 생각에 블랙 카르다몸을 한번 넣어봤다. 블랙 카르다몸은 일반적인 그린 카르다몸에 훈제 향을 가미한 품종이라고 할 수 있는데, 반죽에 넣으면 모닥불을 연상시키는 자연의 풍미가 살아난다. 블랙 카르다몸의 장뇌 향을 부드럽게 감싸주기 위해 진한 코코아파우더를 첨가했지만, 소량만 사용해서 초콜릿의 풍미가 느껴지지는 않는다. 나는 두 가지 유형의 생강과 적당한 양의 흑후추가 들어가 알싸한 풍미가 진하게 나면서도 맛이 섬세하게 어우러지는 이 쿠키를 먹을 때마다, 아빠의 비밀 장소를 열고 생강쿠키를 몰래 훔쳐 먹던 앙큼한 다섯 살짜리 소녀로 돌아간 기분이 든다.

대체 가능 재료   이 레시피로 만든 쿠키는 확실히 알싸한 맛이 강하다. 신선한 생강과 흑후추의 양을 반으로 줄이면 알싸한 맛은 줄어들지만 쿠키의 맛은 여전히 좋다. 나는 블랙 카르다몸을 꼭 구입해서 쓰길 권하지만, 당장 구할 수 없다면 빻은 정향 ½티스푼과 그린 카르다몸 ½티스푼으로 대체할 수 있다. 생강을 굉장히 좋아한다면 밀가루에 다진 생강절임 ¼컵을 첨가해 생강의 알싸한 향을 더 진하게 즐길 수 있다. 이 쿠키 레시피에서 당밀은 다른 재료로 대체할 수 없다. 이 쿠키에는 바베이도스 당밀이라고도 부르는 라이트 당밀light molasses[19]만 쓴다. 라이트 당밀은 당밀 중에서 가장 풍미가 순하다. 만일 다른 종류의 당밀을 넣으면 다른 풍미들이 당밀의 향에 묻힐 것이다.

- 다목적용 밀가루 2컵(280g)
- 더치식[20] 처리하지 않은 내추럴 코코아파우더 1테이블스푼
- 말린 생강을 빻은 가루 1테이블스푼
- 베이킹소다 ¾티스푼
- 빻은 블랙 카르다몸 ¾티스푼
- 갓 빻은 흑후추 ½티스푼
- 실온 상태의 무염버터 ½컵(113g)
- 강판에 간 생강 3테이블스푼(45g)
- 눌러 담은 황설탕 ½컵(109g)
- 입자가 굵은 설탕 ¼컵(50g)+굽기 전에 쿠키에 묻힐 설탕 적당량
- 코셔 소금 ½티스푼
- 황처리 과정[21]을 거친 라이트 당밀 unsulfured light molasses ½컵

---

[19] 당밀은 사탕수수와 사탕무를 삶아서 설탕을 추출하고 남은 액체로, 처음 삶아서 나온 당밀을 라이트 당밀Light Molasses, 두 번째 나온 당밀을 다크 당밀Dark Molasses, 세 번째부터는 블랙스트랩 당밀Blackstrap Molasses이라고 부른다.

밀가루, 코코아파우더, 생강가루, 베이킹소다, 카르다몸, 후추를 체에 쳐 볼에 내린다.

혼합기를 부착한 스탠드 믹서의 믹싱볼에 버터, 강판에 간 생강을 넣고 매끄러운 상태가 될 때까지 1~2분 동안 저속으로 휘젓는다. 여기에 황설탕과 입자가 굵은 설탕과 소금을 넣고 저속으로 돌려 잘 섞는다. 믹싱볼 옆면에 묻은 혼합물을 밑으로 깨끗이 긁어내린 후 중속으로 혼합물의 색이 밝아지고 질감이 폭신해질 때까지 4~5분간 돌려준다.

버터 혼합물에 당밀을 넣고 잘 섞는다. 볼 옆면에 묻은 혼합물을 깨끗이 긁어내린 후 체에 친 밀가루 혼합물을 붓는다. 그리고 저속으로 반죽의 질감이 균일해질 때까지 섞는다.

고무 스패출러로 볼에 담긴 반죽을 깨끗이 긁어내 밀폐용기 안에 넣거나 랩 위에 올린다. 밀폐용기라면 뚜껑을 닫고, 랩 위에 올렸으면 반죽을 적당히 둥글납작한 모양으로 꽁꽁 싸서 최소 3시간에서 최대 5일까지 냉장고에 넣어둔다.

오븐을 175℃로 예열한다. 베이킹 팬에 유산지나 실리콘 매트를 깐다. 작은 접시에 입자가 굵은 설탕을 담아놓는다.

반죽을 ¼컵(60mL)씩 나눠서 공 모양으로 만든 후 접시에 담긴 설탕에 굴린다. 설탕을 묻힌 공 모양의 반죽을 5cm 이상 간격을 두고 베이킹 팬 위에 나열한다(다른 크기로 쿠키를 만들고 싶다면 아래 '쿠키의 크기' 참고).

팬을 오븐에 넣고 중간에 한 번씩 팬을 돌려주면서, 쿠키 윗면에 쩍쩍 금이 가고 손가락으로 눌러보면 아직은 다소 부드러운 상태일 때까지 11~13분 동안 굽는다.

쿠키를 팬에 둔 채로 10분간 식힌 후 꺼낸다. 식히는 동안 쿠키가 더 단단해질 것이다.

이 쿠키는 구운 그날 먹는 것이 가장 맛있긴 하지만, 밀폐용기에 담아 상온에 보관하면 최대 이틀까지 먹을 수 있다. 반죽 상태로 밀폐용기에 담아 냉장고에 넣어두면 최대 5일까지 보관할 수 있으므로, 먹을 만큼만 굽고 남은 반죽은 다음에 구울 수 있게 보관해두는 방법도 고려해보자.

---

20 더치식 코코아파우더란 코코아파우더의 산acid을 중화시키기 위해 알칼리 처리한 코코아파우더로, 음료용으로 많이 사용한다. 네덜란드 화학자 반 호텐이 처음 개발하여 '반 호텐 코코아파우더'라고도 부른다.
21 사탕수수에서 설탕을 추출하는 과정에서 보존제 역할을 하는 이산화황을 처리한 당밀

쿠키의 크기

블루보틀에서는 쿠키를 비교적 크게 만드는 편이다. 블루보틀에서 파는 둥그스름한 쿠키가 이 책에 수록한 레시피로 만든 쿠키보다 개당 60g 정도씩 더 큰데, 여기에는 두 가지 이유가 있다. 첫 번째는 나 혼자 페스트리 업무를 책임지던 시절에 필요한 개수 이상으로 쿠키를 찍어낼 여유가 없어서 약간 큼직하게 만들었다. 이보다 더 중요한 두 번째 이유는 쿠키를 크게 만들면 굽는 시간을 조절해 한 개의 쿠키 안에서 겉은 바삭한데 속은 부드럽고 쫀득한, 전혀 다른 두 가지의 질감을 얻을 수 있기 때문이다. 쿠키의 크기가 작으면 잘 구워져 전체적으로 바삭해지는 편이다. 물론 굽는 시간만 잘 조절한다면 이 책에서 제시한 크기보다 더 작게 구워도 괜찮다. 보통 쿠키 한 판을 굽기 전에 한두 개로 굽는 시간을 조정해가며 테스트해보는 것이 제일 좋다.

향신료와 술

페스트리 셰프들은 저마다 새로운 레시피를 개발할 때 찾는 자신만의 장소나 비결을 가지고 있다. 건축물을 보고 아이디어를 얻어 아주 높다란 디저트를 만드는 셰프도 있고, 신선한 제철 재료를 활용하기 위해 파머스 마켓에 가서 영감을 얻는 셰프도 있으며, 당장 디저트라고 부를 만한 무언가를 만들어 내기 위해 식품 찬장을 뒤지는 셰프도 있다. 내가 블루보틀에서 추구하는 유일한 목표는 커피와 잘 어울리는 먹거리를 만드는 것이기 때문에, 내가 영감을 받는 장소는 향신료 선반과 주류 보관함, 조금 더 정확하게 얘기하자면 향신료를 파는 르 삭튀에르Le Sanctuaire와 주류를 파는 세인트 조지 스피릿St. George Spirits이다.

샌프란시스코에 있는 르 삭튀에르는 최상급 향신료와 진귀하고 생소한 향신료를 전문적으로 판매하는 셰프들의 파라다이스이다. 예전에는 업계 전문가들을 대상으로 한 대량 판매만 취급했지만 요즘에는 온라인 사이트를 통해 일반 소비자들을 상대로 향신료를 소량씩 판매한다. 세인트 조지 스피릿은 캘리포니아 주 앨러미다 지역에 있는 양조장으로, 블루보틀의 오클랜드 로스터리 바로 맞은편에 있는 페리 정박장 근처에 있다. 설립 당시 브랜디 양조장으로 출발한 세인트 조지 스피릿은 모든 주류를 최상급 재료로 소량 생산하며 이곳에서 생산하는 주류 중 가장 유명한 행거원Hangar One 보드카뿐 아니라 위스키나 브랜디, 진도 굉장히 훌륭하다. 나는 운 좋게도 이 두 업체에 모두 출입하며 제품의 냄새를 맡아보거나, 맛을 보거나, 관리자들과 이야기를 주고받거나, 요리에 쓸 만한 매혹적인 재료의 샘플을 가져가도 괜찮다는 허락을 받았다.

향신료와 술, 이 두 재료의 마력은 레시피를 대대적으로 수정하지 않아도 음식의 풍미를 확 바꿔준다는 점이다. 전통 생강쿠키에 들어가는 향신료가 식상하다고? 망설이지 말고 블랙 카르다몸을 사용해보자. 매번 바닐라 익스트랙을 넣는 것이 지겹다면? 위스키를 한번 넣어보라.

이제 이 책의 레시피는 여러분 손에 달려있다. 나는 독자들이 원하는 대로 레시피를 바꾸는 것에 적극 찬성한다. 이 책의 레시피들은 수많은 경험을 토대로 개발했으며 고객들 사이에서 높은 인기로 검증받은 결과물이다. 그러므로 일단은 이 책에 적힌 레시피대로 만들어보기를 권한다. 먼저 원조 레시피를 경험해본 후 자신의 입맛에 따라 원하는 대로 조정하는 것이다. 객관적으로 맛있는 레시피를 제시하려고 노력하긴 했지만, 독자에 따라 다른 풍미를 원할 가능성도 충분히 있다. 바닐라 빈이 반쪽만 들어간 내 쿠키 레시피가 독자가 원하는 풍부한 바닐라 향에 미치지 못할 수도 있고, 내 과일 버클에 계피가 들어갔으면 좋겠다는 생각이 들 수도 있다. 기본적으로 재료의 비율만 동일하게 맞춰준다면 향신료나 바닐라 익스트랙 같은 농축액에 변화를 주는 것이 독자의 입맛에 맞춰 레시피를 수정하는 가장 쉬운 방법이다.

내가 레시피에 넣은 일부 향신료 중에는 슈퍼마켓은 물론 유기농 식품매장에 가도 찾기 어려운 다소 생소한 것들도 있다. 보통 이런 경우 대체해서 넣을 수 있는 재료를 소개했지만, 가능하다면 인터넷에서 원 재료를 찾아보거나 수입 식자재 전문점에 가서 살펴보길 권한다. 그리고 내가 대체할 재료를 알려주지 않았는데 재료를 구하지 못했다면, 여러분이 원하는 대로 대체 재료를 첨가하면 된다.

더블 초콜릿 쿠키 Double-Chocolate Cookie

큼직한 쿠키 9개 / 손으로 조리하는 시간: 30분

총 조리 시간: 4시간

인정한다. 나는 초콜릿을 그렇게까지 열렬하게 좋아하지 않는다. 사실 블루보틀에서 첫선을 보일 페스트리 메뉴를 개발할 때, 이 쿠키를 내놓기 전까지 초콜릿이 들어간 디저트는 전혀 생각도 못하고 있었다. 대학 신입생 시절, UC 산타크루스 캠퍼스에 있는 지저분한 카페에서 초콜릿을 넣고 구운 디저트를 발견하고 흥분했던 적이 있다. 만든 지 오래돼서 약간 굳어 있던 그 브라우니는 달달하고 버터향이 물씬 풍겼으며, 무엇보다 쫀득쫀득한 질감이 정말 마음에 들었다. 나는 전혀 영감을 줄 것 같지 않게 생긴 그 오래된 브라우니에서, 블루보틀의 최고 인기 쿠키에 대한 아이디어를 얻었다.

이 쿠키를 만들 때는 고품질의 초콜릿을 쓰는 것이 가장 중요하다. 샌프란시스코 연안에 있는 블루보틀 카페에서는 마이클 리큐티에서 블루보틀 제품에 맞춰 생산한 대형 초콜릿 칩을 사용한다. 마이클 리큐티는 믿기 어려울 정도로 맛있는 초콜릿과 사탕류를 생산하는 초콜릿 전문점이다. 뉴욕에 있는 블루보틀 매장에서는 브루클린에 있는 마스트 브라더스에서 만든 훌륭한 초콜릿을 사용한다. 그러니 독자들도 정말 맛있는 다크 초콜릿 바를 구입한 후 큼직하게 조각을 내서 사용하기를 권한다. 다크 초콜릿을 넣고 설탕으로 살짝 쓴맛을 보완하면 내가 추구하는 브라우니의 완벽한 질감을 구현할 수 있다. 이 쿠키는 입자가 큰 소금을 적당히 넣은 덕분에 최고의 인기 디저트 반열에 올라섰다. 간간이 씹히는 소금 결정이 깊고 진한 초콜릿과 환상적으로 어우러져 자꾸만 먹고 싶게 만든다. 실제로 나는 이 쿠키를 먹으면서 내가 생각보다 초콜릿을 좋아한다는 사실을 깨달았다.

- 다목적용 밀가루 1컵(140g)
- 더치식으로 처리하지 않은 내추럴 코코아파우더 ⅓컵(31g)
- 베이킹소다 ½티스푼
- 실온 상태의 무염버터 5테이블스푼(70g)
- 설탕 1컵(200g)
- 맬든 소금 1티스푼(옆의 '소금' 참고)
- 실온 상태의 달걀 1개(50g)
- 바닐라 익스트랙 1테이블스푼
- 굵게 다진 카카오 함량 62~70%의 다크 초콜릿 100g

밀가루, 코코아파우더, 베이킹소다를 체에 쳐 중간 크기의 볼에 내린다.

혼합기를 부착한 스탠드 믹서의 믹싱볼에 버터를 넣고 매끄러운 상태가 될 때까지 저속으로 1~2분간 풀어준다. 여기에 설탕과 소금을 넣고 저속으로 잘 섞어준다. 믹싱볼 옆면에 묻은 혼합물을 깨끗이 긁어내린 후 혼합물의 색이 밝아지고 질감이 폭신해질 때까지 5~6분간 중속으로 휘젓는다. 이 혼합물은 버터에 비해 설탕의 양이 많아서, 이 책에 나온 다른 쿠키의 반죽보다는 덜 부풀어 오른다.

중간 크기의 볼에 달걀과 바닐라 익스트랙을 넣고 세게 휘저어 잘 섞는다.

스탠드 믹서에 버터 혼합물이 든 믹싱볼을 놓고 달걀 혼합물을 일정한 속도로 아주 천천히 부으며 약 30초간 중속으로 돌려 매끄럽게 잘 섞어준다. 믹싱볼 옆면에 묻은 혼합물을 밑으로 깨끗이 긁어내린 후 중속으로 30초간 더 돌린다.

다시 믹싱볼 옆면에 묻은 혼합물을 밑으로 깨끗이 긁어내린 후 체에 친 밀가루 혼합물을 붓는다. 저속으로 반죽의 질감이 균일해질 때까지 섞는다. 믹싱볼 옆면에 묻은 혼합물을 밑으로 깨끗이 긁어내린 후 초콜릿을 넣는다. 반죽이 고르게 갈색 빛을 띠고 흰색 줄무늬가 전혀 보이지 않을 때까지 저속으로 섞는다.

고무 스패출러로 볼에 담긴 반죽을 깨끗이 긁어내 밀폐용기에 넣거나 랩 위에 올린다. 밀폐용기라면 뚜껑을 닫고, 랩 위에 올렸으면 반죽을 적당히 둥글납작한 모양으로 꽁꽁 싸서 최소 3시간에서 최대 5일까지 냉장고에 넣어둔다.

오븐을 175℃로 예열한다. 베이킹 팬에 유산지나 실리콘 매트를 깐다. 반죽을 ¼컵(60mL)씩 나눠서 공 모양으로 둥글린 후 5cm 이상 간격을 두어 베이킹 팬 위에 놓는다(쿠키를 다른 크기로 만들고 싶다면 162쪽 '쿠키의 크기' 참고).

팬을 오븐에 넣고 중간에 한 번씩 팬을 돌려주면서, 손가락으로 눌렀을 때 약간 단단해진 느낌이 들고 표면에 더 이상 광택이 나지 않는 상태가 될 때까지 11~12분 동안 굽는다.

쿠키를 팬에 둔 채로 10분간 식힌 후 꺼낸다.

이 쿠키는 오븐에서 꺼낸 후 따뜻할 때 바로 먹는 것이 가장 맛있긴 하지만, 밀폐용기에 담아 상온에 보관하면 최대 3일까지 먹을 수 있다. 쿠키가 아닌 반죽 상태로 밀폐용기에 담아 냉장고에 넣어두면 최대 5일까지 보관할 수 있으므로, 먹을 만큼만 굽고 남은 반죽은 다음에 구울 수 있게 보관해두는 방법도 고려해보자.

소금

나는 디저트의 전체적인 맛에 큰 영향을 주지는 않지만 혀에 짭조름한 맛이 닿을 정도로만 소금의 양을 적절하게 맞춰 넣는 것을 좋아한다. 개인적으로는 특히 달콤한 디저트에서 생각지도 못했던 소금의 짠맛이 혀에 불쑥 느껴지는 것을 굉장히 좋아한다. 물론 소금은 풍미를 더하는 역할을 하지만, 짠맛을 드러내지 않고 조용히 있는 조연에 머무는 경우가 많다.

블루보틀 주방에서는 두 종류의 소금을 사용한다. 하나는 식탁용 소금보다 입자가 굵고 맛이 부드러우며 염도가 낮은 코셔 소금이고, 다른 하나는 영국 에섹스 지방에서 1882년부터 생산한 것으로 소금 결정이 아름다운 수정 조각처럼 생긴 맬든 소금이다. 코셔 소금은 '코셔'라는 단어의 뜻 그대로 유대교 율법에 맞춰 제조하지만 일반 소금과 별다른 차이는 없다. 고기를 코셔 처리할 때 고기를 재우는 것이 아니라 핏물을 제거하기 위해 쓰는 소금이므로, 나중에 다 털어내 소금기를 제거할 수 있으려면 반드시 소금의 입자가 커야 한다. 내가 코셔 소금을 애용하는 이유는 바로 이렇게 입자가 크고 잘 용해되지 않는다는 특성 때문이다. 나는 구움 과자에 소금을 왕창 넣어 전체적으로 짠맛이 나기를 바라는 것이 아니라, 한 입씩 베어 물 때마다 입안에서 짭짤한 맛이 함께 느껴지는 것이 좋다. 코셔 소금은 적은 양으로도 효과를 내는 반면 맬든 소금은 입자가 크지만 부서지기 쉽고 얇기 때문에 소금의 짠맛이 놀라울 정도로 부드러워서 많은 양을 넣어야 효과가 난다.

나는 소금이 들어간 레시피에서 입자의 크기를 바탕으로 소금의 종류를 구분한다. 맬든 소금은 입자가 크고 비늘처럼 얇게 벗겨지며, 코셔 소금은 입자가 중간 정도 크기이다. 시중에 다양한 종류의 소금이 나와 있고 레시피에서 언급한 소금이 여러분에게 없을 수도 있으므로 레시피에 있는 소금을 다른 종류의 소금으로 쉽고 간단하게 변환하는 방법을 알려주겠다.

입자가 크고 얇게 부서지는 소금(맬든 소금) 1티스푼 = 코셔 소금 또는 입자가 중간 크기인 소금 ½티스푼 = 입자가 미세한 식탁용 소금(정제염) ¼티스푼.

참깨 압생트 시가 Sesame-Absinthe Cigars

쿠키 24개 / 손으로 조리하는 시간: 40분

총 조리 시간: 1시간

비스코티처럼 길쭉하게 생겨서 커피에 찍어먹기 딱 좋은 이 쿠키는 블루보틀 페스트리 진열장에서 달달한 디저트나 초콜릿이 들어간 쿠키 사이에서 눈에 띄지 않고 묻히기 십상이다. 이 쿠키의 매력을 흘려 넘기지 말자. 참깨 압생트 시가는 우리 직원들에게 가장 인기 있는 간식거리 중 하나로, 내가 제일 만들기 좋아하는 쿠키이기도 하다.

이 책에서 소개하는 참깨 압생트 시가는 내 친구인 지나 로카노바가 준 소중한 레시피를 토대로 개발했다. 지나는 내가 시칠리아 분이신 지나네 할머니의 레시피를 약간 수정하고 싶다고 얘기했을 때, 잘해야 본전이라며 회의적인 반응을 보였다. 나는 지나네 레시피에 쓰인 아니스anise 농축액 대신 세인트 조지 스피릿에서 판매하는 압생트를 넣을 생각이었다. 압생트는 웜우드, 아니스, 펜넬을 필두로 여러 가지 허브를 넣고 증류해서 만든 술로 미국에서 92년 동안 판매 금지되었다가 2007년부터 합법적으로 생산을 시작했다. 환각 작용을 일으키는 위험한 향정신성 물질이 들어간 압생트는 악마의 술이라고 불리며, 압생트 중독은 오스카 와일드가 저지른 밀회부터 반 고흐가 자신의 귀를 자른 일까지 역사적으로 가장 충격적인 몇몇 사건들의 원인이 되었다고 한다. 지나네 할머니께서 쿠키에 넣으려고 하셨을 법한 재료는 아니다.

나는 압생트를 넣어서 만든 쿠키가 굉장히 마음에 들었다. 압생트가 들어가니 쿠키에서 흙내음과 허브의 풍미가 감돌고 굉장히 미묘하면서도 복합적인 단맛이 느껴졌다. 그리고 할머니가 넣으신 식물성 기름 대신 엑스트라 버진 올리브오일을 썼더니, 살짝 풀 향기 같은 풍미가 나면서 참깨와 잘 어울렸다. 레시피가 바뀐 쿠키를 지나가 좋아했냐고? 물론이다! 지나는 심지어 귓속말로 내가 만든 쿠키가 더 맛있다고 소곤거리기도 했다. 하지만 할머니께는 절대 비밀이다.

대체 가능 재료 압생트가 없다면 샤르트뢰즈Chartreuse[22]나 삼부카Sambuca[23], 아니스의 풍미가 나는 다른 액체 재료로 대체해도 괜찮다. 액체 재료를 전혀 넣지 않을 생각이라면 반죽에 압생트를 바르는 과정에서는 물을 사용하고, 밀가루 혼합물에는 아니스 씨 1티스푼을 절구에 빻아서 넣고, 반죽을 참깨에 굴릴 때는 참깨에 아니스 씨 1테이블스푼을 섞어서 굴린다.

- 다목적용 밀가루 1¾컵(245g) + 작업대에 뿌릴 때 쓸 적당량
- 설탕 ½컵(100g)
- 코셔 소금 1¼티스푼
- 베이킹파우더 ¾티스푼
- 엑스트라 버진 올리브오일 ⅓컵(80mL / 71g)
- 실온 상태의 달걀 2개(100g)
- 압생트 1테이블스푼 + ¼컵
- 참깨 1컵(142g)

오븐을 175℃로 예열한다. 베이킹 팬에 유산지를 깐다.

밀가루, 설탕, 소금, 베이킹파우더를 체에 쳐 중간 크기의 볼에 내린다.

---

22 프랑스에서 개발한 리큐어로 '리큐어의 여왕'이라고 불린다. 증류주에 여러 가지 약초를 첨가한 혼성주
23 이탈리아에서 생산하는 아니스가 주원료인 리큐어

그 위에 올리브오일을 뿌린 후 옥수수가루처럼 부슬부슬한 질감이 될 때까지 손가락으로 꼬집듯이 비벼준다. 제대로 질감이 나려면 약 5분 정도 걸린다.

중앙에 오목하게 홈을 파고, 홈 안에 달걀을 깨 넣는다. 달걀에 압생트 1테이블스푼을 부은 뒤 압생트가 달걀을 응고시키기 전에 강하게 휘저어서 잘 섞는다. 달걀 혼합물에 부슬부슬한 밀가루 혼합물을 조금씩 섞어 넣으면서 반죽이 완전히 한 덩어리가 될 때까지 혼합한다.

작업대에 밀가루를 넉넉히 뿌린 후 그 위에 반죽을 올려놓는다. 반죽의 색이 확실히 연해지고 올리브오일이 완전히 섞여 질감이 매끈해질 때까지 약 3분간 치댄다. 반죽이 너무 끈적거릴 때는 밀가루를 조금씩 첨가한다. 반죽에 기름기가 있거나 마맛자국처럼 울퉁불퉁해 보인다면 계속 치댄다.

작은 볼에 압생트 ¼컵을 붓는다. 작고 얕은 그릇에 참깨를 담아둔다.

반죽을 4등분한다. 아까 밀가루를 뿌려둔 작업대 위에서 분할한 반죽을 뱀처럼 길게 약 46cm 길이로 밀고, 약 8cm 길이로 6등분한다. 자른 반죽을 볼에 부어둔 압생트에 살짝 담갔다가 꺼낸 뒤 참깨가 담긴 그릇에 가볍게 굴려서 참깨를 고르게 묻힌다. 준비해둔 베이킹 팬에 1.3cm 이상 간격을 두고 나열한다.

오븐에 팬을 넣은 다음, 중간에 한 번씩 팬을 돌려가면서 쿠키는 여전히 옅은 색이지만 참깨는 아주 밝은 황금색이 될 때까지 약 12분간 굽는다.

쿠키를 팬에 둔 채로 10분간 식힌 후 꺼낸다.

따뜻할 때 바로 내거나 상온에서 식힌 후 낸다. 완전히 식힌 후 밀폐용기에 담아 상온에 보관하면 이틀간 먹을 수 있다.

비스코티 피제타 Bisscotti Pizzetta

비스코티 약 36개 / 손으로 조리하는 시간: 45분
총 조리 시간: 2시간 30분

샌프란시스코 아우터 리치몬드 지구에 있는 피제타 211 Pizzetta 211은 전 좌석이 스물네 자리 남짓한 작고 멋진 피자 레스토랑이다. 이곳은 우리 아들 대실이 가장 좋아하는 레스토랑으로, 이곳에서 파는 크래커처럼 얇은 피자와 자그마한 램킨에 담겨 나오는 올리브는 우리 아들이 기억하는 첫 피자와 올리브이다. 피제타 211은 블루보틀의 초창기 거래처이기도 하다. 제임스는 처음 방문했을 때부터 이곳에서 파는 사프란 비스코티에 열광했다. 피자를 먹은 뒤, 조그마한 잔에 곁들여 나오는 빈 산토 vin santo에 사프란 비스코티를 찍어 먹으면 한 끼 식사를 완벽하게 마무리할 수 있다.

   우리는 수년에 걸쳐 블루보틀을 위한 비스코티를 만들어달라고 피제타 측을 설득했다. 피제타는 거듭된 설득에 못 이겨 한동안 우리 블루보틀 헤이즈밸리 간이 매장에 비스코티를 매주 소량씩 납품해줬다. 하지만 얼마 후, 그들에게는 좋은 일이었지만 우리로서는 안타깝게도 비스코티를 주문하는 레스토랑 고객이 너무 많아져 우리에게 계속 납품해줄 수 없게 되었다. 상황이 이렇게 되자 고맙게도 오너인 잭 머피가 나를 피제타의 주방으로 초대해, 오묘하면서도 은은한 풍미를 내뿜는 비스코티를 만드는 방법을 전수해줬다. 내가 비스코티 레시피를 배우는 모습은 그야말로 재미있는 광경이었다. 그곳의 피자 전문가들은 방금 태평양에서 서핑하다가 온 사람들처럼 느긋하게 "음, 이거는 조금만 넣고요, 저거는 약간만 넣어요. 자, 딱 보면 다 구워졌는지 알 수 있을 거예요."라고 설명해주는 반면 나는 내가 가져간 0.1g 단위 계량이 가능한 그램 저울로 모든 재료를 계량해가며 만드는 방법을 맹렬하게 받아 적었다. 정확하게 계량해서 적은 그 레시피대로 만들면, 피제타의 전문가들이 직감에 따라 자유롭게 만든 비스코티와 상당히 비슷한 맛을 낼 수 있다. 그리고 기쁘게도 이 비스코티는 이제 블루보틀의 전 매장에서 만나볼 수 있다.

- 사프란 약 30가닥(빻았을 때 ¼티스푼 정도 분량, 160쪽 NOTE 참고)
- 실온 상태의 달걀 1개(50g)
- 설탕 ½컵(100g)
- 아몬드 ¼컵(40g)
- 다목적용 밀가루 1컵(140g)
- 코셔 소금 ½티스푼
- 베이킹소다 ¼티스푼
- 달걀 1개분 흰자(31g)

오븐을 175℃로 예열한다. 베이킹 팬에 유산지를 깐다.

   절구에 사프란을 넣고 가루가 될 때까지 빻거나 향신료 분쇄기로 갈아준다. 아니면 사프란을 잘게 다져도 괜찮다. 곱게 다질수록 비스코티에 사프란의 색과 풍미가 진하게 우러나온다.

   작은 볼에 달걀, 사프란, 설탕을 넣고 매끈하게 잘 혼합될 때까지 휘젓는다. 10분간 그대로 둔다.

   아몬드를 반 정도는 큼직한 조각이 남고 반 정도는 곱게 다져질 때까지 칼로 다지거나 푸드 프로세서에 넣고 펄스 pulse(순간 작동) 기능으로 갈아준다.

   밀가루, 소금, 베이킹소다를 체에 쳐 믹싱볼에 내린다. 스탠드 믹서에 반죽기 bread hook를 부착한 후 믹싱볼에 든 재료를

저속으로 잘 섞어준다. 여기에 달걀을 넣고 밀가루가 촉촉해질 때까지 저속으로 돌린다. 믹서 속도를 중속으로 올린 후 수시로 믹싱볼 옆면에 묻은 혼합물을 밑으로 긁어 내려주면서 약 5분간 잘 섞어준다. 아몬드를 여러 차례에 나눠 넣으며 반죽에 고루 섞는다.

작업대에 밀가루를 넉넉히 뿌린 후 반죽을 올려놓는다. 반죽이 더 이상 손바닥에 들러붙지 않을 때까지 약 2분간 치댄다. 이때 반죽이 지나치게 끈적거리면 밀가루를 조금씩 첨가해가며 반죽한다.

반죽을 2등분한다. 아까 밀가루를 뿌린 작업대 위에서 분할한 반죽을 뱀처럼 길게 약 38cm 길이로 밀어준다. 준비해둔 베이킹 팬에 반죽을 놓고 살짝 눌러 약간 납작한 모양을 만든다.

작은 볼에 달걀흰자를 넣고 휘저어서 거품을 낸다. 빵솔로 반죽의 모든 면에 달걀흰자 거품을 골고루 발라준다.

오븐에 팬을 넣은 후, 눌렀을 때 단단하고 표면에 연한 갈색 빛이 돌 때까지 18~20분간 굽는다.

오븐에서 팬을 꺼낸 후 10~15분간 식힌다. 그다음 오븐의 온도를 107℃로 낮춘다. 이때 필요하다면 오븐 문을 살짝 열어놓아 온도를 낮춘다.

구운 비스코티 한 덩어리를 도마에 올려놓고 톱니 모양의 빵칼로 조심스럽게 6mm 두께에 10cm 길이로 비스듬하게 썬다. 다 썬 비스코티를 베이킹 팬에 잘린 단면이 위로 오도록 놓는다. 이때 비스코티끼리 서로 닿을 정도로 빽빽하게 나열해도 괜찮다. 남은 한 덩어리도 같은 방식으로 썰어서 나열한다.

비스코티를 다시 오븐에 넣고 색은 더 진해지지 않고 수분만 완전히 날아가도록 1시간 15분간 굽는다.

비스코티를 팬에 둔 채로 완전히 식힌 후 꺼내서 실온 상태로 낸다.

완성된 비스코티를 밀폐용기에 담아 상온에 보관하면 2주간 먹을 수 있다.

마들렌Madeleines

큰직한 마들렌 16~18개 / 손으로 조리하는 시간: 45분

총 조리 시간: 5시간

제임스는 매년 그의 인생에 굉장히 큰 영향을 준 인물인 마르셀 프루스트의 생일인 7월 10일이 되면 마들렌을 만들어달라고 한다. 그리고 나는 매년 그 부탁을 까먹고 제임스를 실망시킨다. 이 마들렌 레시피는 속죄하는 뜻으로 프루스트에게 바치는 내 마음이자 내 남편에게 보내는 사랑의 편지이다! 참고로 프루스트가 쓴 『잃어버린 시간을 찾아서』의 제1권 「스완네 집 쪽으로」를 보면 486개의 단어로 장황하게 늘어놓은 또 하나의 마들렌 레시피가 있다.

끝이 나팔처럼 퍼지고 윗면에 울퉁불퉁한 빗살 무늬가 뚜렷한 마들렌 특유의 모양을 내는 두 가지 비결이 있다. 바로 마들렌 틀을 아주 차갑게 하는 것과 반죽을 적절하게 휴지시키는 것이다. 마들렌의 모양을 제대로 내기가 만만치는 않으므로, 오븐과 마들렌 틀이 조화를 이뤄 최상의 결과물을 내는 방법을 터득할 때까지 한 번에 한두 개씩만 구우면서 연습하기를 권한다. 이 레시피로 만들 때 미니 마들렌 틀을 쓴다면, 마들렌 한 개당 반죽을 ⅛티스푼씩 붓고 8분 정도 굽는다. 다시 한 번 얘기하지만 오븐에 한 판 전체를 굽기 전에 먼저 한두 개로 테스트를 해서 적절한 반죽의 양과 베이킹 시간을 확인하는 것이 좋다.

대체 가능 재료 라임 대신 다른 시트러스 계열의 과일 제스트를 써도 된다. 나는 프루스트의 책 「스완네 집 쪽으로」에 나오는 유명한 대목인, 숙모가 라임꽃차에 마들렌을 적셔서 건넸을 때 소설의 주인공이 느꼈던 맛의 기억을 최대한 정확하게 재현하기 위해 라임을 선택했다.

- 무염버터 6테이블스푼(85g)
- 라임 1개 분량의 제스트
- 다목적용 밀가루 ¾컵(105g)
- 베이킹파우더 1티스푼
- 코셔 소금 ¼티스푼
- 달걀 2개(100g)
- 설탕 ½컵(100g)
- 꿀 2테이블스푼

버터를 녹여서 중간 크기의 볼에 담는다. 여기에 라임 제스트를 넣고 휘저은 후 식힌다.

밀가루, 베이킹파우더, 소금을 체에 쳐 또 다른 중간 크기의 볼에 내린다.

달걀, 설탕, 꿀을 물이 끓는 이중냄비double boiler[24]의 위층 냄비에 담거나, 중간 크기의 금속 볼에 담고서 물이 끓는 소스팬에 얹은 다음 잘 섞는다(소스팬에 볼을 얹을 경우 끓는 물이 볼 바닥에 닿지 않도록 주의한다). 혼합물이 잘 섞일 때까지 세게 휘저은 후, 설탕이 녹고 혼합물이 54℃ 정도로 살짝 따뜻해질 때까지 중간에 한 번씩 저어주면서 가열한다. 따뜻하게 데운 혼합물을 거품기를 부착한 스탠드 믹서의 믹싱볼에 옮겨 담는다.

달걀 혼합물의 부피가 3배가 될 때까지 스탠드 믹서를 약 10분간 고속으로 돌린다.

---

24 2개의 소스팬이 겹쳐진 냄비. 아래층 냄비에 물을 끓이고 그 증기로 위층 냄비에 든 음식을 익히거나 데운다.

스탠드 믹서에서 믹싱볼을 뺀다. ⅓분량의 밀가루를 믹싱볼에 대고 체에 친다. 스패출러로 반죽을 퍼 올리며 밀가루를 살살 섞어준다. 같은 과정을 두 번 더 반복해서 남은 밀가루도 ⅓분량씩 넣고 섞어준다.

식힌 버터에 밀가루 혼합물 ¼컵을 넣고, 버터 줄무늬가 전혀 보이지 않을 때까지 휘저어 완전히 섞어준다. 이것을 남은 밀가루 혼합물에 붓고 반죽이 균일한 색과 질감을 낼 때까지 아래에서 위로 들어 올리는 느낌으로 살살 섞어준다.

랩이 반죽 표면에 밀착되도록 덮은 후 냉장고에 넣고 최소 4시간에서 최대 3일까지 휴지시킨다. 이상적인 휴지 시간은 12시간 정도이다.

마들렌 틀 2개(또는 마들렌 16~18개를 구울 수 있는 틀)에 버터를 바르고 밀가루를 묻힌 후 냉장고에 넣어둔다.

오븐을 205℃로 예열한다.

마들렌 한 개당 1테이블스푼 정도의 반죽을 떠서 공 모양으로 성형해 틀 중앙에 놓는다. 오븐이 예열되는 동안 반죽이 담긴 마들렌 틀을 냉장고에 넣어둔다.

마들렌 틀을 오븐에 넣은 후 코팅 마들렌 틀이라면 약 9분간, 알루미늄 틀이라면 약 12분간 굽는다. 이때 중간에 한 번씩 틀을 돌려주면서, 마들렌이 황갈색을 띠고 손가락으로 가운데를 가볍게 눌렀을 때 본래 모양대로 튕겨 나올 때까지 구우면 된다.

구운 마들렌을 팬째로 5분간 식힌 후 접시에 대고 틀을 거꾸로 뒤집어 마들렌을 꺼낸다.

마들렌은 오븐에서 꺼낸 후 따뜻할 때 바로 먹는 것이 가장 맛있긴 하지만, 밀봉해서 상온에 두면 하루 동안 먹을 수 있다. 그리고 마들렌 반죽에 공기가 닿지 않도록 랩을 덮어서 밀폐용기에 담아 냉장고에 넣어두면 최대 5일까지 보관할 수 있다. 그러니 먹을 만큼만 굽고 남은 반죽은 다음에 구울 수 있게 보관해두는 방법도 고려해보자.

파리지앵 초콜릿 마카롱 Chocolate Parisian Macarons

마카롱 28개 / 손으로 조리하는 시간: 1시간
총 조리 시간: 2시간 20분

매주 토요일마다 버클리 파머스 마켓에서 나는 케이크를 팔고 제임스는 커피를 팔며 서로 이웃으로 만나던 시절, 나는 생애 첫 여행으로 갔던 파리에서 얻은 영감으로 프랑스식 마카롱을 개발하는 데 집념을 불태우고 있었다. 당시 나는 식용 색소가 아닌 유기농 재료를 써서 다채로운 색감을 내고 아몬드를 직접 갈아 넣어 질감을 살린 멋진 마카롱을 만들어내겠다고 결심했다. 그래서 시중에 파는 가공 아몬드가루 대신 아몬드와 포도를 재배하는 지역 농부이자 파머스 마켓의 옆자리 노점 주인인 존 라지에르에게서 통아몬드를 구입해 마카롱을 만들었다. 나는 매주 마카롱을 수없이 구워댔고, 파머스 마켓에 갈 때마다 그것들을 가지고 갔다. 그중에는 실패작도 있고 어렴풋이 진전을 보인 경우도 있었는데, 나는 매번 제임스에게 시식을 부탁했다. 한 달 가까이 그러던 끝에 30분간 휴지시켜야 마카롱의 모양을 예쁘게 잡을 수 있다는 사실을 알아냈을 때는 뛸 듯이 기뻤다. 그리고 마침내 성공작이라고 확신할 만한 마카롱을 만들어 제임스에게 가져갔다. 그때 제임스의 반응이 지금도 생생히 기억난다. 그는 지그시 눈을 감고 야트막하게 한숨을 내쉬더니, 어떤 말로도 설명할 수 없다는 듯 소매를 걷어붙이고 팔에 돋은 소름을 보여줬다. 나는 바로 이해할 수 있었다.

파리지앵 마카롱은 가장 정복하기 힘든 과자류에 속한다. 내가 파리지앵 마카롱 레시피를 개발하고 완전히 숙달하기까지는 2년이 걸렸고, 그러는 동안 마카롱 맛에 물려 이후 5년간은 마카롱을 즐겁게 음미할 수 없었다. 그 후유증이 아직도 남아서, 프루스트가 마들렌을 먹을 때마다 어린 시절에 먹은 마들렌을 떠올리는 것처럼 나 역시 완벽한 마카롱을 한 입 베어 물 때마다 과거에 매번 실패했던 마카롱들을 떠올린다. 여기에서 소개하는 레시피는 단순히 달걀흰자로 거품을 낸 머랭이 아니라 이탈리안 머랭을 사용해, 내가 처음 개발했던 오리지널 레시피보다 초보자들이 쉽게 따라할 수 있다. 이탈리안 머랭을 쓰면 아몬드 혼합물과 섞을 때 농도를 조절하기가 조금 더 쉬워서 성공할 확률이 올라간다. 이제 여러분이 사랑하는 사람도 이 레시피로 만든 마카롱을 먹고 소름이 돋을 정도로 감격할 수 있게 되기를 바란다.

대체 가능 재료   분량을 똑같이 맞춘다면 통아몬드 대신 아몬드가루를 사용해도 괜찮다. 하지만 아몬드가루를 쓴다 해도 푸드 프로세서에 넣고 슈거파우더, 코코아파우더와 함께 3~4분간 갈아주는 과정을 거쳐야 하므로 조리 시간이 그리 많이 단축되지는 않는다. 또한 시중에서 파는 아몬드가루는 비싼 편이라 재료비가 그렇게 줄어들지도 않는다. 필링은 초콜릿 가나슈가 대표적이지만 본인이 좋아하는 것이면 어떤 필링이든 상관없다. 딸기 버터크림, 체리 잼, 소금 캐러멜 salted caramel[25]은 모두 굉장히 매력적인 필링이며, 저마다 다른 맛과 질감으로 마카롱을 빛내준다.

가나슈 재료

- 잘게 다진 카카오 함량 62~70%인 다크 초콜릿 113g
- 헤비크림 heavy cream[26] ½컵(120mL / 116g)

---

25 캐러멜에 소금을 가미한 버터크림
26 지방 함량이 40% 이상인 진한 생크림

마카롱 재료

- 슈거파우더 1⅓컵(153g)
- 아몬드 1컵(160g)
- 더치식으로 처리하지 않은 내추럴 코코아파우더 ½컵(40g)
- 실온 상태인 달걀 3개분의 흰자(91g)
- 입자가 굵은 설탕 ¾컵(150g)
- 물 ¼컵(60mL)

가나슈를 만들 때는, 내열 처리된 중간 크기의 볼에 초콜릿을 담는다. 헤비크림을 작은 소스팬에 붓고 중불보다 살짝 약한 불 위에 올리거나 전자레인지에 넣고 돌려서 크림 가장자리에 기포가 올라오기 시작하는 82~88℃ 사이의 온도가 될 때까지 가열한다. 초콜릿이 담긴 볼에 뜨거운 크림을 붓고 초콜릿이 거의 다 녹을 때까지 고무 스패출러로 섞어준다.

초콜릿과 크림 혼합물을 핸드 블렌더나 푸드 프로세서로 매끈해질 때까지 섞어준다. 아니면 물이 끓는 이중냄비의 위층 냄비에 이 혼합물을 넣거나, 중간 크기의 금속 볼에 담아 물이 끓는 소스팬에 얹은 다음 손 거품기로 휘저어 매끈하게 한다. 가나슈에 반짝반짝 윤기가 돌 것이다. 가나슈를 상온에서 2시간가량 식혀, 바르기 좋게 살짝 데운 버터 같은 질감이 되게 한다.

마카롱을 만들 때는, 먼저 푸드 프로세서에 슈거파우더, 아몬드, 코코아파우더를 넣고 고운 가루가 될 때까지 약 5분간 갈아 준다. 중간중간 고무 스패출러로 옆면에 묻은 혼합물을 밑으로 깨끗이 긁어내린다. 푸드 프로세서로 갈면 금방 곱게 갈린 것처럼 보이지만, 5분을 꽉 채워서 갈아야 아몬드가 미세한 가루와 조화를 이룰 정도로 곱게 갈린다.

푸드 프로세서로 간 아몬드 혼합물을 큰 볼에 옮겨 담고 뭉쳐진 가루는 손가락으로 비벼서 풀어준다.

머랭을 만들 때 설탕시럽과 달걀거품은 거의 동시에 준비되어야 하니, 다음 두 과정은 유기적으로 이뤄져야 한다. 거품기를 부착한 스탠드 믹서의 믹싱볼에 달걀 2개분의 흰자(62g)를 넣고 중속으로 1~2분간 휘젓는다. 이때 믹싱볼과 거품기를 아주 깨끗하게 닦아서 사용해야 한다. 속도를 고속으로 올리고, 거품기를 들어 올렸을 때 거품이 새부리 모양을 만들며 단단해질 때까지 3~4분간 계속 휘핑한다. 만일 설탕시럽이 준비되기 전에 거품이 충분히 단단해졌다면 믹서를 저속으로 낮추고 계속 휘핑한다.

위와 같이 달걀거품을 준비하면서 한쪽에서는 아주 작은 소스팬에 설탕과 물을 넣고 섞는다. 사실 시럽을 만들 때는 우유를 데울 때 쓰는 스팀피처가 제격이다. 스팀피처를 쓰면 지름이 작아서 설탕물이 충분히 깊이 담기기 때문에 온도를 측정하기 편하고 완성된 설탕시럽을 달걀거품에 붓기에도 좋다. 소스팬이나 스팀피처를 중불보다 조금 약한 불에 올리고 이따금 저어주면서 설탕이 녹을 때까지 가열한다. 설탕이 다 녹으면 시럽의 온도가 114℃가 될 때까지 휘젓지 말고 약 5분간 끓인다.

스팀피처가 아닌 작은 소스팬에 시럽을 끓였으면, 시럽을 계량컵에 옮겨 담는다. 스탠드 믹서를 중속보다 조금 빠른 속도로 돌리면서 시럽을 달걀거품이 든 믹싱볼에 일정한 속도로 천천히 붓는다. 이때 시럽이 믹싱볼과 믹서에 부착된 거품기 사이의 좁은 틈 사이에 떨어지도록 조준해서 부어야 한다. 뜨거운 시럽이 회전하는 거품기에 튕기면서 마카롱 반죽을 쫀쫀하게 해준다.

믹서 속도를 고속으로 올리고 거품기를 들어 올렸을 때 거품의 모양이 흐트러지지 않고 뾰족한 뿔 모양을 낼 정도로 단단하면서도 윤기 있는 상태가 될 때까지 4~5분간 휘젓는다.

아몬드 혼합물이 담긴 볼에 남은 달걀 1개분의 흰자(31g)를 넣고 그 위에 달걀거품을 얹는다. 아몬드 혼합물과 달걀거

품이 섞여 날가루가 보이지 않을 때까지 고무 스패출러를 아래에서 위로 들어 올리며 살살 섞어준다. 이후 반죽이 아주 어두운 코코아 색을 띠고 윤기가 흐르면서 덩어리진 부분이 없어질 때까지, 조심스러우면서도 꼼꼼하게 들어 올려가며 35번 정도 섞어준다. 자칫하면 충분히 섞지 않거나 반대로 너무 오래 섞기 쉬운 만큼, 이 작업이 마카롱을 만들 때 가장 까다로운 단계이다. 나는 35번에 걸쳐 아몬드 혼합물과 머랭을 천천히 혼합하면서 색과 질감이 바뀌는 모습을 주의 깊게 관찰하는 것이 완벽한 마카롱을 만드는 최고의 비법이라는 사실을 알아냈다.

짤주머니에 아테코Ateco 브랜드의 804번 깍지나 그와 비슷한 지름 1.3cm의 원형 깍지를 끼운다. 짤주머니에 반죽의 반 정도 분량을 담는다(한 번에 너무 많이 담으면 반죽을 짜는 작업보다 짤주머니 다루는 일이 더 어려워질 수도 있다).

2개의 묵직한 베이킹 팬에 각각 유산지를 깐다.

베이킹 팬에서 위로 6mm 정도 떨어진 지점에 깍지를 대고 위치를 잡은 후 움직이지 말고 그 자리에서 지름 2.5cm, 두께 6mm 정도 크기의 원형이 나오도록 반죽을 짠다. 마지막에는 마카롱에 튀어나온 뿔 모양이 생기지 않도록, 짤주머니에 주던 힘을 빼고 깍지로 마카롱 윗면을 닦아내듯이 빠르고 가볍게 원을 그리며 뗀다. 팬이 다 채워질 때까지 1.3~2.5cm 간격을 두고 반죽을 계속 짠다(초보자들이 정확한 크기와 모양으로 반죽을 짜려면 안내 선이 필요할 수도 있다. 이럴 때는 반죽을 짜기 전에 지름 2.5cm 크기의 원형 쿠키커터를 슈거파우더나 옥수수전분에 꾹 눌러서 찍은 후 유산지 위에 대고 톡톡 두드려 완벽하게 작고 동그란 밑그림을 그려둔다).

작업대 위에 수건을 접어서 깔아 충격 완화 장치를 한 다음, 베이킹 팬을 힘차게 세 번 내리쳐 반죽에서 기포를 빼준다. 팬을 180도 돌려 다시 세 번 내리친다. 계속해서 남은 반죽도 같은 과정으로 준비한다.

베이킹 팬을 한쪽에 두고 30분 동안 휴지한다. 그 사이에 오븐을 175℃로 예열한다.

한 번 구울 때 한 판씩, 가장 먼저 휴지시킨 팬부터 오븐 중간 칸에 넣는다. 중간에 한 번씩 팬을 돌려가면서 10분간 굽는다.

오븐에서 꺼내 팬째로 약 30분간 완전히 식힌 후 마카롱을 떼어낸다.

마무리는, 구운 마카롱을 크기에 맞춰 두 개씩 짝을 지어준다. 두 개의 마카롱 중 하나를 뒤집어 밑면(평평한 면)에 짤주머니를 이용해 식힌 초콜릿 가나슈를 1티스푼씩 짜준다. 아니면 가나슈를 작은 오프셋 스패츌러로 발라줘도 된다.

짝지은 나머지 마카롱의 평평한 밑면이 아래로 오도록 해서 가나슈를 덮어준다. 표면이 부서지지 않도록 조심하면서 마카롱을 가볍게 눌러 가나슈를 고르게 분포시킨다. 이때 한 손에 마카롱을 하나씩, 손가락으로 마카롱의 가장자리를 쥐고 살짝 흔들면서 붙이면 효과적으로 맞붙는다. 오레오 쿠키를 양손으로 한쪽씩 잡고 흔들면서 잡아 빼 서로 분리하는 동작을 반대로 한다고 생각하면 된다.

마카롱은 만든 그날 먹는 것이 제일 맛있다. 하지만 랩으로 밀봉해서 밀폐용기에 담아 냉장고에 넣어두면 3일간 먹을 수 있다. 먹을 때는 냉장고에서 꺼내 실온 상태로 낸다.

마카롱 문제점 해결하기

잘 구운 마카롱은 마카롱의 '발'이라고 부르는 주름 장식 같은 얇은 층 위에 반질반질하고 둥그스름한 껍데기가 수평으로 중심을 잡고 있다. 마카롱을 처음 만들었는데 이런 이상적인 모양이 나오지 않았다면 다음을 참고하자.

- 껍데기가 축축할 때: 모양을 내서 짠 반죽을 충분히 휴지시키지 않았다.
- 발 위에 반구형 모양의 껍데기가 수평이 아니라 삐뚤어졌을 때: 반죽을 짠 후 휴지 시간이 너무 길었다.
- 마카롱에 커다란 기포들이 있을 때: 반죽에 달걀흰자가 너무 많이 들어갔다. 다음에 만들 때는 무게를 정확히 계량해서 만들어보라.
- 반죽이 팽창하면서 껍데기가 갈라졌을 때: 반죽을 너무 많이 섞었다.
- 껍데기가 두툼하고 껍데기 끝에 뾰족한 뿔 모양이 생겼을 때: 반죽을 충분히 섞지 않았거나 반죽을 짠 베이킹팬을 작업대에 충분히 세게 내려치지 않았다.
- 마카롱이 유산지에서 잘 떨어지지 않을 때: 마카롱이 덜 구워졌거나 완전히 식기 전에 떼어내려고 했다.

올리브오일을 바른 로즈마리 쇼트브레드[27] Olive Oil and Rosemary Shortbread

쇼트브레드 35개 / 손으로 조리하는 시간: 20분
총 조리 시간: 4시간

어린 시절, 내 단짝 친구의 어머니 데보라 던스워스 퀸 여사는 매년 크리스마스 시즌이면 전설로 남을 만큼 맛있는 쿠키를 산더미처럼 구우셨다. 데보라네 집에는 무슨 공장처럼 잘 마른 점토 소재의 쇼트브레드 틀과 포장용 상자가 잔뜩 쌓여있었고, 세 딸인 바네사, 로빈, 조가 쇼트브레드 틀에 계속해서 반죽을 찍어내 포장했다. 이 쿠키는 우리들의 고향인 캘리포니아 주 오하이 마을의 데보라네 쿠키를 열렬하게 좋아하는 주민과 친구들에게 전해졌다. 데보라는 2007년의 크리스마스 직전에 갑작스럽게 세상을 떠났다. 너무나도 가슴 아픈 일이었다. 엄마가 돌아가신 그 다음 주에 세 딸들은 슬픔을 달래고자 어릴 적 엄마가 쓰시던 오래된 레시피를 펼쳤다. 그리고 오랜만에 쇼트브레드 틀을 꺼내서 장례식에 참석한 수백 명에 달하는 손님들을 위해 엄마가 만들던 쇼트브레드를 산더미처럼 굽고 또 구웠다.

우리 민트플라자 카페는 데보라가 세상을 떠난 직후에 문을 열었다. 나는 데보라를 추모하는 의미에서 그녀의 레시피를 수정해 블루보틀에서 가장 인기 있는 쿠키 중 하나를 개발했다. 기본적으로는 버터 맛이 물씬 나고 짭짤하며 완벽한 쇼트브레드의 질감을 보여주는 데보라의 레시피와 비슷하지만, 반죽에 생 로즈마리를 다져 넣고 오븐에서 나오자마자 올리브오일을 넉넉하게 발라준다는 점에서 차이가 있다. 블루보틀에서 필요한 만큼 쇼트브레드를 만들려면 틀은 사용할 수 없다. 하지만 나는 쇼트브레드용 점토 소재의 틀을 하나 가지고 있고, 집에서 만들 때는 그 틀을 사용한다. 아마 언젠가는 그 틀도 데보라가 쓰던 것만큼 낡아질 것이다. 여기에서는 블루보틀에서 쓰는 틀 없이 쇼트브레드 만드는 방법을 자세하게 설명했다. 혹시 쇼트브레드 틀이 있다면 데보라 여사가 쓰던 방법을 자세히 적어둔 아래 NOTE를 참고하자.

대체 가능 재료 이 쇼트브레드 레시피는 활용도가 높아서 재료를 자유롭게 바꾸기에 딱 좋다. 다음 페이지의 사진처럼 더 풍미가 좋고 맛이 풍부한 쇼트브레드를 만들고 싶다면 잣 ⅓컵을 첨가하자. 매력적인 터키식 커피를 가미한 쇼트브레드를 만들고 싶다면 잣 대신 굵게 분쇄한 커피 1테이블스푼과 그린 카르다몸 ¼티스푼을 넣으면 된다. 나는 두 가지 아이디어를 제시한 것뿐이다. 여러분이 원하는 재료로 실험해보며 자신만의 쇼트브레드를 만들어보길 권한다.

- 실온 상태의 무염버터 1컵(227g)
- 체에 친 슈거파우더 1컵(115g)
- 잘게 다진 생 로즈마리 1티스푼 또는 잘게 다진 말린 로즈마리 ½티스푼
- 코셔 소금 1¼티스푼
- 체에 친 다목적용 밀가루 2컵(280g)
- 반죽에 발라줄 엑스트라 버진 올리브오일 적당량

혼합기를 부착한 스탠드 믹서의 믹싱볼에 무염버터를 넣고 저속으로 1~2분간 돌려 매끄러운 상태로 풀어준다. 여기에 슈거파우더, 로즈마리, 소금을 넣고 저속으로 잘 섞어준다. 믹싱볼 옆면에 묻은 혼합물을 밑으로 깨끗이 긁어내린 후, 색이

---

[27] 쇼트브레드는 버터를 듬뿍 넣어 두툼하게 만든 유럽식 비스킷으로, 빵보다는 바삭하고 쿠키보다는 촉촉하다.

밝아지고 질감이 마요네즈처럼 될 때까지 중속으로 4~5분간 돌려준다.

다시 볼 옆면에 묻은 혼합물을 깨끗이 긁어내린 후 체에 친 밀가루를 붓는다. 반죽의 질감이 균일해질 때까지 저속으로 혼합한다. 믹싱볼 옆면에 묻은 혼합물을 밑으로 깨끗이 긁어내린 후 저속으로 1분간 더 돌려준다.

밀가루 반죽을 공 모양으로 둥글린 후 작업대에 랩 한 장을 깔고 그 위에 올려놓는다. 다른 랩 한 장으로 반죽을 덮고 평평하게 펴서 가로세로 18×25cm에 두께는 약 1.3cm인 직사각형으로 만들어준다. 이 상태로 반죽을 꽁꽁 싸서 냉장고에 넣고 최소 3시간에서 최대 5일까지 휴지시킨다.

오븐을 175℃로 예열한다. 베이킹 팬에 유산지를 깐다.

냉장고에서 꺼낸 반죽을 가로세로 2.5×5cm의 작은 직사각형으로 자르고 유산지를 깐 베이킹 팬에 2.5cm 이상 간격을 두어 나열한다. 오븐에 넣고 중간에 한 번씩 팬을 돌려가며 가장자리가 노릇노릇해질 때까지 18분 정도 굽는다.

쇼트브레드를 오븐에서 꺼내자마자 그 위에 올리브오일을 발라준다.

쿠키를 팬째로 10분간 식힌 후 꺼내고, 최적의 질감을 즐길 수 있도록 상온에서 완전히 식힌 후 낸다.

완전히 식혀서 밀폐용기에 담으면 보관해두고 3일간 먹을 수 있다.

NOTE 직사각형으로 성형하는 대신 쇼트브레드용 틀을 사용할 경우, 믹서로 돌린 반죽을 지름 20cm 크기인 점토 소재의 틀에 평평하게 채워 넣는다. 175℃로 예열한 오븐에 넣고 가장자리가 노릇노릇해지기 시작할 때까지 12분 정도 굽는다. 오븐에서 꺼내 틀째로 10분간 식힌 뒤, 베이킹 팬에 대고 틀을 뒤집어 쇼트브레드를 꺼낸다. 꺼내자마자 쇼트브레드 위에 올리브오일을 바른다. 최적의 질감을 즐길 수 있도록 상온에서 완전히 식힌 후 낸다.

펜넬 파르메산 쇼트브레드 Fennel-Parmesan Shortbread

쇼트브레드 35개 / 손으로 조리하는 시간: 30분
총 조리 시간: 4시간

이 쇼트브레드는 원래 블루보틀 주방에서 남은 재료를 처리하고자 단기 생산 메뉴로 개발한 것이었다. 몇 년 전 문득 우리 매장에서 발효빵을 만들면 좋겠다는 생각을 했다. 솔직히 나는 이스트를 능숙하게 다루지 못하고 제빵보다는 제과로 성공했기에, 내 친구인 니콜 크래신스키가 브리오슈 레시피를 만들어서 블루보틀 직원들에게 가르쳐주겠다고 제안했을 때 냉큼 받아들였다. 니콜은 뛰어난 제빵사이자 굉장히 유능한 페스트리 셰프이며 생각지도 못한 풍미를 가미해 독창적인 디저트를 개발하는 능력이 출중하다. 그녀가 블루보틀을 위해 개발해준 브리오슈는 굉장히 매력적이었다. 곳곳에 파르메산 치즈 조각이 큼직하게 박혀 있고 후추가 살짝 들어간 니콜의 브리오슈는 겹겹이 얇게 벗겨지며 살짝 단맛이 돌고 버터 향이 풍부하게 났다. 오븐에 넣어 굽기 전에, 우리는 으깬 펜넬 씨와 입자가 굵은 소금을 혼합해 반죽 위에 뿌려줬다. 나는 이 브리오슈가 맛있어서 매일 하나씩 먹었다.

그런데 안타깝게도 이 브리오슈는 고객들의 관심을 전혀 받지 못했다. 결국 나중엔 블루보틀 회계 담당자가 나를 앉혀 놓고 브리오슈의 지지부진한 수익성을 지적하기에 이르렀다. 당시 엄청난 양의 파르메산 치즈 덩어리와 500g 상당의 펜넬 씨가 남아 있었고, 브리오슈 때문에 제빵사들이 새벽 3시부터 일을 시작하느라 매우 힘들어하고 있었기 때문에 이 재료들을 소진하면서도 이른 새벽부터 준비하지 않아도 되는 레시피를 개발할 필요가 있었다. 나는 블루보틀의 '올리브오일을 바른 로즈마리 쇼트브레드' 레시피를 수정해 니콜이 알려준 브리오슈의 훌륭한 풍미를 가미하기로 했다. 만들기 쉽고 놀라울 정도로 맛있으며, 내가 엄청나게 사랑하는 브리오슈에 대한 영원하고도 대중적인 오마주는 그렇게 탄생했다.

대체 가능 재료 파르메산 치즈 대신 숙성시킨 만체고 Manchego나 그라나 파다노 Grana Padano나 미몰레트 Mimolette처럼 짭짤한 경질 치즈라면 어떤 종류든 사용할 수 있다.

- 실온 상태의 무염버터 1컵(227g)
- 체에 친 슈거파우더 ½컵(57g)
- 코셔 소금 1¼티스푼
- 갓 빻은 흑후추 1티스푼
- 체에 친 다목적용 밀가루 2컵(280g)
- 강판에 간 파르메산 치즈 1컵(100g)
- 펜넬 씨 1테이블스푼
- 맬든 소금 1테이블스푼(165쪽 참고)
- 반죽에 발라줄 엑스트라 버진 올리브오일 적당량

혼합기를 부착한 스탠드 믹서의 믹싱볼에 무염버터를 넣고 저속으로 1~2분간 돌려 매끄럽게 풀어준다. 여기에 슈거파우더, 코셔 소금, 후추를 넣고 저속으로 잘 섞어준다. 믹싱볼 옆면에 묻은 혼합물을 밑으로 깨끗이 긁어내린 후 색이 밝아지고 질감이 마요네즈처럼 될 때까지 중속으로 4~5분간 돌려준다.

다시 볼 옆면에 묻은 혼합물을 깨끗이 긁어내린 후 체에 친 밀가루를 붓는다. 저속으로 반죽의 질감이 균일해질 때까지 섞는다. 믹싱볼 옆면에 묻은 혼합물을 밑으로 깨끗이 긁어내린 후 파르메산 치즈를 넣고 저속으로 1분간 더 돌려준다.

완성된 반죽을 공 모양으로 둥글린 후 작업대에 랩 한 장을 깔고 그 위에 올려놓는다. 다른 랩 한 장으로 반죽을 덮고 평평하게 펴서 가로세로 18×25cm에 두께는 약 1.3cm인 직사각형을 만들어준다. 이 상태로 꽁꽁 싸서 냉장고에 넣고 최소 3시간에서 최대 5일까지 휴지시킨다.

오븐을 175℃로 예열한다. 베이킹 팬에 유산지를 깐다.

절구에 펜넬 씨를 넣고 거칠게 빻거나 향신료 분쇄기로 갈아준다. 펜넬 씨를 작은 볼에 옮겨 담은 후 소금을 넣고 잘 섞는다.

냉장고에서 꺼낸 반죽을 가로세로 2.5×5cm의 작은 직사각형으로 자르고 유산지를 깐 베이킹 팬에 2.5cm 이상 간격을 두어 나열한다. 반죽 위에 올리브오일을 듬뿍 바른 후 소금에 섞은 펜넬을 고루 뿌려준다.

팬을 오븐에 넣고 중간에 한 번씩 팬을 돌려가며 쇼트브레드가 노릇노릇해지고 치즈에 적당히 갈색 빛이 돌 때까지 18분 정도 굽는다.

쿠키를 팬째로 10분간 식힌 후 꺼내고, 최적의 질감을 즐길 수 있도록 상온에서 완전히 식혀서 낸다.

완전히 식힌 상태로 밀폐용기에 담아 보관해두면 3일간 먹을 수 있다.

NOTE 이 쇼트브레드는 올리브오일을 바른 로즈마리 쇼트브레드(181쪽)와 달리, 점토 재질의 쇼트브레드 틀을 사용하기에는 적합하지 않다.

브루클린 밀주 스모어 / 188

짭짤한 초콜릿과 바닐라 빈이 들어간 아이스크림 샌드위치 / 192

훈제 향 아몬드 아이스크림으로 만든 아포가토 / 195

초콜릿 푸딩 / 197

엘스워스 켈리 퍼지팝 / 200

아르보리오 쌀과 아몬드가 들어간 브랜디 케이크 / 202

스위스 머랭 바닐라 크림을 바른 픽시 탠저린 시폰 케이크 / 204

브루클린 밀주 스모어[28] Brooklyn Bootleg S'mores

작은 스모어 20개 / 손으로 조리하는 시간: 2시간

총 조리 시간: 5~6시간

샌프란시스코에 있는 블루보틀의 초창기부터 제임스와 나는 사라 콕스 양이 사랑스럽고 재능 있는 제빵사라는 사실을 알아보았다. 그녀는 자신이 일하는 레스토랑 루비콘Rubicon에서 쓸 식재료를 구입하러 페리플라자 파머스 마켓을 애용하던 단골손님으로, 시장에 오면 블루보틀에서 동료들과 자신이 마실 카푸치노를 사곤 해서 우리 사이에서는 '파이브 카푸치노 사라Five-Cappuccino Sarah'라고 불렸다. 그로부터 6년 후인 2010년, 블루보틀에서 브루클린에 로스터리와 카페를 개점할 계획을 세움에 따라 나는 매장을 맡길 만한 제빵사를 물색하고 있었다. 내가 최고의 적임자로 선택한 사라는 모든 샌프란시스코 생활을 정리한 후, 남자친구와 그녀의 애완 앵무새인 미스케이Miss K와 함께 유홀U-Haul[29] 트럭을 타고서 얼마간의 블루보틀 커피로 장거리 여행길을 견디며 브루클린으로 이사했다.

사라는 브루클린에 도착하자마자 먼저 쓸 만한 지역 식재료를 살펴보고, 블루보틀의 기존 레시피를 수정해서 활용할지 아니면 브루클린의 특색이 담긴 새로운 레시피를 개발할지 결정하고자 했다. 마스트 브라더스의 초콜릿, 킹스 카운티 양조장의 밀주 위스키, 트렘블레이 양봉장Tremblay Apiaries의 폴플라워 허니Fallflower Honey[30], 데이지 브랜드의 유기농 통밀 박력분을 보니 한 가지 메뉴밖에 생각나지 않았다. 바로 스모어! 오직 블루보틀 브루클린 매장에서만 맛볼 수 있는 이 스모어는 우리 동부 지점 페스트리 부서의 마스코트가 되었다.

대체 가능 재료 마시멜로에는 어떤 술을 넣어도 잘 어울린다. 위스키 대신 릴렛블랑lillet Blanc[31]이나 샴페인, 버번을 넣고 만들었을 때도 마시멜로의 맛은 훌륭했다.

마시멜로 재료

- 판 젤라틴 5장 또는 가루 젤라틴 2½티스푼
- 가루 젤라틴을 사용한다면 찬물 ¼컵(60mL)
- 옥수수전분 ¼컵(31g)
- 슈거파우더 ¼컵(28g)
- 밀주(위스키) 3테이블스푼

- 입자가 굵은 설탕 ¾컵(150g)
- 아가베 시럽 6테이블스푼(85g)
- 물 2테이블스푼
- 코셔 소금 적당량

---

28 스모어란 크래커 사이에 마시멜로와 초콜릿을 겹쳐 넣어 먹는 미국의 디저트이다. 한 번 맛을 보면 "더 주세요some more."라는 말이 절로 나온다고 해서 스모어라는 이름이 붙었다.
29 미국의 이사 전용 트럭 대여업체
30 트렘블레이 양봉장에서 가장 잘 팔리는 벌꿀 제품명이다. 색이 진한 호박꿀로, 커피나 제과제빵에 활용하기 좋고 샐러드 드레싱에 첨가해도 맛있다.
31 프랑스 보르도 지방에서 생산하는 화이트 와인에 과일브랜디를 블랜딩한 식전주

통밀 크래커 재료

- 다목적용 밀가루 1컵(140g)
- 통밀가루 ½컵(70g)
- 베이킹소다 ½티스푼
- 갓 빻은 계피 ½티스푼
- 실온 상태의 무염버터 1테이블스푼(156g)
- 꿀 3테이블스푼
- 입자가 굵은 설탕 ¼컵(50g)
- 눌러 담은 황설탕 ¼컵(54g)
- 맬든 소금 ½티스푼(165쪽 참고)
- 가나슈 1회분(175쪽 참고)

마시멜로를 만들 때는, 판 젤라틴을 사용한다면 중간 크기의 볼에 찬물과 판 젤라틴을 넣고 부드러워질 때까지 5~10분간 담가둔다. 가루 젤라틴을 사용한다면 찬물 ¼컵에 가루를 고루 뿌리고 5~10분간 불린 후, 전자레인지에 넣고 적당히 따뜻해질 때까지 돌리거나 작은 소스팬에 붓고 아주 약한 불에서 젤라틴이 다 녹을 때까지 가열한다.

옥수수전분과 슈거파우더를 체에 쳐서 작은 볼에 내린다.

가로세로 23×33cm 크기의 베이킹 팬에 유산지나 왁스지 두 장을 팬의 옆면이 다 덮이도록 수직으로 교차해서 깐다(이때 종이가 움직이지 않게 고정시키고 싶다면, 종이를 깔기 전에 먼저 팬에 버터를 바른다). 슈거파우더 혼합물을 적당히 덜어서 팬 바닥 전체에 골고루 뿌려준다. 남은 슈거파우더 혼합물은 한쪽에 보관했다가 완성된 마시멜로에 뿌릴 때 사용한다.

판 젤라틴을 사용할 경우, 흐물흐물해진 젤라틴을 꺼내서 최대한 물기를 짠 뒤 거품기를 부착한 스탠드 믹서의 믹싱볼에 담는다. 가루 젤라틴이라면 젤라틴을 녹인 물을 믹싱볼에 부으면 된다. 여기에 위스키 2테이블스푼을 넣는다.

작고 묵직한 소스팬에 입자가 굵은 설탕, 아가베 시럽, 물 2테이블스푼, 소금, 남은 위스키 1테이블스푼을 넣고 섞는다. 잘 휘저은 후 중불보다 조금 센 불에 올린다. 당과용 온도계로 쟀을 때 114~116℃가 될 때까지, 휘젓지 말고 끓인다.

끓인 혼합물을 믹싱볼에 든 젤라틴에 부은 다음 스탠드 믹서를 저속으로 돌리다가 점차 고속으로 올리며 거품이 매끈하고 윤기가 나면서 새부리 모양을 낼 정도로 단단해질 때까지 8~10분간 휘핑한다. 휘핑을 끝내고 5분 정도가 지나면 마시멜로와 비슷한 형태를 띠기 시작한다.

고무 스패출러로 볼에 담긴 혼합물을 깨끗이 긁어내 아까 준비해둔 팬에 옮겨 담고, 오프셋 스패출러로 표면을 평평하게 다듬는다. 상온에 두고 3~4시간 이상 굳힌다.

굳은 마시멜로 위에 아까 남겨둔 슈거파우더 혼합물을 체에 대고 넉넉하게 뿌린다. 뜨겁게 달군 깨끗한 칼이나 가위를 사용해 마시멜로를 5cm 크기의 정사각형으로 자른 후, 잘린 단면에 슈거파우더 혼합물을 넉넉하게 묻혀 마시멜로가 서로 들러붙지 않게 한다.

마시멜로를 밀폐용기에 담아 상온에 두면 1주일간 보관할 수 있다.

NOTE 뜨거운 설탕 시럽이 묻어서 끈적거리는 냄비나 계량컵을 깨끗하게 닦고 싶을 때는, 따뜻한 물을 가득 채우고 설탕이 녹을 때까지 30분 정도 그대로 두면 쉽게 닦을 수 있다.

통밀 크래커를 만들 때는, 다목적용 밀가루, 통밀가루, 베이킹소다, 계피가루를 체에 쳐 중간 크기의 볼에 내린다.

혼합기를 부착한 스탠드 믹서의 믹싱볼에 버터와 꿀을 넣고 매끄러운 상태가 될 때까지 저속으로 1~2분간 풀어준다. 여기에 입자가 굵은 설탕, 황설탕, 소금을 넣고 저속으로 잘 섞어준다. 믹싱볼 옆면에 묻은 혼합물을 밑으로 깨끗이 긁어내린 후, 중속으로 혼합물의 색이 밝아지고 질감이 폭신해질 때까지 4~5분간 돌려준다.

다시 볼 옆면을 깨끗이 긁어내린 후 체에 친 밀가루 혼합물을 붓고, 질감이 균일해질 때까지 저속으로 혼합한다.

작업대에 유산지 한 장을 깔고 그 위에 반죽을 올려놓는다. 반죽을 납작한 직사각형으로 다듬고 다른 유산지 한 장으로 덮은 다음 약 3mm 두께로 밀어서 펴준다. 두 장의 유산지 사이에 샌드위치처럼 끼어있는 반죽을 베이킹 팬에 담은 후 반죽이 탄탄해질 때까지 최소 약 1시간에서 최대 1주일까지 냉장고에 넣어둔다. 냉장고에서 식히기 전에는 반죽이 끈적끈적한 상태이므로 유산지를 벗기지 말자. 반죽이 차갑게 식어야 유산지를 쉽고 깔끔하게 벗겨낼 수 있다.

반죽 윗면에 덮인 유산지를 벗겨내고 5cm 크기의 정사각형으로 자른다.

오븐을 175℃로 예열한다. 두 개의 베이킹 팬에 각각 유산지를 깐다.

모든 정사각형 반죽을 포크로 콕콕 찍어서 공기가 빠져나갈 구멍을 내준다. 크래커 반죽을 작은 금속 스패출러로 옮겨 베이킹 팬 위에 2.5cm씩 간격을 두고 나열한다. 오븐에 넣고 노릇노릇해질 때까지 12~15분간 굽는다.

크래커를 팬째로 10분간 식힌 후 꺼낸다. 팬에서 꺼낸 후 스모어를 만들기 전에 상온에서 완전히 식힌다. 이 통밀 크래커는 밀폐용기에 담아 상온에 두면 이틀간 보관할 수 있다.

스모어를 완성하려면, 2개의 통밀 크래커 밑면(평평한 면)에 가나슈를 1티스푼 정도씩 발라준다. 가나슈 바른 크래커 하나를 놓고 마시멜로를 얹은 후 나머지 크래커로 가나슈를 바른 면이 아래를 향하도록 덮고 가볍게 눌러준다.

스모어는 완성된 직후에 먹는 것이 제일 좋지만 밀폐용기에 담아두면 이틀간 먹을 수 있다. 보관 기간이 길어질수록 통밀 쿠키가 눅눅해진다는 사실에 주의하자. 아니면 미리 만들어두지 말고 마시멜로는 상온에, 가나슈와 크래커 반죽은 냉장고에 넣어두면 모든 재료를 1주일간 보관할 수 있다. 그러므로 먹을 만큼만 크래커를 구워서 만들고, 남은 재료는 보관했다가 다음에 만드는 방법도 고려해보자.

짭짤한 초콜릿과 바닐라 빈이 들어간 아이스크림 샌드위치
Salted Chocolate and Vanilla Bean Ice Cream Sandwiches

아이스크림 샌드위치 10~12개 / 손으로 조리하는 시간: 1시간 30분

총 조리 시간: 9시간

아이스크림 샌드위치는 샌프란시스코 현대미술관 옥상 조각 정원에 있는 블루보틀 카페에서 내가 예술 작품에 영감을 받아서 만든 초창기 디저트 중 하나로, 지금까지도 높은 인기를 자랑한다. 이것은 하얀 아기 조각상 하나를 가운데 두고 검정 푸들 224마리가 네 겹의 원으로 빽빽하게 둘러싸고 있는 카타리나 프리치Katharina Fritsch[32]의 조각품 「킨트 밋 푸들 Kind mit Pudeln(푸들과 함께 있는 아기)」에서 영감을 얻은 것이다. 푸들 모양의 짭짤한 초코 쿠키 사이에 바닐라가 점점이 박힌 푸들 모양 아이스크림을 넣은 아이스크림 샌드위치는 미술관 카페에서 맞는 첫 계절이었던 여름에 더할 나위 없이 잘 어울리는 디저트였고, 카타리나의 조각품에 대한 사랑스러운 오마주였다.

특정한 작품을 주제로 만든 디저트의 경우, 미술관에서 관련 작품을 전시하는 기간 동안에만 판매하기 때문에 애석하게도 큐레이터가 푸들을 정리하고 새로운 작품에 자리를 내어주면 우리도 이 메뉴를 접어야 한다.

나는 블루보틀에서 이 디저트를 만들 때는 당연히 푸들 모양의 쿠키커터를 사용하지만, 집에서는 주름진 링 모양 쿠키커터를 애용한다. 쿠키와 아이스크림의 '낭비'를 줄이고 싶다면(하지만 자투리 부분을 좋아하는 사람도 있다!) 정사각형 모양의 쿠키커터를 사용해도 된다. 어떤 모양이든 여러분이 가장 마음에 드는 쿠키커터로 자유롭게 선택하면 된다.

대체 가능 재료 바닐라 빈은 바닐라 익스트랙 ½티스푼으로 대체할 수 있다.

아이스크림 재료
- 헤비크림 2컵(475mL / 464g)
- 하프앤하프 크림 1컵(240mL / 242g)
- 설탕 ⅔컵(133g)
- 바닐라빈 ½개
- 실온 상태의 달걀 6개분의 노른자(114g)

초콜릿 사블레(쿠키) 재료
- 다목적용 밀가루 1½컵(210g)
- 더치식으로 처리하지 않은 내추럴 코코아파우더 ¼컵(23g)
- 베이킹소다 ½티스푼
- 실온 상태의 무염버터 11테이블스푼(156g)
- 설탕 ¾컵(150g)
- 맬든 소금 ½티스푼(165쪽 참고)
- 바닐라 익스트랙 1티스푼

아이스크림을 만들 때는, 묵직한 중간 크기의 소스팬에 헤비크림, 하프앤하프 크림, 설탕을 넣고 섞는다. 바닐라 빈을 갈라 긁어낸 씨를 소스팬에 넣고 껍질도 함께 넣는다. 중불보다 살짝 약한 불에 얹고, 가장자리에 기포가 올라오기 시작하는 82~88℃의 온도가 될 때까지 자주 저어주면서 가열한다. 불을 끄고 냄비 뚜껑을 닫은 후 10분간 그대로 둔다.

중간 크기의 볼에 달걀노른자를 넣는다. 여기에 데운 크림 혼합물 1½컵 중에 ¼컵을 덜어서 넣고 휘저어 잘 섞는다.

---

[32] 독일 출신 조각가로 평범하고 친숙한 물체를 비현실적이고 기이한 느낌이 나게 조각·설치하는 것으로 유명하다.

이 과정을 다섯 번 반복해 크림 혼합물을 ¼컵씩 모두 넣는다. 달걀노른자는 크림 혼합물만큼 따뜻해졌을 것이다.

달걀 혼합물을 계속 휘저으면서 일정한 속도로 천천히 소스팬에 붓는다. 소스팬을 약불에 올린 후, 스푼을 담갔을 때 혼합물이 뒷면에 묻어날 정도로 걸쭉해질 때까지 약 10분간 계속 휘젓는다. 볼에 대고 혼합물을 아주 고운체로 거른 후, 바닐라 빈 껍질을 다시 혼합물 안에 넣는다. 랩을 표면에 완전히 붙도록 덮은 후 냉장고에 최소 3시간에서 최대 12시간까지 넣어둔다.

혼합물에서 바닐라 빈 껍질을 건져내고 아이스크림 제조기에 넣은 후 설명서에 따라 얼린다.

가로세로 23×33cm 크기의 베이킹 팬에 랩을 깐다. 부드러운 아이스크림을 팬에 붓고 평평하게 펴준 후 오프셋 스패츌러로 표면을 매끈하게 다듬어준다. 표면을 랩으로 덮고 4시간 이상 얼린다. 이 아이스크림은 냉동실에서 최대 2주까지 보관할 수 있다.

사블레 쿠키를 만들 때는, 밀가루, 코코아 파우더, 베이킹소다를 체에 쳐서 중간 크기의 볼에 내린다.

혼합기를 부착한 스탠드 믹서의 믹싱볼에 버터를 넣고 저속으로 1~2분간 매끄러워질 때까지 풀어준다. 여기에 설탕과 소금을 넣고 저속으로 잘 섞어준다. 바닐라 익스트랙을 넣고 골고루 섞일 때까지 돌린다. 믹싱볼 옆면에 묻은 혼합물을 밑으로 깨끗이 긁어내린 후, 색이 밝아지고 질감이 폭신해질 때까지 중속으로 4~5분간 돌려준다.

다시 볼 옆면을 깨끗이 긁어내린 후 체에 친 밀가루 혼합물을 붓고, 질감이 균일해질 때까지 저속으로 혼합한다.

작업대에 유산지 한 장을 깔고 그 위에 반죽을 올려놓는다. 반죽을 평평하고 납작한 직사각형으로 다듬고 다른 유산지 한 장으로 덮는다. 반죽을 약 6mm 두께로 밀어서 펴준다. 반죽 윗면을 덮은 유산지를 벗겨낸 후 칼을 사용해 반죽을 정사각형으로 자르거나 쿠키커터로 모양을 찍어낸다. 반죽이 차갑게 식기 전까지는 유산지에서 떼어내지 말아야 한다. 유산지를 미끄러지듯이 움직여 쿠키팬 위에 올리고 랩을 씌운 뒤 반죽이 탄탄해질 때까지 30분 이상 냉장고에 넣어둔다.

오븐을 165℃로 예열한다. 베이킹 팬에 유산지를 깐다.

차갑게 식은 쿠키 반죽을 작은 금속 스패츌러로 옮겨 베이킹 팬 위에 2.5cm 간격을 두고 나열한다.

오븐에 넣고 중간에 한 번씩 팬을 돌려주면서 쿠키가 바삭바삭해질 때까지 12~14분간 굽는다.

쿠키를 팬에 둔 채로 10분간 식힌 다음 꺼낸다. 팬에서 꺼낸 후 아이스크림 샌드위치를 만들기 전에 상온에서 완전히 식힌다. 이 쿠키는 밀폐용기에 담아 상온에 두면 하루 동안 보관할 수 있다.

아이스크림 샌드위치를 완성하려면, 쿠키를 모두 뒤집어서 늘어놓는다. 아이스크림을 자를 때 쿠키커터를 사용한다면 뜨거운 물이 담긴 작은 볼에 쿠키커터를 넣어 데운 다음 써야 깨끗하게 잘린다.

냉장고에서 아이스크림을 꺼낸 후 쿠키와 같은 크기로 자르거나 따뜻하게 데운 쿠키커터로 모양을 찍어낸다.

뒤집어 놓은 쿠키에 아이스크림을 올리고 또 다른 쿠키로 아이스크림 위를 덮는 작업을 신속하게 진행한다. 작업하는 동안 완성된 아이스크림 샌드위치는 바로 냉동실에 있는 쟁반에 옮겨놓고 보관한다. 작업하는 아이스크림이 녹기 시작하면 다시 샌드위치를 만들 수 있을 정도로 단단해질 때까지 냉동실에 넣어둔다.

완성된 아이스크림 샌드위치는 밀폐용기에 담아 냉동실에 넣어두면 1주일간 먹을 수 있다.

훈제 향 아몬드 아이스크림으로 만든 아포가토
Affogato with Smoky Almond Ice Cream

아이스크림 1쿼트(945mL), 아포가토 5개를 만들 수 있는 분량
손으로 조리하는 시간: 30분 / 총 조리 시간: 6시간 30분

지중해 연안에서 자라는 나무인 세라토니아과 상록수의 꼬투리로 만드는 캐롭carob은 대개 자연식품 전문점에서 가루나 조각으로 가공한 것을 커다란 통에 담아놓고 파는 경우가 많다. 보통 초콜릿 대용품이라고 생각하지만 초콜릿 성분은 전혀 들어가지 않는다. 그래서 초콜릿을 떠올리며 캐롭을 먹은 사람들은 대부분 그 풍미에 진저리를 친다. 그렇지만 나는 캐롭 본연의 맛을 즐기려 해본다면 분명 매력적인 식재료가 될 것이라고 확신한다. 조리할 때 캐롭을 살짝 넣으면 견과류의 고소함과 맥아의 달콤한 맛, 커피를 살짝 연상시키는 씁쓸한 향이 어우러진 황홀한 풍미를 낸다.

유감스럽게도 제임스는 이 모든 이야기를 장황하게 늘어놓았는데도 캐롭에 대한 반감을 누그러뜨리지 않았고, 내가 자연식품 전문점에서 사온 캐롭 땅콩 크러스터carob peanut clusters[33]에 손도 대려 하지 않았다. 내가 캐롭이 들어간 디저트를 만들겠다는 계획을 아무리 얘기해도 제임스의 반응은 회의적이었다. 나는 캐롭이 맛있을 수도 있다는 사실을 제임스에게 꼭 증명하겠다고 결심한 후 캐롭과 훈제 향이 나는 술, 볶은 아몬드가 조화를 이루는 아이스크림을 생각해냈다. 그리고 전형적인 아포가토처럼 그 아이스크림 위에 에스프레소를 부었다. 훈제 향, 커피, 술. 이 세 가지 요소는 설사 제임스의 취향이 아니더라도 최소한 그의 남성적인 면을 자극했을 것이다. 아포가토를 먹는 일이 실제로 남성적인 면모에 영향을 주는지는 잘 모르겠지만 어쨌든 제임스는 캐롭이 들어간 이 디저트를 진심으로 좋아한다.

대체 가능 재료 에스프레소 머신이 없다면 아이스크림마다 진한 커피 ¼컵씩을 부어준다. 메스칼Mescal[34] 대신 테킬라를 써도 되는데, 대체하더라도 훈제 향을 살리고 싶다면 아네호 테킬라나 레포사도 테킬라를 쓰자.

훈제 향 아몬드 아이스크림 재료
- 헤비크림 2컵(475mL / 464g)
- 하프앤하프크림 1컵(240mL / 242g)
- 설탕 ⅔컵(133g)
- 캐롭 파우더 3테이블스푼
- 메스칼 2테이블스푼
- 실온 상태의 달걀 6개분의 노른자(114g)
- 아몬드 ½컵(80g)
- 에스프레소 5샷(125~175mL)

아이스크림을 만들 때는, 묵직한 중간 크기의 소스팬에 헤비크림, 하프앤하프크림, 설탕, 캐롭 파우더, 메스칼을 넣고 섞는다. 중불보다 조금 약한 불에 올려놓고 자주 저어주면서 가장자리에 기포가 올라오기 시작하는 82~88℃ 사이의 온도가 될 때까지 가열한다.

---

33 캐롭 조각과 땅콩버터를 조려서 굳힌 울퉁불퉁한 과자
34 용설란의 액을 발효시켜 만든 멕시코의 증류주

중간 크기의 볼에 달걀노른자를 넣는다. 여기에 데운 크림 혼합물 1½컵 중에 ¼컵을 덜어서 넣고 휘저어 잘 섞어준다. 이 과정을 다섯 번 반복하며 크림 혼합물을 ¼컵씩 모두 넣는다. 달걀노른자는 크림 혼합물만큼 따뜻해졌을 것이다.

달걀 혼합물을 계속 휘저으면서 일정한 속도로 천천히 소스팬에 붓는다. 소스팬을 약불에 올린 후 약 10분간 계속 휘젓는다. 혼합물은 스푼을 담그면 뒷면에 혼합물이 묻어날 정도로 걸쭉해져 있을 것이다. 혼합물을 볼에 대고 아주 고운체로 거른다. 랩을 표면에 완전히 붙게 덮은 후 최소 3시간에서 최대 12시간까지 냉장고에 넣어둔다.

중간 크기의 묵직한 프라이팬에 아몬드를 넣고 중불에 올린 후 프라이팬을 자주 흔들어주면서 아몬드 향이 올라오고 약간 갈색 빛이 돌 때까지 5분 정도 볶는다. 완전히 식힌 후 아몬드를 굵게 다진다.

냉장고에서 꺼낸 혼합물을 아이스크림 제조기에 넣은 후 제조사 설명서에 따라 얼린다. 이때 아이스크림 제조기의 회전이 거의 끝날 때쯤 아몬드를 첨가한다. 완성된 아이스크림을 용기에 붓고 뚜껑을 닫은 후 3시간 이상 단단하게 얼린다. 이 아이스크림은 냉동실에 넣고 최대 2주까지 보관할 수 있다.

아포가토를 완성하려면, 5개의 컵이나 볼에 아이스크림을 고르게 나눠 담은 후 에스프레소를 한 샷씩 부어 바로 낸다.

초콜릿 푸딩 Chocolate Pudding

6~8인분 / 손으로 조리하는 시간: 1시간

총 조리 시간: 5시간 15분

블루보틀 민트플라자 카페 개점을 앞두고, 나와 제임스는 야심차게 준비한 사이펀 커피에 어울릴 만한 세련된 디저트에 대해 논의를 거듭하며 고심했다. 당시 내가 생각해낸 아이디어는 신선한 생크림을 얹은 여러 종류의 먹음직스럽고 부드러운 푸딩을 컵에 담아 제공하는 푸딩바를 만드는 것이었다. 나는 판나코타 Panna cotta와 비슷하면서도 마치 광고에 나오는 푸딩처럼 생기 있고 관능적이며 단단한 질감의 푸딩을 상상했다. 비록 푸딩 바는 이루지 못한 꿈으로 끝났지만(적어도 지금까지는 그렇다), 달콤하고 부드러운 초콜릿 푸딩 정도는 맛도 좋고 매장에서 어렵지 않게 제공할 수 있을 것 같아서 레시피 개발에 착수했다.

옥수수전분을 이용한 전통적인 제조 방법으로는 내가 생각했던 푸딩의 질감이 나오지 않아서, 내 친구이자 열렬한 해조류 지지자인 다니엘 패터슨 Daniel Patterson 셰프에게 자문을 구했다. 그랬더니 그는 생각지도 못한 방법을 얘기해줬다. "먼저 액체류에 한천을 넣고 녹여서 냉장고에 넣어. 그런 다음에 블렌더로 갈아주면 돼." 나는 옛날부터 해조류로 제조한 한천을 채식주의자들을 위해 젤라틴 대신 쓰는 젤화제로만 치부해왔으나, 다니엘은 수년간 혁신적인 방법으로 조리에 응용해서 쓰고 있었다. 다니엘의 기술을 적용한 몇 번의 실험 끝에 나는 아주 기분 좋게 진하고 맛있는 초콜릿 크렘 앙글레즈[35]를 만들었다. 민트플라자 지점에서 사이펀 커피와 함께 여리여리한 하리오 컵에 담아 단순하지만 우아하게 제공하는 이 푸딩은 그야말로 훌륭한 디저트이다.

- 카카오 함량이 62~70%인 다크 초콜릿 170g
- 바닐라 익스트랙 1티스푼
- 물 1컵(240mL)
- 한천 플레이크 ¼컵(14g) (NOTE 참고)
- 헤비크림 2컵(475mL / 464g)
- 하프앤하프 크림 2컵(240mL / 242g)
- 설탕 ¾컵(150g)
- 실온 상태인 달걀 6개분의 노른자(114g)
- 곁들여 낼 생크림

다크 초콜릿을 잘게 다지거나 푸드 프로세서에 넣고 갈아준다. 초콜릿을 커다란 볼에 옮겨 담고 바닐라 익스트랙을 넣는다.

작은 소스팬에 물과 한천 플레이크를 넣고 섞는다. 냄비를 약불에 올리고 가루가 뭉치지 않도록 계속 저어주면서 한천 플레이크가 완전히 녹아서 걸쭉하고 투명한 겔 상태가 될 때까지 약 8분간 가열한다.

중간 크기의 묵직한 팬에 헤비크림, 하프앤하프 크림, 설탕을 넣고 섞는다. 약불에 올리고 자주 저어주면서 가장자리에 기포가 올라오기 시작하는 82~88℃의 온도가 될 때까지 가열한다. 여기에 녹인 한천을 붓고 휘저어준 후 불을 끈다.

중간 크기의 볼에 달걀노른자를 넣는다. 여기에 데운 크림 혼합물 1½컵 중에 ¼컵을 덜어서 넣고 휘저어 잘 섞는다. 이 과정을 다섯 번 반복해 크림 혼합물을 ¼컵씩 모두 넣는다. 달걀노른자는 크림 혼합물만큼 따뜻해졌을 것이다.

---

35 뜨겁거나 차게 하여 케이크나 과일 또는 다른 디저트 위에 풍성하게 얹어 먹는 커스터드 크림

달걀 혼합물을 계속 휘저으면서 천천히 일정한 속도로 소스팬에 붓는다. 소스팬을 약불에 올린 후 약 10분간 계속 휘저어, 스푼을 담그면 뒷면에 혼합물이 묻어날 정도의 걸쭉한 상태로 만든다.

초콜릿이 담긴 볼에 소스팬에 든 혼합물을 붓고 초콜릿이 완전히 녹을 때까지 젓는다. 그리고 다른 볼이나 용기에 대고 아주 고운체로 거른다. 표면에 랩이 완전히 밀착되도록 덮은 후 냉장고에 최소 4시간에서 최대 3일까지 넣어둔다. 냉장고 안에서 푸딩은 아주 탄탄해질 것이다.

냉장고에서 꺼낸 푸딩을 푸드 프로세서나 블렌더에 넣고 매끈하고 윤기가 흐르고 빛깔이 연해질 때까지 4~5분간 곱게 갈아준다. 스푼으로 떠서 컵에 담고 위에 생크림을 올린 후 바로 낸다.

생크림을 얹은 푸딩은 완성된 직후에 먹는 것이 가장 좋지만 밀폐용기에 담아 냉장고에 넣어두면 하루 동안 먹을 수 있다. 휘핑크림을 얹지 않은 상태로 밀폐용기에 담아 냉장고에 넣어두면 3일간 보관할 수 있으므로, 바로 먹을 푸딩만 생크림을 얹고 남은 푸딩은 다음에 먹을 수 있게 보관해두는 방법도 고려해보자.

NOTE 한천 플레이크는 일본 식자재를 파는 슈퍼마켓이나 자연식품 전문점의 해조류 코너에서 찾을 수 있다. 한천 플레이크를 쓸 때 최상의 결과를 얻는 비결은 다른 재료와 섞기 전에 반드시 플레이크를 완전히 녹이는 것이다. 이 레시피에서는 나중에 체에 거르는 과정이 있기 때문에 플레이크 입자에 신경 쓸 필요는 없다. 하지만 최대한 탄탄하고 매끄러운 질감의 푸딩을 만들려면 한천과 물을 걸쭉하고 투명한 겔 상태가 될 때까지 가열해주는 과정이 매우 중요하다.

엘스워스 켈리 퍼지팝 Ellsworth Kelly Fudge Pops

퍼지팝 10개 / 손으로 조리하는 시간: 15분

총 조리 시간: 2~3시간

샌프란시스코 현대미술관 옥상 조각 정원에 있는 블루보틀 카페에서 만드는 모든 페스트리는 미술관에 전시되는 예술 작품에서 영감을 얻은 것이다. 나는 한동안 옥상 정원에 전시되었던 엘스워스 켈리의 조각품 「스텔레 I Stele I」에서 힌트를 얻어, 꽁꽁 얼렸을 때 표면의 질감이나 색감이 그와 비슷한 퍼지팝[36]을 개발했다.

녹는점이 낮아서 매우 잘 녹기 때문에, 이 퍼지팝을 꾸물거리면서 천천히 먹으려 하는 사람은 아마 없을 것이다. 사실 「스텔레 1」이 주인과 함께 영원히 머무를 집에 가기 전까지, 매일 같이 녹아가는 퍼지팝을 손에 든 어른과 아이들이 조각품과 같이 사진을 찍으려고 자세를 잡고 퍼지팝을 흘리지 않으려 애쓰는 광경을 보는 재미가 쏠쏠했다.

대체 가능 재료   이 레시피에 커피를 살짝 첨가해도 맛있다. 개인적으로는 우유에 분쇄하지 않은 원두를 넣은 뒤 하룻밤 우려서 넣는 것이 가장 좋은 방법이라고 생각한다. 커피 우린 우유를 넣고 퍼지팝을 만들면 커피가루 때문에 매끈한 질감을 망치는 일 없이 훌륭한 커피의 풍미를 낼 수 있다. 퍼지팝을 만들기 전날, 우유에 원두 ½컵(120mL)을 넣고 밀봉한 후 냉장고에 넣고 하룻밤 우려둔다. 크림 혼합물을 데울 때 우유를 제외한 나머지 재료만 레시피대로 섞어주고, 커피 우린 우유는 체로 원두를 걸러준 다음 바로 초콜릿에 붓고 저어준다. 그 후 레시피대로 준비한 틀에 붓고 얼리면 된다.

- 카카오 함량이 62~70%인 다크 초콜릿 227g
- 바닐라 익스트랙 1티스푼
- 헤비크림 1¼컵(300mL / 290g)
- 우유 1컵(240mL / 242g)
- 설탕 ¼컵(50g)
- 더치식으로 처리하지 않은 내추럴 코코아파우더 4티스푼
- 코셔 소금 ½티스푼

다크 초콜릿을 잘게 다지거나 푸드 프로세서에 넣고 갈아준다. 커다란 볼에 옮겨 담은 후 바닐라 익스트랙을 넣는다.

중간 크기의 묵직한 소스팬에 헤비크림, 우유, 설탕, 코코아파우더, 소금을 넣고 섞는다. 중불보다 살짝 약한 불 위에 올리고 코코아파우더가 뭉치지 않도록 자주 휘저어주면서 가장자리에 기포가 올라오기 시작하는 82~88℃ 정도의 온도가 될 때까지 가열한다.

이것을 초콜릿이 담긴 볼에 붓고 초콜릿이 완전히 녹을 때까지 섞어준다. 액체용 계량컵에 대고 고운체에 거른다.

준비한 아이스바 틀에 계량컵에 든 혼합물을 붓고 딱딱해질 때까지 얼린다. 아이스바 틀이 없다면 아이스 큐브 틀에 넣고 1시간 동안 얼린 후 이쑤시개나 길이가 짧은 꼬치를 꽂고 딱딱해질 때까지 계속 얼린다.

내놓기 직전에 퍼지팝이 부드럽게 빠질 수 있도록 틀을 뜨거운 물에 살짝 담갔다 뺀다.

완성된 퍼지팝은 냉동실에서 2주간 보관할 수 있다.

---

36 미국 가정에서 흔히 만들어 먹는 설탕, 버터, 우유, 초콜릿으로 만든 말랑말랑한 캔디

아르보리오 쌀과 아몬드가 들어간 브랜디 케이크

Brandy Cake with Arborio Rice and Almonds

크게 한 덩어리: 8~10인분 / 손으로 조리하는 시간: 2시간 45분

총 조리 시간: 2~3일

전통 볼로냐식 부활절 디저트를 토대로 개발한 이 케이크는 이탈리아의 수많은 축하용 케이크가 그렇듯이 오븐에서 구워져 나오자마자 그 위에 술을 부어서 만든다. 색감이 어둡고 풍미가 진하며 정성이 듬뿍 담긴 이 브랜디 케이크는 만들기 시작한 날로부터 3~4일 후에 먹는 것이 가장 맛있다. 종종 실제보다 과소평가되는 크리스마스 과일 케이크와 비슷한 느낌이지만, 축하용 케이크로 쓸 만큼 매력적이고 맛있다. 이 케이크의 짙은 색 껍질 속에는 황금빛 색감과 레몬 향과 촘촘히 박힌 아몬드가 숨겨져 있다. 그리고 식감이 라이스 푸딩처럼 촉촉하며 도수가 센 브랜디가 들어가 자기 전에 가볍게 마시는 술 한잔 대용으로도 아주 맛있게 먹을 수 있다.

전통주의자들은 보통 럼을 사용하지만, 나는 다른 술을 실험해보는 것도 재미있을 것 같았다. 그래서 믿을 만한 미식가 두 명(제임스와 내 친구인 소믈리에 폴 아인번드)과 함께 아르보리오 케이크를 들고 세인트 조지 스피릿에 갔다. 오크통에서 숙성시킨 브랜디들을 살펴보며 케이크와 가장 잘 어울리는 브랜디를 찾기 위해서였다. 우리는 세인트 조지 스피릿의 생산 작업실에서 다양한 종류의 위스키와 브랜디가 수백 개의 오크통 속에서 숙성되고 있는 광경에 감탄을 금치 못했다. 우리는 그곳의 증류 전문가 중 한 명인 데이브 스미스가 오크통에서 바로 뽑아주는 여러 샘플을 받아 코를 킁킁거리며 냄새를 맡아보고 시음을 했다. 나는 우리가 선별한 몇 가지 샘플을 집으로 가져와 시험해봤고, 큰 고민 없이 오크 숙성을 거친 소비뇽 블랑 브랜디를 낙점했다. 하지만 안타깝게도 세인트 조지 스피릿에서는 일반 소비자를 대상으로 그 브랜디를 소매 거래하지 않으므로, 여러분이 집에서 이 케이크를 만들 때는 다른 증류주를 찾아서 시도해보길 권한다. 오히려 직접 선택한 술로 만들면 본인에게 정말 특별한 케이크가 될 것이다(세인트 조지 스피릿과 그곳에서 생산하는 증류주 전반에 대해 더 알고 싶다면 163쪽 '향신료와 술' 참고).

- 우유 4컵(945mL / 968g)
- 설탕 1½컵(300g)
- 아르보리오 쌀 ⅓컵(65g)
- 코셔 소금 1티스푼
- 레몬 ½개분의 제스트
- 아몬드 ½컵(80g)
- 실온 상태의 달걀 4개(200g)
- 실온 상태의 달걀 1개분의 노른자(19g)
- 알코올 도수 40도의 브랜디 3테이블스푼 +취향에 따른 적당량(NOTE 참고)

묵직하고 큰 소스팬에 우유, 설탕 1¼컵(250g), 아르보리오 쌀, 소금, 레몬 제스트를 넣고 섞는다. 중불에서 자주 저어주고 우유 거품이 끓어 넘치지 않도록 조심하면서 한소끔 끓인다.

혼합물이 끓어오르면 불을 약하게 줄인다. 약 2시간 동안 자주 저어주면서 최대한 천천히 뭉근하게 끓인다. 필요에 따라 불을 조절해가며 혼합물이 노릇노릇해지고 자작하게 졸아서 질감이 걸쭉한 라이스 푸딩 같아질 때까지 끓여야 하는데, 스푼으로 소스팬 바닥을 긁었을 때 스푼이 지나간 선이 선명하게 남는 상태가 되면 된다.

혼합물을 볼에 옮겨 담고 상온에서 식힌다(이 상태로 뚜껑을 닫아서 냉장고에 넣으면 3일간 보관할 수 있다).

중간 크기의 묵직한 프라이팬에 아몬드를 넣고 중불에 올린 후 팬을 자주 흔들어주면서 약 5분간 볶는다. 아몬드 향이 올라오고 약간 갈색 빛이 돌면 불을 끄고, 볶은 아몬드를 완전히 식힌 후 굵게 다진다.

오븐을 175℃로 예열한다. 가로세로 13×23cm인 8컵 용량의 빵틀에, 가로 폭은 빵틀과 똑같이 맞추고 세로 폭은 빵틀 밖으로 여유 있게 나올 수 있도록 길게 자른 유산지를 깐다. 빵틀은 가급적이면 유리나 도자기 소재를 사용한다.

거품기를 부착한 스탠드 믹서의 믹싱볼에 달걀과 달걀노른자를 넣고 중속으로 10초간 휘핑한다. 믹서가 돌아가는 사이에 남은 설탕 ¼컵(50g)을 천천히 부어준다.

스탠드 믹서의 속도를 고속으로 올리고 거품이 어느 정도 형태를 유지하되 거품기를 들어 올렸을 때 머랭의 끝이 살짝 휘어질 정도로 부드러운 상태가 될 때까지 8~10분간 휘핑한다.

스탠드 믹서의 속도를 중속으로 낮추고 아르보리오 쌀 혼합물을 4번에 걸쳐 나눠 넣으며 혼합한다. 쌀 혼합물을 넣을 때마다 믹싱볼 옆면에 묻은 혼합물을 밑으로 깨끗이 긁어내리고 다시 혼합한다. 믹서에서 믹싱볼을 빼고 아몬드를 넣는다. 고무 스패출러를 이용해 아래에서 위로 들어 올리는 느낌으로 살살 섞어 아몬드가 고루 혼합되게 한다.

완성된 반죽을 스패출러로 긁어서 미리 준비해둔 빵틀에 넣는다. 오븐에 넣고 40분간 구운 후 틀을 돌려서, 케이크가 어두운 황갈색을 띠고 가운데 부분을 가볍게 눌렀을 때 본래대로 튕겨 나올 때까지 20분간 더 굽는다.

오븐에서 꺼내자마자 케이크를 꼬챙이로 15번 정도 찔러서 브랜디가 속까지 스며들 수 있도록 깊은 구멍을 내준다. 케이크 위에 브랜디를 부은 후 팬에서 꺼내지 말고 30분간 식힌다.

빵틀의 긴 변(유산지가 덮이지 않은 부분)을 따라 칼을 움직이며 케이크와 틀을 분리한다. 평평한 작업대에 대고 케이크를 뒤집어 꺼낸 후 유산지를 제거한다. 케이크 상단이 위에 오도록 바르게 놓고 완전히 식힌다. 케이크를 랩으로 단단히 싸서 상온에서 하루 이상 휴지시킨 후 낸다. 이 케이크는 기다릴 수 있다면 하루나 이틀 정도 보관했다가 먹는 것이 훨씬 더 맛있다.

NOTE 이 케이크는 술의 풍미가 상당히 강하게 나야 맛있다. 블루보틀에서 쓰는 브랜디는 알코올 도수가 40도이므로, 브랜디의 풍미가 원하는 만큼 나지 않는다면 망설이지 말고 브랜디의 양을 늘리자.

스위스 머랭 바닐라 크림을 바른 픽시 탠저린[37] 시폰 케이크
Pixie Tangerine Chiffon Cake with Vanilla Swiss Meringue

지름 23cm 크기의 케이크 1판: 6~8인분 / 손으로 조리하는 시간: 1시간

총 조리 시간: 4시간 30분

2008년 제임스와 내가 처음 도쿄를 방문했을 때 우리 둘에게 가장 큰 감동을 줬고 지금도 여전히 가슴 뛰게 하는 시부야 역 근처의 작은 카페가 있었으니, 바로 차테이 하토이다. 차테이 하토는 제임스가 84쪽에서 설명한 대로, 커피 맛이 훌륭하고 커피를 내리거나 추출한 커피를 건네줄 때의 화려한 볼거리가 출중하다. 게다가 훌륭한 시폰 케이크가 있다.

차테이 하토에서 파는 계피 향이 나는 초콜릿 글레이즈 바나 시폰 케이크는 맛도 좋지만, 케이크를 만드는 과정이 더 흥미롭다. 바리스타들이 커피를 내리는 틈틈이 케이크 시트에 크림을 거침없이 완벽하게 바르는 모습을 보면, 얼마나 많은 연습을 했을지 짐작할 수 있다. 바리스타들은 작은 구리 냄비에 초콜릿 가나슈를 데워서 오프셋 스패츌러로 빠르고 자신 있게 바른다. 먼저 케이크의 옆면을 바르고 윗면을 바른 후 가장 중요한 가운데 구멍을 발라서 마무리한다.

나는 내 고향 캘리포니아 오하이에서 영감을 받아 차테이 하토의 케이크를 재해석했다. 시트러스 계열의 과일이 재배되는 캘리포니아 남부의 오하이는 전 세계에서 유일하게 픽시 탠저린을 생산하는 지역이다. 씨가 없고 상큼하면서도 달콤한 픽시 탠저린은 식감이 깃털처럼 가벼운 시폰 케이크에 완벽하게 잘 어울린다. 나는 크고 높다란 케이크 시트에 새하얗고 솜털처럼 가벼운 스위스 머랭을 바르는 것을 굉장히 좋아한다. 마치 마법처럼 아름답고 커다란 이 케이크를 바라보면 꼭 꿈이 이루어진 것 같은 기분이 든다.

이것을 꼭 기억하자. 케이크는 하루 전날 미리 만들어놓아도 괜찮다. 이때는 팬에서 꺼낸 케이크를 조심스럽게 랩으로 싸서 냉장고에 보관한다. 그러나 머랭은 반드시 먹기 직전에 만들어서 케이크에 바른다.

대체 가능 재료 픽시 탠저린은 구하기 쉬운 과일이 아니다. 다른 품종의 귤로 같은 양의 제스트와 즙을 내서 사용해도 괜찮다. 아예 종류가 다른 시트러스 계열의 과일도 이 케이크에 잘 어울린다. 다른 종류의 시트러스 과일을 사용할 때는 과일즙 ¼컵에 물 ¼컵을 섞어서 사용하자. 나는 이 케이크에 라임이나 유레카 레몬, 유자를 넣은 것도 좋아한다.

케이크 재료
- 다목적용 밀가루 1¾컵(245g)
- 옥수수전분 ¼컵(31g)
- 베이킹파우더 1테이블스푼
- 설탕 1½컵(300g)
- 귤 제스트 2테이블스푼(작은 귤 5개분의 제스트)
- 코셔 소금 1테이블스푼
- 엑스트라 버진 올리브오일 ¼컵(60mL / 54g)
- 실온 상태의 달걀 7개분의 노른자(133g)
- 갓 짠 귤의 즙 ½컵(120mL)
- 플레인 요거트 ¾컵(180mL / 184g)
- 실온 상태의 달걀 7개분의 흰자(210g)
- 타르타르 크림 ½티스푼

머랭 재료
- 설탕 1컵(200g)
- 실온 상태의 달걀 4개분의 흰자(120g)
- 바닐라 익스트랙 1티스푼

---

37 오렌지보다 크기가 작고 껍질이 유연한 감귤류로, 우리가 흔히 먹는 만다린 계열의 귤보다 색이 진하다.

케이크를 만들 때는, 오븐을 165℃로 예열한다. 바닥을 분리할 수 있는 지름 23cm 크기의 시폰 팬을 깨끗하고 건조한 상태로 준비해놓는다.

커다란 유산지에 대고 밀가루와 옥수수전분과 베이킹파우더를 5번 체에 쳐 내린다. 큰 볼에 옮겨 담는다.

중간 크기의 볼에 설탕, 귤 제스트, 소금을 넣고 섞는다. 손으로 재료들을 마사지하듯이 문질러서 귤껍질의 기름 성분이 설탕에 배이도록 한다. 이렇게 문질러주면 설탕에서 살짝 오렌지 빛이 돌고 아주 향긋한 냄새가 나기 때문에 나중에 케이크에서 귤의 풍미가 극대화된다. 이것을 큰 볼에 담긴 밀가루 혼합물에 넣고 휘저어 잘 섞어준다.

밀가루 중앙에 오목하게 홈을 판다. 홈 안에 올리브오일, 달걀노른자, 귤 즙을 넣고 노른자를 풀어주며 액체 재료를 한데 섞어준다. 전체가 덩어리진 부분 없이 잘 혼합될 때까지 스패출러로 섞어준다. 플레인 요거트를 넣고 고루 섞는다.

거품기를 부착한 스탠드 믹서의 믹싱볼에 달걀흰자와 타르타르 크림을 넣고 중속으로 약 6분간 휘핑해서, 거품이 어느 정도 형태를 유지하되 거품기를 들어 올렸을 때 머랭의 끝이 살짝 휘어질 정도로 부드러운 상태가 되게 한다.

휘핑한 달걀흰자 거품을 밀가루 혼합물에 긁어 넣고 고무 스패출러로 아래에서 위로 들어 올리며 살살 섞어준다. 빠르고 부드럽게 섞어주다가 거품 흔적이 더 이상 보이지 않으면 바로 작업을 멈춘다.

완성된 반죽을 시폰 팬에 옮겨 담고 오프셋 스패출러나 고무 스패출러로 표면을 평평하게 정리해준다. 오븐에 팬을 넣고 중간에 팬을 한 번씩 돌려주면서, 색이 노릇노릇해지고 케이크 가운데 부분을 가볍게 눌렀을 때 본래 모양대로 튕겨 나올 때까지 55~60분간 굽는다.

오븐에서 꺼낸 반죽을 팬에 든 채로 거꾸로 뒤집어 팬 가운데 원기둥을 깔때기나 병에 끼우고 2시간 이상 식힌다. 시폰 팬의 안쪽과 바깥쪽 가장자리를 따라 작은 오프셋 스패출러나 얇은 칼을 끼워 넣고 돌려서 케이크와 팬의 옆면을 분리한다. 이번에는 스패출러를 케이크와 팬의 바닥 사이에 넣고 돌린 후 접시에 대고 팬을 거꾸로 뒤집어 바닥을 분리한다.

케이크를 내기 직전 머랭을 만들 때는, 모든 머랭 재료를 물이 끓는 이중냄비의 위층 냄비에 담거나, 중간 크기의 금속 볼에 담아 물이 끓는 소스팬 위에 얹은 다음 잘 섞는다(소스팬에 볼을 얹어서 할 경우 끓는 물이 볼에 직접 닿지 않도록 주의한다). 힘차게 휘저어 잘 섞은 후 설탕이 녹고 혼합물이 54℃ 정도로 살짝 따뜻해질 때까지 계속 저어주면서 가열한다. 거품기를 부착한 스탠드 믹서의 믹싱볼에 옮겨 담는다.

스탠드 믹서를 중속으로 약 6분간 돌려서 거품이 어느 정도 형태를 유지하되 거품기를 들어 올렸을 때 머랭의 끝이 살짝 휘어질 정도로 부드러운 상태로 만든다.

케이크를 마무리하려면, 작은 볼에 머랭 약 ⅓컵을 담는다. 오프셋 스패출러로 볼에 덜어놓은 머랭 크림을 케이크 전체에 얇게 발라준다(이때 크림보다 더 차가운 스패출러가 닿으면 크림이 단단해지므로, 빠르게 작업한다). 이 작업을 크럼 코트crumb coat라고 부르며, 처음에 크럼 코트를 해주면 다시 크림을 덧바를 때 빵가루가 묻어나지 않는다. 크럼 코트가 끝나자마자 남은 머랭 크림으로 케이크 윗면과 옆면을 바른 후 스패출러에 크림을 약간 묻혀 구멍 안쪽 면까지 발라서 마무리한다.

완성된 시폰 케이크를 바로 낸다.

로즈 레비 베런바움의 커피 판나코타 / 208

다니엘 패터슨의 원두를 깔고 구운 당근에 치커리 그래놀라를 곁들인 요리 / 209

크리스 코센티노의 지간테 콩과 베이비 채소를 곁들인 멧돼지 앞다리살 찜 / 213

스튜어트 브리오자의 피퀴요 고추가 들어간 치즈 참치 샌드위치 / 216

스튜어트 브리오자의 루콜라 아몬드 페스토와 절인 펜넬이 들어간 달걀 샐러드 샌드위치 / 218

노파의 블루보틀 마티니 / 221

로즈 레비 베런바움의 커피 판나코타 Rose Levy Beranbaum's Coffee Panna Cotta

6~9인분 / 손으로 조리하는 시간: 20분
총 조리 시간: 2시간 20분

나는 로즈 레비 베런바움이 음식전문잡지인 『푸드아트 Food Arts』에 기고할 미에트 관련 기사를 쓸 때 그녀와 처음 만났다. 나는 기본적으로 그녀의 책 『더 케이크 바이블』을 통해 케이크 굽는 법을 배웠는데, 그녀가 무섭고 비판적인 사람일 거라고 완전히 잘못 생각하고 있었기 때문에 처음 만나기로 했을 때는 정말이지 겁을 잔뜩 먹었다. 로즈는 내가 지금껏 만났던 사람들 중에 가장 친절하고 마음이 넓다. 또 한없이 다정하지만 마음속에 열정이 가득한 사람이다.

그녀는 또 블루보틀 커피의 열렬한 팬이며, 내가 이 책에 실을 레시피를 첫 번째로 부탁한 지인이기도 하다. 나는 그녀가 마음만 먹으면 블루보틀 커피를 돋보이게 할 만한 마법 같은 음식을 소개해주리라 믿었다. 그리고 로즈는 실제로 마법 같은 레시피를 보내줬다! 로즈가 조언하기를 이 레시피는 재료가 아주 간단하므로 '최상품 크림과 최대한 갓 뽑은 커피와 최고급 바닐라 익스트랙'을 써야 최적의 결과물을 얻을 수 있다고 한다.

대체 가능 재료 블루보틀의 쓰리 아프리칸 Three Africans[38] 원두는 다른 원두로 대체해도 된다.

- 헤비크림 2¼컵(530mL / 522g)
- 설탕 7테이블스푼(85g, 가능하면 터비나도 turbinado[39] 설탕이나 원당을 사용한다)
- 곱게 분쇄한 블루보틀의 '쓰리 아프리칸' 원두 ¼컵(20g)
- 가루 젤라틴 1½티스푼
- 바닐라 익스트랙 1½티스푼
- 곁들여 낼 생크림
- 장식으로 쓸 초콜릿을 입힌 원두 chocolate-covered coffee beans[40] (선택사항)

깨끗하게 잘 말린 60mL 용량의 데미타세 잔 9개 또는 장식용 디저트 컵이나 커스터드 컵 6개를 준비한다.

작은 소스팬에 헤비크림, 설탕, 커피가루를 넣고 잘 섞는다. 여기에 가루 젤라틴을 뿌린 후 3분 이상 그대로 둔다.

젤라틴 혼합물을 섞어준 후 소스팬을 중불에 올리고 가장자리에서 기포가 올라오기 시작하는 82~88℃ 사이 온도가 될 때까지 계속 저어주면서 가열한다.

중간 크기의 볼에 대고 고운체나 면포를 깐 여과기로 거른다. 거른 젤라틴 혼합물에 바닐라 익스트랙을 넣고 섞는다. 미리 준비해둔 컵에 나눠 담는다.

컵을 밀봉한 후 굳을 때까지 냉장실에서 2시간 이상 차게 식힌다. 굳은 판나코타 위에 갓 휘핑한 생크림을 올린 후 취향에 따라 초콜릿을 입힌 원두로 장식한다.

이 판나코타는 랩에 씌워서 냉장고에 보관하면 3일간 먹을 수 있다.

---

38 블루보틀에서 판매하는 아프리카 세 군데 지역에서 생산한 커피를 블렌딩한 원두
39 수증기로 정제한 거친 과립상의 설탕. 원당을 부분적으로 정제한 데메라라 설탕과 거의 비슷하지만 약간 더 정제된 거친 설탕
40 잘 로스팅된 원두에 초콜릿을 여러 겹 입혀서 코팅한 제품

다니엘 패터슨의 원두를 깔고 구운 당근에 치커리 그래놀라를 곁들인 요리
Daniel Patterson's Coffee-Roasted Carrots with Chicory Granola

4인분 / 손으로 조리하는 시간: 30분
총 조리 시간: 1시간 30분

샌프란시스코에 있는 쿠아[41] 레스토랑Coi restaurant과 오클랜드에 있는 플럼 레스토랑Plum Bar+Restaurant, 헤이븐 레스토랑Haven restaurant의 주인이자 셰프인 다니엘 패터슨은 나의 오랜 친구이다. 내가 제임스와 사귄다고 처음 얘기했을 때, 다니엘은 믿을 수 없다는 듯 이렇게 대답했다. "그 남자랑 사귄다고?' '오, 그 물은 온도가 정확하게 딱 맞지는 않습니다.'라고 얘기하는 그 꼬장꼬장한 남자랑?" 이 반응에 내가 배꼽을 잡은 이유는 아이러니하게도, 꼬장꼬장함으로 제임스와 대적할 만한 상대가 있다면 그건 다름 아닌 다니엘이기 때문이다. 당시 이들 두 사람은 유치하게 옥신각신했지만 이 일화를 계기로 제임스와 다니엘 사이에는 끈끈한 우정이 싹트기 시작했다.

나와 제임스는 쿠아 레스토랑에서 제공하는 감동적인 풍미의 모든 코스 요리 중에서도 당근 요리에 늘 감탄과 경의를 표한다. 제임스는 이 당근 요리를 흠모한 나머지 다니엘을 당근의 천재Carrot Genius라고 부른다.

쿠아 레스토랑에서 다니엘은 달달한 당근을 껍질을 벗기지 않은 채 상당히 부드러워질 때까지 익힌 후 얇게 썰어서 크렘 프레슈crème fraîche[42]와 고수 꽃, 소금, 올리브오일 몇 방울과 치커리 그래놀라 몇 조각을 곁들인 후 커피가루를 뿌려서 내놓는다. 이 요리를 먹으면 입 안에서 단맛과 짠맛이 동시에 느껴진다. 그래서 쿠아 레스토랑에서는 코스 정식에서 짭짤한 요리와 디저트 사이에 이 요리를 낸다. 다니엘은 여기에 들어가는 커피로, 산미가 없는 로부스타 원두로 구성된 블루보틀의 디카프 누아르Decaf Noir 원두를 선호한다. 레시피대로 그래놀라를 만들면 이 요리에서 필요한 양보다 훨씬 많은 4컵 정도가 나온다. 남은 그래놀라는 아침 식사로 먹기에 좋은데, 밀폐용기에 넣고 상온에 보관하면 일주일간 먹을 수 있다.

대체 가능 재료   블루보틀의 디카프 누아르 원두는 다른 디카페인 원두로 대체해도 된다.

당근 조리 재료
- 꼭지에 달린 줄기 부분을 조금 남기고, 깨끗이 씻어서 손질한 달달한 어린 당근 341g
- 엑스트라 버진 올리브오일
- 아삭아삭한 소금
- 분쇄하지 않은 블루보틀 디카프 누아르 원두 1~1½컵 (85~130g)

그래놀라 재료
- 으깬 귀리 4컵(200g)
- 눌러 담은 황설탕 ⅓컵(72g)
- 무염버터 ¼컵(57g)
- 크렘 프레슈 ½컵(116g)
- 장식으로 쓸 엑스트라 버진 올리브오일
- 장식으로 쓸 아삭아삭한 소금

---

41 '쿠아Coi'는 프랑스어로 '조용한', '평온한'을 뜻하는 형용사이다.
42 젖산을 첨가해 약간 발효시킨 크림으로 사워 크림과 매우 흡사한 프랑스 유제품이다.

- 꿀 2테이블스푼
- 잘게 빻은 치커리 뿌리 2티스푼(NOTE 참고)
- 코셔 소금 ½티스푼
- 장식으로 쓸 고수 꽃이나 작은 고수 잎
- 장식으로 쓸 커피가루

당근을 익힐 때는, 오븐을 165℃로 예열한다. 당근을 소량의 올리브오일에 버무린 후 소금으로 살짝 간한다. 소금은 달달한 풍미를 유지할 수 있도록 소량만 쓴다.

묵직한 무쇠 냄비나 오븐용 찜 냄비에 원두를 바닥이 보이지 않을 정도로만 깔아준다. 당근을 올리고 뚜껑을 덮은 뒤 아주 부드러워질 때까지 1시간~1시간 15분 정도 굽는다. 다 익은 당근을 팬에 두고 식힌다. 식는 동안 당근이 단단해진다.

당근을 익히는 동안 그래놀라를 만들 때는, 중간 크기의 볼에 으깬 귀리를 담아둔다. 작은 소스팬에 황설탕, 버터, 꿀을 넣고 계속 저어주면서 중불에서 가열한다. 버터와 설탕이 녹고 보글보글 끓어오르면 바로 귀리가 담긴 볼에 붓는다. 볼에 다진 치커리 뿌리와 소금을 넣고 고루 섞어준다.

귀리 혼합물을 테두리가 있는 베이킹 팬에 붓고 평평하게 펴준다. 팬을 오븐에 넣고 가끔 뒤적여주면서 노릇노릇해질 때까지 약 25분간 굽는다. 오븐에서 꺼낸 그래놀라를 완전히 식힌다. 식는 동안 그래놀라가 바삭해진다. 완성된 그래놀라를 밀폐용기에 담아 상온에 보관하면 1주일간 먹을 수 있다.

마무리는, 냄비에서 당근을 꺼내고 원두는 버린다. 당근을 비스듬하게 썰어 길쭉하고 얇게 만든다. 4개의 접시에 크렘 프레슈 2테이블스푼씩을 펴 바르듯이 담은 후 썬 당근을 나눠서 올린다. 각 접시마다 올리브오일 몇 방울을 떨어뜨리고 소금을 살짝 뿌려준 후 고수 꽃을 올려서 장식한다. 그 위에 작게 부순 그래놀라를 얹고 커피가루를 뿌린 후 바로 낸다.

NOTE 자연식품 전문점에 가면 빻은 치커리 뿌리를 구매할 수 있다.

크리스 코센티노의 지간테 콩과 베이비 채소를 곁들인 멧돼지 앞다리살 찜
Chris Cosentino's Braised Boar Shoulder with Gigante Beans and Baby Vegetables

6인분 / 손으로 조리하는 시간: 1시간 30분

총 조리 시간: 3일

크리스 코센티노Chris Cosentino는 매주 토요일에 서는 페리플라자 파머스 마켓에서 아마도 촬영을 가장 많이 하는 인물일 것이다. 푸드 네트워크 채널에 고정 출연하면서 샌프란시스코의 셰프들 중 인지도가 가장 높다고 봐도 무방하지만, 그는 여전히 샌프란시스코에 있는 레스토랑 인칸토Incanto와 이탈리아식 소시지 가게인 보카로네Boccalone를 아주 열심히 운영하고 있다. 시장의 열렬한 고객인 크리스는 토요일 아침마다 페리플라자 마켓에 가장 먼저 얼굴도장을 찍는 셰프 중 한 사람이며, TV 게임쇼 「슈퍼마켓 스윕Supermarket Sweep」에서 '유기농 채소 장보기편'을 찍기라도 하는 것처럼 누군가를 카트에 태우기도 전에 카트를 식재료로 가득 채운다. 보통은 그의 아들인 이스턴이 산더미처럼 쌓인 과일과 채소 사이에서 그 카트에 앉아있다. 이스턴은 우리 아들 대실보다 두 살 어리지만 두 꼬마는 더없이 가까운 친구이다. 나와 제임스는 이 꼬마 녀석들 덕분에 크리스와 그의 아내인 타니아와 친해졌고, 이들은 우리가 일요일 오후마다 가장 만나고 싶어하는 가족이다. 나와 제임스는 이 책에 소개할 고기 요리 레시피를 부탁할 사람으로 크리스가 아닌 다른 사람은 생각도 하지 못했다. 그리고 우리는 크리스가 준 이 매력적인 레시피가 마음에 쏙 든다.

이 요리를 할 때는 고기를 하룻밤 동안 재우는 과정이 필요하다. 여기에 크리스는 조리를 끝낸 후에도 하룻밤 더 휴지시키기를 권한다. 그러면 고기가 커피와 초콜릿이 우러난 육수의 모든 풍미와 수분을 빨아들인다고 한다. 한편 콩을 조리할 때 감자를 넣는 것은 천재적인 발상이다. 조리하는 동안 감자 덕분에 콩의 표면이 갈라지지 않는다.

대체 가능 재료 멧돼지 고기를 돼지고기 앞다리살로 대체하고, 블루보틀의 자이언트 스텝Giant Steps 원두 대신 다른 원두를 써도 된다. 베이비 채소와 꼬투리를 까서 알맹이만 쓰는 콩은 파머스 마켓에서 쉽게 찾을 수 있다. 지간테 생콩을 찾기 힘들다면 크고 하얀 말린 콩 455g을 하룻밤 불렸다가 사용하자. 단, 말린 콩을 쓴다면 생콩보다 조리 시간이 3배 정도 더 걸린다. 베이비 펜넬과 베이비 순무를 찾기 힘들다면 크기가 큰 일반 펜넬과 순무를 4등분해서 부드럽게 데친 후 사용한다.

멧돼지 조리 재료
- 분쇄하지 않은 블루보틀 자이언트 스텝 원두 ⅓컵(43g)
- 주니퍼베리[43] 1테이블스푼
- 뼈를 발라낸 멧돼지 앞다리살 1.4kg
- 코셔 소금
- 갓 빻은 흑후추
- 깍둑썰기한 노란 양파 1개
- 깍둑썰기한 당근 1개
- 펜넬 1개분의 구근(하얀 부분)을 다진 것
- 6mm 두께로 얇게 썬 펜넬 줄기 1대
- 으깬 마늘 5쪽
- 레드와인 2컵(475mL)
- 라드(돼지기름) 2테이블스푼
- 돼지고기 육수나 닭 육수 5컵 정도(1.2L)

---

[43] 주니퍼나무의 열매를 건조시킨 향신료로 쌉싸래하면서도 단내가 나며 약간 얼얼한 느낌이 있다.

- 굵게 다진 카카오 함량 72% 다크 초콜릿 57g
- 생월계수 잎 2장

콩 재료
- 꼬투리를 깐 지간테 생콩 4컵(꼬투리를 까지 않았을 때의 콩 무게는 약 1.8kg)
- 껍질을 깐 러셋 통감자 1개
- 껍질을 깐 통양파 1개
- 1쪽씩 쪼개놓은 마늘 1통
- 월계수 잎 1장

- 타임 1줄기
- 엑스트라 버진 올리브오일
- 코셔 소금
- 갓 빻은 흑후추

베이비 채소 재료
- 껍질을 깐 여러 가지 색깔의 베이비 당근 12개
- 코셔 소금
- 베이비 순무 12개
- 베이비 펜넬 12개분의 구근(하얀 부분)

고기를 조리할 때는, 먼저 절반 분량의 원두와 주니퍼베리 1테이블스푼을 향신료 분쇄기에 넣고 갈아서 굵게 가루를 낸다. 이것을 멧돼지 앞다리살에 골고루 발라주고, 소금과 후추로 밑간을 한다. 간이 잘 배도록 고기를 마사지하듯이 문질러준다. 재료가 다 들어갈 정도로 큰 냄비나 볼에 밑간한 앞다리살을 넣은 다음 양파, 당근, 펜넬 구근과 줄기, 마늘, 와인을 넣고 뚜껑을 덮는다. 냉장고에 넣고 최소 6시간에서 최대 15시간 동안 재운다.

오븐을 150℃로 예열한다.

재워둔 양념에서 고기를 건져낸 후 키친타월로 톡톡 두드려 물기를 닦아낸다. 채소를 건지고 양념 국물과 채소를 각각 따로 보관해둔다. 묵직한 무쇠 냄비나 오븐용 찜 냄비에 라드를 넣고 중불보다 조금 센 불에 달군 뒤 고기를 넣고, 고기 겉면이 골고루 노릇노릇해지도록 약 10분간 지진다.

냄비에서 고기를 꺼낸다. 고기를 구운 냄비에 아까 건져둔 채소를 넣고 한번씩 저어주면서 채소에 갈색 빛이 돌 때까지 중불에서 약 10분간 볶는다.

남은 절반 분량의 원두를 갈아놓는다. 채소를 볶던 팬에 아까 보관해둔 양념 국물을 붓고 바닥에 눌어붙은 찌꺼기를 긁어낸다. 여기에 원두가루를 넣고 뭉근하게 끓이다가 약불로 줄이고 가끔씩 저어주면서 국물이 거의 졸아들 때까지 약 4분간 끓인다. 여기에 돼지고기 육수나 닭 육수 4컵을 붓는다. 중불보다 조금 센 불에서 살짝 끓인 후 약불로 줄이고 잠시 뭉근하게 끓인다. 냄비에 굵게 다진 초콜릿을 넣고 저어서 녹인다. 초콜릿이 다 녹으면 불을 끄고 몇 분간 식힌다. 건더기가 보인다면 분량을 적당히 나눠서 푸드 프로세서에 넣고 갈아준다. 혼합물을 고운체에 거른다.

같은 냄비에 다시 고기를 넣고 그 위에 체에 내린 초콜릿 혼합물 소스를 붓는다. 이때 고기의 ¾ 정도가 잠길 수 있게 하고, 필요하다면 육수를 추가로 더 부어준다. 월계수 잎을 넣는다. 냄비를 중불보다 약간 센 불 위에 올리고 살짝 끓인 후 뚜껑을 덮지 않은 채 오븐에 넣고, 중간에 한번씩 국물을 끼얹어주며 고기가 부들부들해질 때까지 2시간 30분 동안 푹 삶는다. 오븐에서 너무 오래 삶으면 고기가 퍽퍽해지니 주의한다. 고기를 식힌 후 뚜껑을 닫고 냉장고에 하룻밤 보관한다.

콩을 조리할 때는, 냄비에 지간테 콩, 감자, 양파, 마늘, 월계수 잎, 타임을 넣고 물을 냄비 바닥에서 8cm 정도까지 올라오도록 붓는다. 냄비를 중불에 올리고 뭉근하게 끓인다. 이때 팔팔 끓이면 콩이 터지거나 깨지므로 주의한다. 은근하게 끓으면 불을 중불보다 조금 약한 불로 줄이고 콩 상태에 따라 부드러워질 때까지 30~60분간 익힌다. 콩이 부드럽게 익으면 감자, 양파, 마늘, 월계수 잎, 타임을 빼낸다(이 과정까지는 하루 전날 해놓도 괜찮다. 미리 조리해둘 때는 삶은 콩을 완전히 식힌 후

콩을 끓인 국물과 함께 밀폐용기에 담아서 냉장고에 보관한다). 콩을 삶은 물은 따라내 따로 보관한다. 콩에 올리브오일을 살짝 뿌리고 섞어준 뒤 소금과 후추로 적당히 간한다. 콩이 식지 않도록 따뜻하게 보관한다.

베이비 채소를 익힐 때는, 찬물이 담긴 냄비에 당근을 넣고 소금을 약간 탄 후 중불보다 조금 센 불에 올린다. 살짝 끓어오르면 약불로 줄인 후 냄비 뚜껑을 닫고 당근이 연하게 익을 때까지 약 3분간 뭉근하게 끓인다. 구멍이 뚫린 국자로 당근을 건져낸 후 베이비 순무도 같은 과정으로 익혀서 건져낸다. 당근과 순무가 식지 않도록 따뜻하게 보관한다.

커다란 냄비에 물을 붓고 중불보다 약간 센 불에서 끓인다. 물이 끓으면 베이비 펜넬을 넣고, 포크로 찍으면 들어갈 만큼 부드러워질 때까지 약 2분간 데친다. 물을 따라내고 펜넬을 따뜻하게 보관한다.

마무리는, 고기 삶았던 국물에 다시 고기를 넣고 고루 따뜻해질 때까지 데운다. 6개의 오목한 접시에 베이비 채소와 삶은 콩을 나누어 담고, 따로 보관해둔 콩 삶은 물을 조금씩 부어준다. 그 위에 앞다리살을 큼직하게 한 조각씩 얹어준 후 고기 삶은 국물을 조금씩 부어준다. 완성된 앞다리살 찜을 바로 낸다.

스튜어트 브리오자의 피퀴요 고추가 들어간 치즈 참치 샌드위치
Stuart Brioza's Tuna Melt Sandwiches with Piquillo pepper

샌드위치 4개 / 손으로 조리하는 시간: 35분

총 조리 시간: 45분

우리의 친구 스튜어트 브리오자는 루비콘(샌프란시스코에 있었던 훌륭한 레스토랑으로 지금은 문을 닫았다)의 총괄 셰프 일을 그만두고 그의 아내인 니콜 크래신스키와 스테이트 버드 프로비전 레스토랑을 개업하기 전까지, 블루보틀 민트플라자 카페에서 컨설턴트 일을 맡아줬다. 스튜어트는 까다롭거나 지나치게 복잡하지 않으면서도 깊은 풍미가 있는 음식을 굉장히 잘 만든다. 이 샌드위치는 짭짤한 올리브와 진한 홈메이드 아이올리 소스, 피퀴요 고추, 고급 기름을 쓴 통조림 참치가 조화를 이루며 깊은 풍미를 낸다. 아래 레시피대로 아이올리 소스를 만들면 샌드위치를 만들고도 남을 정도로 넉넉한 양이 나온다. 아이올리 소스는 냉장고에 보관해두면 3일간 먹을 수 있으며 다른 샌드위치에 넣어 먹거나 딥소스로 찍어먹어도 맛있다.

대체 가능 재료 블루보틀에서는 이 샌드위치를 만들 때 오르티즈Ortiz 브랜드에서 나온 참치와 피퀴요 고추, 카스텔베트라노Castelvetrano의 올리브를 사용한다. 이 재료를 구하기 어렵다면 다른 브랜드의 참치 통조림, 구운 빨간 피망 통조림, 순한 그린 올리브로 대체해도 괜찮다(그린 올리브는 가능하면 이탈리아산이 좋다).

아이올리 소스 재료
- 실온 상태의 달걀 2개분의 노른자(38g)
- 갓 짠 레몬즙 1테이블스푼
- 다진 마늘 1쪽
- 파프리카 가루 2테이블스푼
- 레몬 제스트 1티스푼
- 엑스트라 버진 올리브오일 ¾컵(180mL / 161g)
- 코셔 소금
- 갓 빻은 흑후추

참치 샐러드 재료
- 통조림 피퀴요 고추 4개
- 기름을 제거한 통조림 참치(가능하면 지중해산) 255g
- 물기를 제거하고 다진 케이퍼 2테이블스푼
- 잘게 다진 그린 올리브(가능하면 카스텔베트라노 올리브) 2테이블스푼
- 코셔 소금
- 갓 빻은 흑후추

- 시골풍 샌드위치 롤빵 4개를 각각 반으로 가른 것 또는 바게트 1개를 4등분한 뒤 각각 반으로 가른 것
- 잘게 썬 프로볼로네 치즈 1컵(100g) 또는 슬라이스 치즈 4장

오븐을 220℃로 예열한다.

아이올리 소스를 만들 때는, 큰 볼에 달걀노른자, 레몬즙, 마늘, 파프리카 가루, 레몬 제스트를 넣고 휘저어, 들어 올렸을 때 되직하게 흘러내리면서 리본 모양이 그려지는 상태로 만든다. 재료를 작은 용기에 넣고 핸드 블렌더로 섞어도 된다. 혼합

물을 거품기나 핸드 블렌더로 휘저으면서 올리브오일을 조금씩 넣는다. 처음에는 한 방울씩만 넣다가 점차 양을 늘려서 나중에는 여러 방울씩 넣는 식으로 서서히 넣어야 매끈하게 잘 섞인다. 소스의 농도가 안정적으로 잡히면 계속 휘저으면서 올리브오일을 일정한 속도로 천천히 흘려 넣는다. 이렇게 만든 아이올리 소스는 마요네즈 같은 농도로 완성되어야 한다. 너무 뻑뻑하면 뜨거운 물을 한 번에 1티스푼씩 넣어가며 농도를 맞춘다. 입맛에 따라 소금과 후추로 적당히 간한다.

참치 샐러드를 만들 때는, 중간 크기의 볼에 피퀴요 고추 2개를 굵게 다져 넣은 후 참치, 케이퍼, 올리브를 넣고 잘 섞는다. 여기에 아이올리 소스를 한 번에 조금씩 넣어, 샐러드가 너무 질척해지지 않고 재료가 뭉쳐질 정도로만 섞는다. 입맛에 따라 소금과 후추로 적당히 간한다.

샌드위치를 완성하려면, 남은 피퀴요 고추 2개를 길쭉하게 반으로 잘라서 아래쪽 롤빵의 단면에 올린다. 피퀴요 고추 위에 넷으로 나눈 참치 샐러드와 치즈를 올린다. 팬에 아래쪽 롤빵과 위쪽 롤빵을 나란히 올린 뒤 아래쪽 롤빵에 올린 치즈가 녹고 빵의 가장자리가 갈색 빛을 띨 때까지 5~7분간 굽는다. 구운 위쪽 롤빵으로 아래쪽 롤빵을 덮은 뒤 완성된 샌드위치를 바로 낸다.

스튜어트 브리오자의 루콜라 아몬드 페스토와 절인 펜넬이 들어간 달걀 샐러드 샌드위치
Stuart Brioza's Egg Salad Sandwiches with Arugula-Almond Pesto and Pickled Fennel

샌드위치 4개 / 손으로 조리하는 시간: 30분

총 조리 시간: 1시간 45분

샌프란시스코 연안에 있는 블루보틀 매장에서는 보통 프랑스 기차역에서 볼 수 있을 법한 아주 간단한 샌드위치를 제공한다. 민트플라자 카페에는 품격이 넘치는 소규모 주방과 달걀 요리를 잘 하는 요리사가 있어서 한층 고급스러운 샌드위치를 내놓을 수 있다. 이 레시피는 스튜어트 브리오자가 블루보틀을 위해 개발해준 또 하나의 멋진 샌드위치이다. 풍미 좋은 루콜라 아몬드 페스토에 버무린 삶은 달걀, 겹겹이 깔아준 절인 펜넬, 그 위에 얹은 진한 피오레 사르도Fiore Sardo 치즈가 함께 어우러져 친근하면서도 깜짝 놀랄 만큼 맛있는 점심 메뉴가 나온다. 피오레 사르도 치즈는 양젖으로 만드는 만큼 '사르데냐 섬에서 나는 페코리노 치즈'라고 말할 수 있다. 아래 레시피를 따라 절인 펜넬과 페스토를 만들면 샌드위치에 넣고도 남을 정도로 넉넉한 양이 나온다. 절인 펜넬은 다른 샐러드나 샌드위치에 넣어 먹기에 좋고, 페스토는 파스타를 만들거나 크로스티니crostini[44]에 발라먹으면 정말 훌륭하다. 밀폐용기에 담아 냉장 보관하면 절인 펜넬은 2일간, 페스토는 4일간 두고 먹을 수 있다.

절인 펜넬 재료
- 펜넬 1개분의 구근(하얀 부분)을 가운데 심지를 제거하고 얇게 썬 것
- 레몬 1개분의 즙
- 엑스트라 버진 올리브오일 1테이블스푼
- 코셔 소금
- 갓 빻은 흑후추

페스토 재료
- 아몬드 ½컵(80g)
- 가득 담은 루콜라 1컵(80g)
- 가볍게 담은 이탈리아 파슬리 잎 1컵(57g)
- 강판에 간 피오레 사르도 치즈나 다른 페코리노 치즈 ¼컵 (28g)
- 물 ¼컵(60mL)
- 엑스트라 버진 올리브오일 2테이블스푼
- 로즈마리 1줄기에서 뜯은 잎
- 크기가 작은 마늘 1쪽
- 코셔 소금 ½티스푼
- 갓 빻은 흑후추

달걀 샐러드 재료
- 달걀 4개
- 엑스트라 버진 올리브오일(필요한 경우)
- 코셔 소금
- 갓 빻은 흑후추
- 시골풍 샌드위치 롤빵 4개를 각각 반으로 가른 것 또는 바게트 1개를 4등분한 뒤 각각 반으로 가른 것
- 얇게 썰거나 강판에 간 피오레 사르도 치즈나 다른 페코리노 치즈

절인 펜넬을 만들 때는, 볼에 얇게 썬 펜넬을 넣는다. 펜넬에 레몬즙과 올리브오일을 뿌린 뒤 소금과 후추로 간을 맞춘다. 재

---

[44] 이탈리아어로 작은 토스트라는 뜻으로, 구운 빵 조각에 여러 가지 재료를 토핑으로 얹어서 먹는 음식이다. 카나페와 비슷하다.

료를 버무린 후 최소 1시간에서 최대 이틀간 그대로 둔다.

루콜라 아몬드 페스토를 만들 때는, 묵직한 중간 크기의 프라이팬에 아몬드를 넣고 중불에 올린 후 자주 흔들어주면서, 아몬드 향이 올라오고 살짝 갈색 빛이 돌 때까지 약 5분간 볶는다. 볶은 아몬드를 완전히 식힌다.

식힌 아몬드를 푸드 프로세서에 넣는다. 여기에 루콜라, 파슬리, 치즈, 물, 올리브오일, 로즈마리, 마늘, 소금을 넣고 질감이 매끄럽고 크림같은 질감이 나올 때까지 갈아준다. 입맛에 따라 후추로 간한다.

달걀 샐러드를 만들어 샌드위치를 완성하려면, 중간 크기의 소스팬에 물을 끓이면서 한쪽에 얼음물을 준비해둔다. 끓는 물에 조심스럽게 달걀을 넣고 불을 중불보다 살짝 약한 불로 줄인 후 8~9분간 끓인다. 달걀을 구멍이 뚫린 국자로 건져내 얼음물에 집어넣는다.

달걀 껍데기를 까고 잘게 다진 후 중간 크기의 볼에 담는다. 여기에 페스토 ¼컵(60mL)을 넣고, 필요하다면 달걀 샐러드가 잘 뭉쳐지도록 올리브오일을 살짝 뿌린 후 섞는다(단, 이 샐러드는 본래 다른 샐러드들에 비해 뻑뻑한 편이라는 사실을 기억하자). 맛을 보고 취향에 따라 페스토를 더 넣어 섞은 후 소금과 후추로 적당히 간을 맞춘다.

먼저 달걀 샐러드를 4등분해서 4개의 롤빵에 듬뿍 깔아준다. 그 위에 절인 펜넬을 적당히 얹은 후 얇게 썰거나 강판에 간 피오레 사르도 치즈를 올린다. 마지막으로 올리브오일을 살짝 뿌린 후 소금과 후추로 간해서 마무리한다.

노파의 블루보틀 마티니 Nopa's Blue Bottle Martini

칵테일 1잔

우리가 샌프란시스코에서 손에 꼽을 정도로 좋아하는 레스토랑 노파Nopa는 고객에게 질 좋은 커피를 꾸준히 제공해왔고, 에스프레소를 추출하는 설비를 갖추고 있으면서 믿음이 갈 만큼 에스프레소를 잘 뽑아내는 블루보틀의 파트너이다. 노파의 공동 운영자인 제프 하나크Jeff Hanak가 레스토랑 바 매니저가 내놓은 블루보틀 마티니를 메뉴로 올리고 싶다고 했을 때, 제임스는 그 음료를 마음에 들어하며 흥분을 감추지 못했다. 노파에서 제공하는 블루보틀 마티니는 하루도 빠지지 않고 수십 잔의 주문이 들어올 정도로 맛있고 매력이 넘치는 음료이다.

블루보틀 마티니에 들어가는 산타 테레사 아라쿠Santa Teresa Araku는 베네수엘라에서 생산하는 럼 베이스의 커피 리큐어이다. 만일 산타 테레사 아라쿠를 구하기 힘들다면, 다른 럼 베이스나 테킬라 베이스 커피 리큐어를 써도 된다. 주위에서 쉽게 구할 수 있는 칼루아를 넣으면 보통 화학적인 단맛이 나므로, 가능한 여기에는 넣지 않는 것이 좋다. 에스프레소 또한 블루보틀 헤이즈밸리 에스프레소 대신 다른 원두로 추출한 에스프레소를 써도 된다.

- 보드카 45mL
- 산타 테레사 아라쿠 30mL
- 블루보틀 헤이즈밸리 에스프레소 1샷

얼음을 넣은 믹싱 글라스mixing glass[45]에 술과 에스프레소를 붓는다. 잘 휘저어 섞은 후 얼음은 스트레이너로 걸러내고 음료만 큰 칵테일 잔에 따라 낸다.

---

[45] 셰이커와 같이 술을 섞을 때 사용하는 혼합 유리잔이다. 보통 셰이커를 쓰지 않고 재료를 섞을 때 믹싱 글라스를 사용하며, 셰이커로 급히 혼합했을 때 색이 흐려지거나 맛이 변하는 것을 방지한다.

감사의 글

텐 스피드 프레스 출판사의 블루보틀 크래프트 오브 커피 담당팀, 그중에서도 특히 편집자인 멜리사 무어와 아론 웨너, 벳시 스트롬버그, 케이티 브라운에게 감사를 전합니다.

그리고 이 책을 위해 음식 레시피를 공유해준 친구들 로즈 레비 베런바움, 스튜어트 브리오자, 크리스 코센티노, 제프 하나크, 니콜 크래신스키, 다니엘 패터슨에게 진심으로 고마워요.

하와이에서 러스티스 하와이안을 묵묵히 운영하며 우리의 농장 방문을 너그럽게 허락해주고 이 책의 '재배' 부분을 쓸 때 도움을 준 로리 오브라, 존 오브라, R 미구엘 메자, 랄프 개스턴에게 깊이 감사드리며, 이탈리아 라마르조코의 마리 다이아몬드와 피에로 밤비, 엘살바도르의 아이다 바틀레에게도 감사드립니다.

제임스 완벽하고 아름답고 다재다능하며 활동적이고 침착하고 깊게 팬 보조개가 매력적인 나의 아내 케이틀린 윌리엄 프리먼과 나의 입방귀 비트박스 스승이자 스파이 대 스파이 만화를 큰 소리로 읽는 애독자이며 리마콩*의 품질 검사원인 우리 아들 대실 엘리스 프리먼. 나의 가족인 케이틀린과 대실에게 이 책을 바칩니다. 케이틀린, 당신을 향한 내 사랑은 말뿐인 사랑이 아니랍니다. 나는 매 순간 당신을 사랑해요. 우리 가족들이 허락한다면 이 책이 출판된 기쁨을 여러 사람들과 함께 나누고 싶습니다. 클레이와 타라, 이 책을 출판할 수 있도록 영감을 주고 헌신해줘서 고마워요. 누가 알았겠어요? 이렇게 멋진 책이 나올지!

블루보틀의 모든 직원들에게도 감사의 인사를 전합니다. 나는 우리 블루보틀 매장에서 맛있는 음료나 음식을 먹을 때마다, "고마워요." 또는 "부탁해요."라는 말이 들릴 때마다, 반짝반짝 빛나는 스팀노즐을 볼 때마다, 설명하기 까다로운 음료를 데이비드 로이드 조지David Lloyd George**에 대적할 만큼 능수능란하게 알려주는 목소리가 들릴 때마다, 우리가 이룩해낸 모든 성과에 대한 자부심으로 가슴이 벅차오릅니다. 케이티 부저, 아르노 홀슈, 마리오 페레즈, 쇼 스터튼, 바네사 게이츠, 미셸 오트, 에인절 아르게요, 에밀리아노 아르게요, 존 오도노반, 조엘렌 디파카키보, 알렉스 클리메크, 카르멘 말도나도, 에렌 오르투뇨. 오랫동안 블루보틀을 지키면서 아주 열심히 업무를 수행해준 여러분께 감사드립니다. 이 정도면 충분히 전해졌죠?

토요일마다 페리빌딩 남쪽에서 내가 만들어준 음료를 마셨던 모든 사람들에게도 고맙다는 말을 전하고 싶습니다. 여러분이 보여줬던 친절함과 열정을 기억해요. 저는 여러분이 어떤 종류의 커피 관련 책을 읽고 싶어할지 고민하면서, 그런 책을 집필하려고 노력했습니다.

제이 에가미 씨, 항상 저의 정확한 나침반이 되어줘서 고마워요.

---

* 강낭콩과 비슷한 둥글납작한 연녹색 콩
** 베르사유조약을 성사시킨 영국의 유명한 정치가

존 이스트번, 맞아요! 당신은 벤처 투자가예요. 현명하고 신중하게 판단해 도움을 주셔서 고맙습니다.

케빈 마한과 마이클 앤서니, 그래머시 태번 직원 여러분이 보여준 북극성에서나 받을 수 있을 법한 극진한 환대에 감사드립니다.

전 세계에서 커피를 위해 각고의 노력을 기울이는 모든 분들께도 감사의 인사를 드립니다. 커피를 재배하고 수확하고 가공하고 운송하고 판매할 때 굉장히 많은 노동자들이 투입됩니다. 제 꿈은 질 좋은 커피에 대한 수요가 많이 늘어서 커피 관련 종사자들이 더 나은 삶을 영위하는 것입니다. 아이다 그리고 로리, 여러분이 생산한 훌륭한 커피를 제가 구입해서 로스팅해 커피로 제공할 수 있도록 허락해주셔서 감사합니다.

1919년에 태어나신 칼멘 오퍼만, 제임스 먼로 프리먼, 제롬 데이비드 샐린저, 이 세 분에게도 감사드립니다. 또한 마르셀 프루스트, 로버트 나이젤, 글렌 굴드, 해롤드 라이트, 마르셀 브로이어에게도 감사의 마음을 전합니다. 반사실적 조건문, 종속절, 멋진 구형 스테레오, 낡아빠진 프랑스제 승용차, 산마르코 레버형 커피머신, 벤자민 무어 페인트의 도브윙 960 색상, 너희들도 고맙다.

케이틀린 윌리엄 제임스 프리먼 씨, 당신과 함께한 일들은 정말 멋진 경험이었어요! 내 인생 최고의 친구이자 내 열혈 팬이자 내가 가장 존경하는 인물이며 남들은 모르겠지만 내가 지금껏 만나본 사람들 중에 가장 재미있는 남자로 내 곁에 있어줘서 고마워요. 당신은 내가 날마다 함께 일하고 싶고 매일 밤 곁에서 잠들고 싶은 유일한 사람이에요. 내 인생에 대실을 데려와 가족이 되어줘서 고마워요. 당신을 진심으로 사랑하고 당신이 이룬 성과들이 굉장히 자랑스럽습니다.

클레이 맥라클란과 타라 더간, 우리가 이렇게 작업을 훌륭하게 해냈다는 게 정말 놀라워요! 클레이, 이 책이 나올 수 있게 힘써주고 수많은 사람들이 블루보틀을 구경할 수 있도록 눈동자 같은 역할을 해줘서 고마워요. 당신은 이 책의 표지에 이름을 올릴 자격이 충분한데 그렇게 못해서 미안해요. 타라, 우리가 작업을 순조롭게 진행할 수 있도록 도와주고 흠잡을 데 없이 완벽한 레시피를 작성해주고 또 내가 실제보다 훨씬 더 뛰어난 평가를 받을 수 있도록 도와줘서 고마워요. 당신은 나의 훌륭한 친구이자 뛰어난 공저자예요.

우리 아버지 제이 윌리엄스에게도 감사의 인사를 전합니다. 아버지는 저에게 항상 성실함과 결단성의 본보기를 보여주셨어요. 아버지께 자랑스러운 딸이 되고 싶은 마음은 제가 이 일에 매진할 수 있게 하는 원동력입니다. 저와 언니를 우리만의 미래를 설계하고 일과 인생에서 행복한 삶을 영위할 수 있는 강하고 진취적인 여성으로 키워주셔서 감사해요. 아버지, 사랑합니다. 제나 헤레, 언니는 정말 멋진 사람이야. 언니가 내 언니라서 정말 다행이야.

나의 과거, 현재 그리고 미래의 페스트리 팀, 고마워요! 특별히 이 책을 집필하는 동안 세 군데 페스트리 팀을 각각 책임지고 이끌어준 레아 로젠버그, 사라 콕스, 알리사 마이어에게 감사의 마음을 전합니다. 여러분은 이 책에 소개한 레시피를 매일 맛있는 디저트와 음식으로 구현해내죠. 그리고 나는 레시피 작업을 할 때마다 여러분의 훌륭한 페스트리 기술 덕분에 어떻게 조리하면 더 나은 결과물이 나오는지 배웠습니다.

저는 소셜 미디어의 힘을 빌려, 이 책의 레시피를 검증해줄 테스터들을 찾았습니다. 그리고 69명의 훌륭한 지원자들의 면면을 알아가면서, 내가 지금까지 완수한 그 어떤 작업에서보다 많은 영감을 얻었어요. 한두 가지 레시피만 검증해준 테스터도 있는 반면, 심혈을 기울여 내가 궁금했던 품목보다 더 많은 쿠키와 케이크와 요리를 검증해준 테스터도 있었죠. 모든 테스터들은 도움이 될 만한 가장 명쾌한 질문과 홈 베이킹을 하는 사람들의 욕구를 만족시켜줄 재치 있는 방안, 좀 더 명확하게 설명해줄 필요가 있는 부분을 집어서 우리에게 알려줬고, 작업을 마무리하면서 그들이 검증한 결과물을 사진으로 전송해주는 수고를 마다하지 않았습니다. 이렇게 함께 작업하는 과정에서 테스터들의 너그럽고 후한 마음 씀씀이에 고개가 절로 숙여졌고 그들이 보여준 기술에 감탄을 금치 못했으며 제가 간과한 실수 때문에 부끄럽기도 했어요. 저는 우리 테스터들이 보여준 성과가 정말 자랑스럽습니다. 루이스 미드, 샤론 그로프, 제니퍼 이바노비치, 조앤 사이, 제니퍼 수키자, 잭 티그, 에밀리 와이트허스트, 마이크 밸디즈, 조이 케이브스, 마리아 사귀삭시드, 미셸 가르시아, 알렉스 와이트허스트, 사유리 파크스, 에이미 클리어리, 캐시 엠스, 피터 모스케다, 스티븐 손, 타미 스트랭, 이멜다 펀살란, 베티 선, 로즈 페라, 베비나 매컬리스터, 프레드와 엘리스 쿠, 해나 랍킨, 시튼 만긴, 크리스틴 풀, 아날리아 리간, 히디 수엔, 알리시아 펜젤, 루이사 배런, 리사 쉐프, 신디 최, 모야 매길리건, 매러디스 아이스그라우, 스테파니 라마, 엘리자베스 밀크스, 마릴리 뉴엔, 에릭 클레퍼, 존 그리고 리 조, 에이 아사다, 에디 팍, 에이미 로빈슨, 킴벌리 싸이, 에리카 롤스턴, 로리 파우커, 레아 세인트 줄리앙, 매브 케네디, 아만다 스미스, 젠 패트릭, 안젤라 래시브룩, 캐슬린 엠마, 줄리 바그너, 태미 비신테이너, 샤논 베르너, 재키 B 드밀, 샌디 챈, 트레버 피셔, 수잔 주펠로, 나타샤 산체스, 메리앤 캄피지, 크리스티나 패디스, 스테파니 티보, 커크 요코미조, 아이룬 요코미조, 발레리안 흐랄라, 벤 린치, 안나 귀, 도린 카노. 사랑하는 우리 테스터 여러분, 정말 고마워요!

타라 위에서 언급된 모든 분들에 더해, 제임스와 케이틀린에게도 고맙다는 인사를 하고 싶습니다. 제임스 그리고 케이틀린, 이렇게 멋진 프로젝트에 참여할 수 있는 기회를 주시고, 재미있고 보람차고 항상 맛깔스러운 작업이 기다리는 집으로 초대해주셔서 감사해요. 클레이, 이번 작업에 아주 중요한 기폭제 역할을 해줘서 고맙고 앞으로도 많은 책 작업에서 함께했으면 좋겠어요. 내 에이전트인 다니엘 스벳코브, 『샌프란시스코 크로니클』의 내 담당 편집장인 미리암 모건과 마이클 바우어, 주방에서 엄청난 도움을 준 제나 마이어, 그리고 말라 시몬에게도 감사의 뜻을 전합니다.

블루보틀 관계자 여러분, 그 가운데 에스프레소 교육에 참석할 수 있게 허락해준 비엔 조부이와 조셉 존에게 두 배로 감사를 전하며 미셸 오트, 케이티 부저, 아르노 홀슈, 쇼 스터튼, 알리사 마이어 드리스, 바네사 게이츠, 에인절 아르게요, 엔리케 아르게요, 샐리 래더에게도 감사를 드립니다.

감수성이 예민했던 시절, 나폴리식 에스프레소를 수없이 맛보게 해주신 우리 부모님 제인 더간과 마이클 더간 부부와 아직 10살도 안 됐으면서 커피 책에 열광해주고 이 책에 실린 모든 쿠키의 실험 대상이 되어준 달리아와 엘시에게 고마운 마음을 전합니다. 마지막으로 내게 무한한 지지와 사랑을 보내주고 커피 잔을 데워주는 에릭 구스타프손에게 고마워요.

색인

가

가나슈
    브루클린 밀주 스모어 188-191
    초콜릿 가나슈 127
    파리지앵 초콜릿 마카롱 175-180
    카페모카 127
고추, 스튜어트 브리오자의 피퀴요 고추가 들어간 치즈 참치 샌드위치 216-217
구운 귤, 피칸 스트로이젤을 올린 구운 귤 버클(변형) 145
귀리
    다니엘 패터슨의 원두를 깔고 구운 당근에 치커리 그래놀라를 곁들인 요리 209-211
    피칸-캐러웨이 스트로이젤을 얹은 흑맥주 커피 케이크 148-150
    황설탕과 겨울에 어울리는 향신료가 들어간 그래놀라 138
그라인더 74, 104, 105-107
그래놀라
    다니엘 패터슨의 원두를 깔고 구운 당근에 치커리 그래놀라를 곁들인 요리 209-211
    황설탕과 겨울에 어울리는 향신료가 들어간 그래놀라 138

나

노파의 블루보틀 마티니 221
니콜 크래신스키 148, 184, 216

다

다나카 바 144
다니엘 패터슨 197, 209

달걀
    달걀의 크기 135
    블루보틀 베네딕트 155
    수란 토스트 152
    스튜어트 브리오자의 루콜라 아몬드 페스토와 절인 펜넬이 들어간 달걀 샐러드 샌드위치 218-220
    실온 상태의 달걀 135
    익힌 채소와 토마토 소스를 곁들인 카탈로니아식 수란 요리 154
당근, 다니엘 패터슨의 원두를 깔고 구운 당근에 치커리 그래놀라를 곁들인 요리 209-211
더블 초콜릿 쿠키 164-165
데보라 던스워스 퀸 181
데이비드 쇼머 119
도구
    그라인더 74, 104, 105-107
    그램 저울 62, 134
    베이킹 도구 133
    추출 도구 70
도나 토마스 레스토랑 4
디저트
    로즈 레비 베런바움의 커피 판나코타 208
    브루클린 밀주 스모어 188-191
    스위스 머랭 바닐라 크림을 바른 픽시 탠저린 시폰 케이크 204-205
    아르보리오 쌀과 아몬드가 들어간 브랜디 케이크 202-203
    엘스워스 켈리 퍼지팝 200
    짭짤한 초콜릿과 바닐라 빈이 들어간 아이스크림 샌드위치 192-194
    초콜릿 푸딩 197-199
    훈제 향 아몬드 아이스크림으로 만든 아포가토 195-196
딸기, 레몬 피스타치오 스트로이젤을 얹은 딸기 버클 145-147

라

라마르조코 111-113
랄프 개스턴 28
러스티 오브라 27-29
러스티스 하와이안 27-29, 32
레몬 피스타치오 스트로이젤을 올린 라즈베리 복숭아 버클(변형) 145
로리 오브라 27-29, 32
로사리오 마체오 2
로스팅
    1차 크랙 50-51
    2차 크랙 51
    로스팅 기구 42-44, 48
    로스팅한 원두의 수분 손실 비율 53
    프렌치 로스팅 또는 이탈리아 로스팅 51
    홈 로스팅 56-58
로열커피 6, 42
로즈 레비 베런바움 134, 208
로즈 레비 베런바움의 커피 판나코타 208
르 삭튀에르 163
리에주 와플 142
리즈 던 131

마

마들렌 172-174
마르셀 프루스트 172

마이클 리큐티 6, 164
마카롱, 파리지앵 초콜릿 마카롱 175–180
마키아토 123
마티니, 노파의 블루보틀 마티니 221
맥주, 피칸 캐러웨이 스트로이젤을 얹은 흑맥주 커피 케이크 148–150
마이야르 반응 44
멕 레이 131
멧돼지 앞다리살, 크리스 코센티노의 지간테 콩과 베이비 채소를 곁들인 멧돼지 앞다리살 찜 213–215
무게 계량 134
무라드 랄루 8
미국스페셜티커피협회 27, 62
미에트 6, 131, 132
믹서 133
밀가루 계량 134

바

바닐라 아몬드 스트로이젤을 올린 블루베리 버클(변형) 145
밤비 가문 111
빵
  블루보틀 베네딕트 155
  루콜라 아몬드 페스토와 절인 펜넬이 들어간 달걀 샐러드 샌드위치 218–220
  수란 토스트 152
  피퀴요 고추가 들어간 치즈 참치 샌드위치 216–217
버클
  레몬 피스타치오 스트로이젤을 얹은 딸기 버클 145–147
  레몬 피스타치오 스트로이젤을 올린 라즈베리 복숭아 버클(변형) 145
  바닐라 아몬드 스트로이젤을 올린 블루베리 버클(변형) 145
  피칸 스트로이젤을 올린 구운 귤 버클(변형) 145
  호두 스트로이젤을 올린 호박 버클(변형) 145
버터 135
베샤멜 소스 155
보드카
  노파의 블루보틀 마티니 221
보카로네 213
본막 91
브라질 커피 24–25
브루잉 커피 추출
  브루잉 커피 추출 기구 70–72
  사이펀 커피 92–97
  융드립 커피 88–90
  캡슐 커피 106
  커피메이커 70
  터키식 커피 98–99
  푸어오버 커피 72–73, 75–76, 79–80
  프렌치프레스 커피 82–83
브루클린 밀주 스모어 188–191
블렌딩 커피 20–21
블루보틀
  블루보틀 에스프레소 118–120, 123–125
  블루보틀과 컵 오브 엑설런스 34
  블루보틀의 발전 9, 132
  블루보틀의 역사 4–9, 92–94
블루보틀 베네딕트 155
비스코티 피제타 169–171

사

사라 콕스 188
사이펀 커피 92–97
사프란
  비스코티 피제타 169–171
  사프란 바닐라 스니커두들 158–160
산미 23
샌드위치
  스튜어트 브리오자의 루콜라 아몬드 페스토와 절인 펜넬이 들어간 달걀 샐러드 샌드위치 218–220
  스튜어트 브리오자의 피퀴요 고추가 들어간 치즈 참치 샌드위치 216–217
  짭짤한 초콜릿과 바닐라 빈이 들어간 아이스크림 샌드위치 192–194
샌프란시스코 현대미술관 9, 132, 192, 200
생강 당밀 쿠키 161–162
세인트 조지 스피릿 163, 202
소금 135, 165
소스
  루콜라 아몬드 페스토 218
  베샤멜 소스 155
  토마토 소스 154
솔베르그앤한센 36
쇼트브레드
  올리브오일을 바른 로즈마리 쇼트브레드 181–183
  터키식 커피를 가미한 쇼트브레드(변형) 181
  펜넬 파르메산 쇼트브레드 184–185
수란 토스트 152
수마트라 커피 25
술 163
스니커두들, 사프란 바닐라 스니커두들 158–160
스모어, 브루클린 밀주 스모어 188–191
스테이트 버드 프로비전 레스토랑 148, 216
스튜어트 브리오자, 142, 216, 218
쌀, 아르보리오 쌀과 아몬드가 들어간 브랜디 케이크 202–203

아

R. 미구엘 메자 28, 29
우에시마 커피 컴퍼니(UCC) 91
루콜라 아몬드 페스토와 절인 펜넬이

들어간 달걀 샐러드 샌드위치 218-220
아르게요 형제, 에인절 아르게요와 엔리케 아르게요 152
아르보리오 쌀과 아몬드가 들어간 브랜디 케이크 202-203
아몬드
　루콜라 아몬드 페스토와 절인 펜넬이 들어간 달걀 샐러드 샌드위치 218-220
　바닐라 아몬드 스트로이젤을 올린 블루베리 버클(변형) 145
　비스코티 피제타 169-171
　파리지앵 초콜릿 마카롱 175-180
　훈제 향 아몬드 아이스크림으로 만든 아포가토 195-196
아이다 바틀레 35
아이스크림
　짭짤한 초콜릿과 바닐라 빈이 들어간 아이스크림 샌드위치 192-194
　훈제 향 아몬드 아이스크림으로 만든 아포가토 195-196
아이올리 216
아지자 8
아침 식사
　레몬 피스타치오 스트로이젤을 얹은 딸기 버클 145-147
　리에주 와플 142
　블루보틀 베네딕트 155
　수란 토스트 152
　익힌 채소와 토마토 소스를 곁들인 카탈로니아식 수란 요리 154
　자흐테 와플 144
　피칸 캐러웨이 스트로이젤을 얹은 흑맥주 커피 케이크 148-150
　홈메이드 요거트 141
　황설탕과 겨울에 어울리는 향신료가 들어간 그래놀라 138
아포가토, 훈제 향 아몬드 아이스크림으로 만든 아포가토 195-196

참깨 압생트 시가 166-168
에스프레소
　노파의 블루보틀 마티니 221
　리스트레토 119
　블루보틀의 에스프레소 118-120, 123-125
　스팀밀크 만들기 121-123
　에스프레소 블렌딩 20-21, 119
　에스프레소 응용 메뉴 123-127
　에스프레소 추출에 필요한 부속 도구 109-110
　에스프레소 추출하기 102, 115-118
　에스프레소 크레마 118
　에스프레소용 그라인더 104, 105-107
　에스프레소의 정의 101
　이탈리아 에스프레소 111
　카페모카 127
　훈제 향 아몬드 아이스크림으로 만든 아포가토 195-196
에스프레소 머신
　에스프레소 머신 가격 105, 109
　에스프레소 머신 선택하기 109
　에스프레소 머신 청소하기 114
　에스프레소 머신의 매력 101-102
　에스프레소 머신의 종류 107-109
　열 안정성과 에스프레소 머신 114
에티오피아 커피 22-23
엘살바도르 커피 26, 35-36
엘스워스 켈리 200
엘스워스 켈리 퍼지팝 200
열전대 온도계 133
올리브오일을 바른 로즈마리 쇼트브레드 181-183
와플
　리에주 와플 142
　자흐테 와플 144
요거트, 홈메이드 요거트 141
스팀밀크 만들기 121-122
웨인 티보 132

윌리엄 타비오스 27
유기농 커피 35, 37
융드립 커피 88-90
이브릭 98
이슬라 커피 28
이탈리아 에스프레소 111-113
익힌 채소와 토마토 소스를 곁들인 카탈로니아식 수란 요리 154
인칸토 213
일본의 커피 84-87, 88, 91

자
자흐테 와플 144
잭 머피 169
그램 저울 62, 134
제이 에가미 91, 93-94
제프 하나크 221
조안 오브라 28, 29
존 라지에르 175
지간테 콩, 크리스 코센티노의 지간테 콩과 베이비 채소를 곁들인 멧돼지 앞다리살 찜 213-215
지나 로카노바 166
지브롤터 123-125
짭짤한 초콜릿과 바닐라 빈이 들어간 아이스크림 샌드위치 192-194

차
차테이 하토 84-87, 204
참깨 압생트 시가 166-168
참치, 스튜어트 브리오자의 피퀴요 고추가 들어간 치즈 참치 샌드위치 216-217
채소, 익힌 채소와 토마토 소스를 곁들인 카탈로니아식 수란 요리 154
초콜릿
　더블 초콜릿 쿠키 164-165
　마카롱의 가나슈 필링 175-176
　브루클린 밀주 스모어 188-191
　엘스워스 켈리 퍼지팝 200
　짭짤한 초콜릿과 바닐라 빈이 들어

간 아이스크림 샌드위치 192-194
초콜릿 가나슈 127
초콜릿 사블레 192, 194
초콜릿 푸딩 197-199
카페모카 127
파리지앵 초콜릿 마카롱 175-180
치즈
블루보틀 베네딕트 155
펜넬 파르메산 쇼트브레드 184-185
피퀴요 고추가 들어간 치즈 참치 샌드위치 216-217

카

카타리나 프리치 192
카페라테 123
카페모카 127
카푸치노 123
칼멘 오퍼만 3
캐롭 파우더 195
훈제 향 아몬드 아이스크림으로 만든 아포가토 195-196
캡슐 커피 106
커피(일반)
건식 탈곡 19
그라인더로 분쇄하기 74
내추럴(건식) 커피 16, 18, 32
브라질 커피 24-25
블랙커피 vs 첨가물 넣은 커피 77
블렌딩 커피 vs 싱글오리진 커피 20-21
생두 13
수마트라 커피 25
습식 도정법 18-19
에티오피아 커피 22-23
엘살바도르 커피 26
워시드(습식) 커피 16, 18, 32
유기농 커피 35, 37
일본의 커피 84-87, 88, 91
캡슐커피 106

커피 보관법 54
커피 수확 15
커피 재배 13-15
커피 정제 16-19, 32
커피의 분쇄 54
커피의 산미 23
커피의 품종 14
펄프드 내추럴 커피 18, 24
하와이 커피 27-29, 32
커피(레시피)
노파의 블루보틀 마티니 211
다니엘 패터슨의 원두를 깔고 구운 당근에 치커리 그래놀라를 곁들인 요리 209-211
로즈 레비 베런바움의 커피 판나코타 208
사이펀 커피 95-97
융드립 커피 88-90
카페모카 127
크리스 코센티노의 지간테 콩과 베이비 채소를 곁들인 멧돼지 앞다리살 찜 213-215
터키식 커피 99
터키식 커피를 가미한 쇼트브레드 (변형) 181
푸어오버 커피 79-80
프렌치프레스 커피 83
훈제 향 아몬드 아이스크림으로 만든 아포가토 195-196
커피 케이크, 피칸 캐러웨이 스트로이젤을 얹은 흑맥주 커피 케이크 148-150
커핑
커핑 용어 60-62
커핑의 유용성 60
커핑의 정의 41
홈 커핑 방법 63-64
컵 오브 엑셀런스(COE) 24-25, 34, 35
케이크
마들렌 172-174

스위스 머랭 바닐라 크림을 바른 픽시 탠저린 시폰 케이크 204-205
아르보리오 쌀과 아몬드가 들어간 브랜디 케이크 202-203
피칸 캐러웨이 스트로이젤을 얹은 흑맥주 커피 케이크 148-150
쿠아 레스토랑 209
쿠키
더블 초콜릿 쿠키 164-165
비스코티 피제타 169-171
사프란 바닐라 스니커두들 158-160
생강 당밀 쿠키 161-162
올리브오일을 바른 로즈마리 쇼트브레드 181-183
참깨 압생트 시가 166-168
쿠키의 크기 162
터키식 커피를 가미한 쇼트브레드 (변형) 181
파리지앵 초콜릿 마카롱 175-180
펜넬 파르메산 쇼트브레드 184-185
크레마 118
크리스 코센티노 213

타

터키식 커피 98-99
터키식 커피를 가미한 쇼트브레드 (변형) 181
토마토 소스, 익힌 채소와 토마토 소스를 곁들인 카탈로니아식 수란 요리 154

파

판나코타, 로즈 레비 베런바움의 커피 판나코타 208
팬, 다른 크기의 팬으로 바꾸기 133
퍼지팝, 엘스워스 켈리 퍼지팝 200
페스토, 루콜라 아몬드 페스토 218
펜넬
루콜라 아몬드 페스토와 절인 펜넬

이 들어간 달걀 샐러드 샌드위치 218-220
펜넬 파르메산 쇼트브레드 184-185
폴 아인번드 202
푸딩, 초콜릿 푸딩 197-199
푸어오버 커피 72-73, 75-76, 79-80
프렌치프레스 커피 82-83
피스타치오
　레몬 피스타치오 스트로이젤을 올린 라즈베리 복숭아 버클(변형) 145
　레몬 피스타치오 스트로이젤을 얹은 딸기 버클 145-147
피제타 211 레스토랑 169
피츠 커피 20, 25
피칸 스트로이젤을 올린 구운 귤 버클(변형) 145
피트 리카타 28, 29
픽시 탠저린, 스위스 머랭 바닐라 크림을 바른 픽시 탠저린 시폰 케이크 204-205

하
하와이 커피 27-29, 32
햄
　블루보틀 베네딕트 155
향신료 163

호두
　황설탕과 겨울에 어울리는 향신료가 들어간 그래놀라 138
　호두 스트로이젤을 올린 호박 버클(변형) 145
호박
　호두 스트로이젤을 올린 호박 버클(변형) 145
　호박 퓌레 147
홈메이드 요거트 141
황설탕과 겨울에 어울리는 향신료가 들어간 그래놀라 138
훈제 향 아몬드 아이스크림으로 만든 아포가토 195-196
흑맥주, 피칸 캐러웨이 스트로이젤을 얹은 흑맥주 커피 케이크 148-150

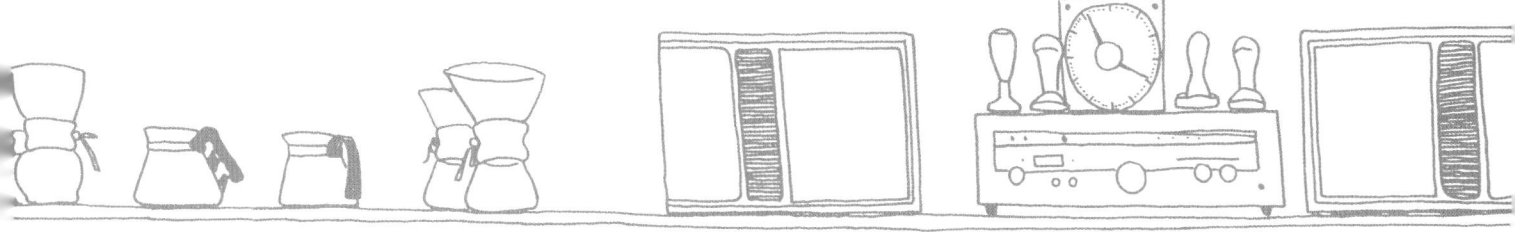

THE BLUE BOTTLE CRAFT OF COFFE: Growing, Roasting, and Drinking, with Recipes by
James Freeman, Caitlin Freeman and Tara Duggan
Copyright © 2016 by Hans Media
All rights reserved.
This Korean edition was published by Hans Media in 2016 by arrangement with Ten Speed
Press, an imprint of the Crown Publishing Group, a division of Penguin Random House LLC
through KCC(Korea Copyright Center Inc.), Seoul.

이 책은 (주)한국저작권센터(KCC)를 통한 저작권자와의 독점계약으로 한스미디어에서 출간되었습니다.
저작권법에 의해 한국 내에서 보호를 받는 저작물이므로 무단전재와 복제를 금합니다.

*일러두기
· 이 책에 쓰인 레시피는 미국의 일반 주방과 재료를 기준으로 하여 테스트되고 개발되었습니다.
· 이 책에 나오는 일부 레시피는 날달걀이나 수란을 포함하고 있습니다. 달걀을 제대로 익히지 않고
  먹을 경우 박테리아가 존재할 수 있는 위험이 있으므로, 믿을 만한 식자재 상점에서 살모넬라-
  무검출salmonella-free 인증을 받은 달걀을 구입하고, 모두 소진할 때까지 냉장 보관해야 합니다.
  박테리아는 건강상의 위험을 야기할 수 있으며 유아, 저학년 어린이, 임산부, 노인 및 면역력이 약한
  사람들의 경우 날달걀을 먹을 때 주의를 요합니다. 저자와 출판사는 이 책에 수록한 레시피 및 정보를
  사용하거나 적용했을 때 발생할 수 있는 부작용에 대해 책임을 지지 않습니다.

블루보틀 크래프트 오브 커피

1판 1쇄 발행 | 2016년 5월 27일
1판 3쇄 발행 | 2021년 3월 3일

지은이 제임스 프리먼, 케이틀린 프리먼, 타라 더간
옮긴이 유연숙
펴낸이 김기옥

실용본부장 박재성
편집 실용2팀 이나리, 손혜인
영업 김선주
커뮤니케이션 플래너 서지운
지원 고광현, 김형식, 임민진

인쇄 민언프린텍
제본 우성제본

펴낸곳 한스미디어(한즈미디어(주))
주소 121-839 서울시 마포구 양화로 11길 13(서교동, 강원빌딩 5층)
전화 02-707-0337 | 팩스 02-707-0198 | 홈페이지 www.hansmedia.com
출판신고번호 제 313-2003-227호 | 신고일자 2003년 6월 25일

ISBN 978-89-5975-989-7 13590

책값은 뒤표지에 있습니다.
잘못 만들어진 책은 구입하신 서점에서 교환해 드립니다.